U0908224

本书基于《高精度智能化公路勘察设计成套技术研究》课题
本课题荣获“中国公路学会科学技术奖特等奖”

真三维道路智能设计理论与方法实践

王国锋　许振辉　秦　涛　著

人民交通出版社

内 容 提 要

道路三维设计和可视化是科学计算可视化技术在道路设计中的应用，道路的三维可视化设计就其功能而言应包括设计过程的可视化及设计成果的可视化。本书系统地介绍了道路三维设计的理论方法。主要包括：真三维道路设计、真三维场景构建方法、道路路基及设施建模方法、道路三维数据管理与组织、系统设计与实现、设计方法应用。

本书可作为从事公路、城市道路及有关道路工程的设计、研究人员的参考用书。

图书在版编目（CIP）数据

真三维道路智能设计理论与方法实践 / 王国锋，许振辉，秦涛著．—北京：人民交通出版社，2013.5（2021.10 重印）

ISBN 978-7-114-09600-6

Ⅰ.①真… Ⅱ.①王… ②许… ③秦… Ⅲ.①道路工程—智能设计 Ⅳ.① U412-39

中国版本图书馆 CIP 数据核字（2013）第 047308 号

书　　名：真三维道路智能设计理论与方法实践
著 作 者：王国锋　许振辉　秦　涛
责任编辑：卢仲贤　任雪莲
出版发行：人民交通出版社
地　　址：（100011）北京市朝阳区安定门外外馆斜街 3 号
网　　址：http://www.ccpress.com.cn
销售电话：（010）59757973
总 经 销：人民交通出版社发行部
经　　销：各地新华书店
印　　刷：北京盛通印刷股份有限公司
开　　本：787 × 980　1/16
印　　张：16.5
字　　数：295 千
版　　次：2013 年 5 月 第 1 版
印　　次：2021 年 10 月 第 8 次印刷
书　　号：ISBN 978-7-114-09600-6
定　　价：80.00 元
（有印刷、装订质量问题的图书由本社负责调换）

前言

PREFACE

道路三维设计和可视化是科学计算可视化技术在道路设计中的应用，它是将道路设计过程及设计结果转换为三维的图形及图像并进行交互处理的理论、方法和技术。计算机硬件和软件技术的飞速发展，为道路三维可视化设计提供了强大的数字化平台。在数据和技术的支撑下，计算机辅助道路设计由平面二维设计跨入了三维设计，进入了道路三维可视化设计的时代。

道路的三维可视化设计就其功能而言应包括两个方面：设计过程的可视化及设计成果的可视化。前者强调实时性，要求实时地显示设计方案的三维动态效果，后者偏重于真实感，要求所生成的图像尽可能真实地再现现实场景。道路作为一种空间的带状构造物，在设计原则上要求道路平纵横综合设计，三维可视化设计实现了道路二维设计与三维设计的结合。

本书论述了道路三维设计的流程与实现方法，包括平面线形、纵断面、横断面的设计原则、设计流程、数据结构与实现方法。接着论述了利用道路设计数据进行道路三维模型的参数化构建方法与流程，并详细阐述了边坡、路基、桥隧等模型的构建方法。

作为相关理论方法的一个实践，书中介绍了作者开发的真三维道路设计系统，同时以项目应用实例的方式对系统在道路工程工可、勘察设计、建设、管理、养护等方面的应用作了介绍。

全书由王国锋、许振辉、秦涛编写并统稿。刘士宽、刘兴虎、姜超等参与了部分内容的编写工作，在本书编写过程中许多专家学者提供了很多帮助与指导，人民交通出版社任雪莲女士及有关工作人员为本书的出版付出了大量心血，在此向他们表示诚挚的谢意。本书写作过程中参考引用了大量的国内外文献资料，参考文献只列出了其中一部分，尚有许多未列出，在此向这些文献的作者表示歉意和感谢。

由于作者水平有限，书中难免有不足之处，恳请读者批评指正。

作　者

2013 年 1 月

目录 CONTENTS

第1章 绪论

1.1 道路与道路设计

1.1.1 概述

交通运输是联系工农业与其他行业、城市与乡村、生产与消费的纽带，是国民经济建设的先锋，在国家的政治、经济、文化、军事等方面都占有特殊的重要地位。一个国家的交通运输现代化程度，既反映该国的国民经济发展水平，也是该国综合国力的标志之一。我国幅员辽阔，人口众多，物产丰富，为加速社会主义现代化建设进程，不断提高人民的物质与文化生活水平，确保国防安全，必须有一个四通八达且完善的现代交通运输体系，将全国各地连成一个有机整体。

现代交通运输体系由铁路、公路、水运、航空和管道运输所组成，它们各有分工和侧重，又相互联系与合作，共同承担国家建设所需的原材料和产品的集散、城乡物资的交流、战备物资的运送以及人们生产、生活必需品的输送任务。其中，公路运输在交通运输体系中占有较大比重，是短途运输的主力。而在缺乏其他运输或其他运输不很发达的地区，公路运输成为运输的主体。公路运输具备机动灵活、迅速直达、适应性强、服务面广等特点，是一种其他运输方式所不能替代的运输方式。

经过几代人的不懈努力，我国的公路网络已初具规模。截至2012年，建成各级公路达398.4万公里，其中高速公路达7.4万公里，高速公路通车里程已跃居世界前列。国家“十二五”规划提出，到2015年全国公路网总里程将达到450万公里，其中高速公路达到10.8万公里，国家高速公路连接覆盖所有地级市、人口超过20万的城市，普通国道有效覆盖县市。力争到2030年全面建成国家高速公路网、普通国道基本建成二级及以上公路。

为确保道路的顺利建成通车，从道路的勘测、规划、设计，直到施工、养护，除了要投入大量的资金以外，建设周期也比较长。尤其是道路的规划与设计部分，是整个周期的核心，同时又是一个十分繁琐而复杂的过程。传统的手工计算、测试及绘图操作方式已远远不能满足要求。充分利用当今高度发达的空间信息获取和处理技术，研制基于地形空间信息的道路规划与设计系统，可以为道路规划设计单位提供一种直观高效的工具，提高设计质量，缩短设计周期，降低工程造价，从而显著提高道路规划设计的效率。由此可见，一旦这样一套成熟的实用化系统得以推广，无疑将对我国公路网络的早日建立和完善发挥不可低估的作用。

1.1.2 道路的定义

1）道路的定义

首先给定道路定义如下：道路通常是指为陆地交通运输服务，通行各种机动车、人畜力车、驮骑牲畜及行人的各种路的统称。道路按使用性质分为城市道路、公路、厂矿道路、农村道路、林区道路等。但就道路里程而言，主要分为公路和城市道路。城市高速干道和高速公路则是交通出入受到控制的、高速行驶的汽车专用道路。

2）道路的分类

（1）公路

公路主要是指连接城市、乡村和工矿基地等，主要供汽车行驶，具备一定技术和设施的道路。公路按照其重要性和使用性质可划分为国道、省道、县道和专用公路。

（2）城市道路

城市道路是指在城市范围内供车辆和行人通行的，具备一定技术条件和设施的道路。按《城市道路工程设计规范》（CJJ 37—2012）进行设计。

（3）厂矿道路

厂矿道路主要是指工厂矿山运输车辆通行的道路。厂矿道路按1987年原国家计划委员会颁布由交通部修订的《厂矿道路设计规范》（GBJ 22—87）进行设计。

（4）林区道路

林区道路是指修建在林区、主要供各种林业运输工具通行的道路。林区道路的技术要求应按专门制定的林区道路工程技术标准执行。

（5）乡村道路

乡村道路是指修建在乡村、农场，主要供行人及各种农业运输工具通行的道路，由县、乡统一规划，一般不列入国家公路等级标准。

1.1.3 道路的基本组成

1）公路的基本组成

（1）线形组成

线形包括平面线形、纵面线形、空间线形。

（2）结构组成

公路是交通运输的建筑结构物，它不仅承受荷载的作用，而且受自然条件的影响，其结构组成主要包括：路基路面工程、排水工程（桥涵、渗水路堤、过水路面等）、防护工程（挡土墙、护坡、护栏等）、特殊构造物以及交通服务设施。

①路基。

路基是路面的基础，是行车部分的基础，设计时必须保证其稳定性、坚实并符合规定的尺寸，以承受汽车和自然因素的作用。其典型横断面形式一般有路堤（填方）、路堑（挖方）、半填半挖路基三种。

②路面。

路面是用各种坚硬材料铺筑于路基顶面的单层或多层供汽车直接行驶的结构层。通常由基层和面层组成。路面按其使用品质、材料组成和结构强度可分为高级路面、次高级路面、中级路面、低级路面；按其力学性质可分为柔性路面和刚性路面。常用材料有沥青、水泥、碎（砾）石、砂、黏土等。

③排水构造物。

排水构造物主要为桥、涵洞，其他的排水设施有边沟、排水沟、截水沟、盲沟、渡槽、渗水路堤、过水路面等。

④桥涵。

桥涵为跨越水流供汽车行驶的构造物。

⑤渗水路堤。

渗水路堤是用石块堆砌成的路堤，用以通过流量不大的季节性水流。

⑥过水路面。

过水路面是容许周期性水流从路表面通过的行车部分。

⑦防护工程。

防护工程是为保证路基稳定或行车安全所修筑的工程设施，如挡土墙、护坡、护栏等。

⑧特殊构造物。

例如半山桥、半山洞、悬出路台、廊桥等。

⑨交通服务设施。

a. 照明设施：如灯柱、弯道反光镜等。

b. 交通标志：使驾驶员知道前面路段的情况和特点。

交通标志包括下列四类：警告标志，指明前面有行车障碍物和行车危险的地点，促使驾驶员集中注意力；禁令标志，指明各种必要遵守的交通限制，如车速限制、禁止停车等；指示标志，指示驾驶员行驶的方向、里程等；指路标志，表示行政区划分界、地名、预告出入口等。

c. 服务设施：如加油站、汽车站、养路站、食宿站等。

d. 植树绿化与美化工程：植树是美化公路环境的必要组成部分，它为道路使用者提供一个安全、舒适的行车环境。环境绿化有利于净化空气，使人们的心情舒畅，并能提高行车安全性。

2）城市道路的组成

城市道路的组成包括：机动车道、非机动车道、人行道、绿化带；沿街沟、进水口、地下管道、窨井、雨水管、排污管、构筑物；沿街地面设施，如照明灯柱、电杆、给水栓等；地下各种管线，如电缆、煤气管等；交通安全设施；交叉口、停车场、公共汽车站台等。

1.1.4 道路的分类、分级与技术标准

1）公路分级与技术标准

（1）公路等级的分级

《公路工程技术标准》（JTG B01—2003）（以下简称《标准》）沿革：1956 年草案、1972 年版、1981 年版、1988 年版、1997 年版、2003 年版。《标准》按公路的使用任务、功能及交通量分为五个等级，即高速公路、一级公路、二级公路、三级公路、四级公路五个等级。

划分等级的目的是按需求建设公路，如根据公路使用任务、功能、远景设计交通量等进行设计。

①高速公路。

高速公路为专供汽车分向、分车道行驶并全部控制出入的干线公路。

四车道高速公路一般能适应按各种汽车折合成小客车的远景设计年限年平均昼夜交通量为25000~55000辆；六车道高速公路为45000~80000辆；八车道高速公路为60000~100000辆。

其他公路为除高速公路以外的干线公路（主要指一、二级公路）、集散公路（三级公路）、地方公路（四级公路），分四个等级。这样突出了使用功能，便于选用，也有利于与国际接轨和交流。

②一级公路。

一级公路是连接高速公路或是某些大城市的城乡结合部、开发区经济带及人烟稀少地区的干线公路。供汽车分向、分车道行驶，根据需要控制出入，四车道一级公路一般能适应按各种汽车折合成小客车的远景设计年限年平均昼夜交通量为15000~30000辆，六车道一级公路为25000~55000辆。

它实际上有两种不同的任务和功能：一种是具有干线功能，部分控制出入；另一种是作为平交的距离不长的连接线等。一级公路强调必须分向、分车道行驶，《标准》规定，一级公路一般应设置中央分隔带。当受特殊条件限制时，必须设置分隔设施，不允许用画线代替。

③二级公路。

二级公路主要指中等以上城市的干线公路或者是通往大工矿区、港口的公路，是供汽车行驶的双车道公路。一般能适应按各种汽车折合成小客车的远景设计年限年平均日交通量为5000~15000辆。

④三级公路。

三级公路主要指沟通县、城镇之间的集散公路，是供汽车行驶的双车道公路。一般能适应按各种汽车折合成小客车的远景设计年限年平均日交通量为2000~6000辆。

⑤四级公路。

四级公路主要指沟通乡、村等地的地方公路，是供各种车辆行驶的双车道或单车道公路。一般能适应按各种汽车折合成小客车的远景设计年限年平均日交通量为：双车道为2000辆以下；单车道为400辆以下。

（2）公路等级的选用

公路等级的选用应根据公路的功能和规划交通量，再结合项目所在地区的综合运输体系、远景发展、路网规划，经论证后确定。

各级公路远景设计年限：高速公路和一级公路为 20 年；二级公路为 15 年；三级公路为 10 年；四级公路一般为 10 年，也可根据实际情况适当调整。对于一条比较长的公路，可以根据沿途情况的变化和交通量的变化，分段采用不同的车道数或不同的公路等级。一般不提倡分期修建公路，特别是修建半幅的高速公路。对于某些由于建设资金不足等实际情况而确定需要分期修建的公路，一定要做好统筹安排，最好对前、后期工程进行一次设计，使前期工程在后期仍能充分利用。一条公路，可根据交通量等情况分段采用不同的车道数或不同的公路等级，衔接处应明显易判断。

（3）公路建设中对环境保护的规定

①公路环境保护应贯彻“以防为主、以治为辅、综合治理”的原则。

②公路建设应根据自然条件进行绿化、美化路容、保护环境。

③对于高速公路、一级公路和有特殊要求的公路建设项目，应作环境影响评价。

④对于生态环境脆弱的地区，或因工程施工可能造成近期难以恢复原貌的地带，应作环境保护设计。

（4）公路建设用地

公路建设应贯彻保护耕地、节约用地的原则。在确定公路用地范围时，应符合以下规定：

①公路用地范围为公路路堤两侧排水沟外边缘以外或路堑坡顶截水沟边缘以外不小于 1m 范围内的土地，在有条件的地段，高速公路、一级公路不小于 3m，二级公路不小于 2m。

②在风沙、雪害等特殊地质地带，设防护设施时，应根据实际需要确定用地范围。

③桥梁、隧道、互通式立体交叉、分离式立体交叉、平面交叉、交通安全设施、服务设施、管理设施、绿化以及料场、苗圃等用地，根据实际需要确定用地范围。

（5）公路工程技术标准

公路工程技术标准是指在一定自然环境条件下能保持车辆正常行驶性能所采用的技术指标体系。

各级公路的主要技术指标：设计速度、车道数、路基宽度、停车视距、圆曲线半径、最大纵坡。设计速度是技术标准中最重要的指标，对工程费用和运输效率的影响最大。设计速度是由前三个因素根据技术政策制定的，在公路网中具有重要经济、国防意义。交通量较大，地形平坦的线路，规定较高的设计速度；反之，则规定较低的设计速度。

2）城市道路分类、分级与技术标准

（1）城市道路分类

按照道路在城市道路网中的地位、交通功能以及对沿线建筑物的服务功能，城市道路分为以下四类。

①快速路：快速路为城市中大量、长距离、快速交通服务。快速路的对向行车道之间应设中央分隔带，其进出口应采用全控制或部分控制。

快速路两侧不应设置吸引大量车流、人流的公共建筑物的进出口，对两侧一般建筑物的进出口应加以控制。在进出口较多时，宜在两侧另建辅道。

②主干路：主干路为连接城市各主要分区的干路，以交通功能为主。自行车交通量大时，宜采用机动车与非机动车分隔的形式，如三幅路或四幅路。主干路两侧不应设置吸引大量车流、人流的公共建筑物的进出口。

③次干路：次干路与主干路结合组成城市道路网，起集散交通的作用，兼有服务功能。

④支路：支路为次干路与街坊路的连接线，解决局部地区交通，以服务功能为主。

（2）城市道路分级

除快速路外，各类道路按照所在城市的规模、设计交通量、地形等分为Ⅰ、Ⅱ、Ⅲ级。大城市应采用各类道路中的Ⅰ级标准；中等城市应采用Ⅱ级标准；小城市应采用Ⅲ级标准。城市道路交通量达到饱和状态时的设计年限，《城市道路工程设计规范》（CJJ 37—2012）规定：快速路、主干路为20年；次干路为15年；支路宜为10~15年。

1.1.5 道路设计

根据我国《公路工程基本建设管理办法》的规定，公路基本建设程序大致如下。

（1）根据长远规划或项目建议书，进行可行性研究。

（2）根据可行性研究，编制计划任务书，进行现场勘测，编制初步设计文件（也称设计计划任务书）。

（3）根据批准的计划任务书，进行现场勘测，编制初步设计文件和概算。

（4）根据批准的初步设计文件，编制施工图和施工图预算。

（5）列入年度基本建设计划，进行招标、投标，确定施工承包单位、监理单位。

（6）进行施工前的各项准备工作。

（7）编制实施施工组织设计及开工报告，报上级主管部门审批。

（8）严格执行有关施工的规程和规定，坚持正常施工秩序，做好施工记录，建立

技术档案。

（9）编制竣工图表和工程决算，办理竣工验收。

1）公路工程可行性研究

“可行性研究”是基本建设前期工作的一项重要内容，是建设程序的组成部分，是建设项目决策和编制计划任务书的科学依据，可定义为“论证工程（或产品）项目技术上的可能性和经济上的合理性，并论证何时修建或分期修建，提供业主决策依据，保证工程的经济效果”。

公路建设必须严格遵守国家规定的基本建设程序。所有大中型项目应根据批准的项目建议书（或委托书），进行可行性研究。可行性研究工作完成后应进行评估。经过综合分析后，提出投资少、效益好的建设方案。

可行性研究工作是交通建设综合管理的手段，必须从运输生产的目的出发。研究技术可行性必须与经济效益相结合，研究经济效益必须考虑采用新技术的可能，重视运输领域的综合效益。

可行性研究应附有必要的图表，其中包括路线方案（及比较方案）图、历年工农业总产值与客货运量统计表、公路客货运量、交通量预测表、效益计算表等。

在可行性研究的同时，应进行环境影响分析，以工程性质、路线位置、资源利用、环境影响等为依据。同时，可行性研究还应对工程进行宏观分析，确定项目是否成立。在计划任务书下达后，进行初步设计的同时，应编制环境影响评价书，即根据预测工程对环境的影响，提出对环境污染、破坏的防治措施以及综合整治的方法。

2）计划任务书

公路勘测设计工作是根据批准的计划任务书进行的。设计任务书一般由提出计划的主管部门下达或由下级单位编制后报批。计划任务书应包括下列内容：①建设的依据和意义；②路线的建设规模和修建性质；③路线的基本走向和主要控制点；④工程技术等级和主要技术标准；⑤勘测设计的阶段划分及各阶段完成的时间；⑥建设期限，投资估算，需要钢、木、水泥的数量；⑦施工力量的安排；⑧附路线示意图。

在计划任务书实施过程中，如对建设规模、期限、技术等级标准及路线走向等重大问题有变更时，应报原审批机关同意。

3）勘测设计阶段划分

公路勘测设计根据路线的设计和要求，可分为一阶段测设、两阶段测设和三阶段测设。

（1）一阶段测设：适用于技术简单、方案明确的小型公路工程，即根据批准的设计任务书，进行一次详细定测，编制施工图设计和工程预算。

（2）两阶段测设：为公路测设的主要程序，即通常一般公路所采用的测设程序。其步骤为：先进行初测、编制初步设计和工程概算；经上级批准初步设计后，再进行定测、编制施工图和工程预算。也可直接进行定测、编制初步设计；然后根据批准的初步设计，通过补充测量编制施工图。

（3）三阶段测设：对于技术上复杂而又缺乏经验的建设项目或建设项目中的个别路段、特殊大桥、互通式立体交叉、隧道等，必要时应采用三阶段设计，即分初步设计、技术设计和施工图设计三个阶段。

技术设计阶段主要是对重大、复杂的技术问题，落实技术方案，计算工程数量，提出修正的施工方案，修正设计概算。其深度和要求介于初步设计和施工图设计之间。不论采用哪种划分阶段设计，在勘测前都要进行实地调查（或称视察），它是勘测前不可缺少的一个步骤，也可与可行性研究结合在一起，但不作为一个阶段。

4）设计文件的编制

设计文件是公路勘测设计的最后成果，经审查批准后作为公路施工的依据。其组成、内容和要求随设计阶段的不同而异。根据《公路工程基本建设项目设计文件编制办法》（1996 年 1 月 1 日交通部批准）规定，设计文件组成和内容包括：总说明书、总体设计（高速公路、一级公路）、路线、路基、路面及排水、桥梁、涵洞、隧道、路线交叉、交通工程及沿线设施、环境保护、渡口码头及其他工程、筑路材料、施工方案（施工组织计划）、设计概算（施工图预算）共 13 篇。其表达形式有：文字说明、设计图、表格三种。

5）城市道路红线规划

道路红线是指城市道路用地的分界控制线，红线间的宽度为道路的用地范围，也称道路的总宽度、规划路幅。城市道路的红线规划依据城市总体规划确定的道路网的形式和各条道路的功能、性质、走向和位置等因素确定。

红线设计的主要内容有：

（1）确定道路红线宽度：根据道路的功能、性质，考虑道路横断面形式，定出机动车道、非机动车道、人行道和绿化带等组成部分的合理宽度，从而确定道路的总宽度及红线宽度。

（2）确定红线位置：在城市总体规划的基础上对新建区道路，选择规划道路中心位置，并拟定道路横断面宽度，绘出道路红线。对旧城改建道路规划红线，应根据少拆迁原则，以一侧拓宽为宜，对于长期控制，逐步形成的道路，定位时，可按照现有

道路中线不动，两侧建筑平均后退确定。

（3）确定交叉口形式：根据各交叉口的类型与具体条件和近、远期结合的要求，确定交叉口用地范围、具体位置和尺寸，并以红线方式绘在平面图上。

（4）确定控制点的坐标和高程：规划道路中线的转折点和各条道路的交点，即控制点，其平面位置可直接实地测量，高程则由竖向规划、设计确定。

6）道路的平、纵、横设计

在平面设计方面，城市道路的平面线形设计大多根据城市规划的路网设计，道路红线在城市规划中已经确定，红线外的用地都有相应的规划用途。总体上看，平面线形的设计受城市规划的严格限制，相对简单。公路平面线形的设计主要以公路网的规划为依据，但是公路网的规划在线位上没有具体要求，一条公路一般里程较长，路线摆动的范围和幅度较大，要经过选线工作，选择一条经济合理的线位。如果在山岭重丘区进行公路设计，复杂的地形致使平面线形设计也较为复杂。

在纵断面设计方面，对于地形起伏较大的新区城市道路纵断面设计，应先考虑整个规划区的场地平整，尽量使土方平衡，确定道路两侧用地高程，城市道路要收集道路两侧用地的水并通过管道排走，所以在进行纵断面设计时大多城市道路设计高程要比道路两侧用地高程低。公路则要把路面上的水排到公路外，所以公路设计高程大多比道路两侧地面高程高，如果设计得比道路两侧用地高程低，则要设置边沟及截水沟排水。城市道路与公路的另一个区别就是其交叉口比较多，交叉口竖向设计比较多，公路则由于交叉口较少，交叉口竖向设计就相对少一些。其他的纵坡坡度和坡长限制根据城市道路和公路的等级不同，也各不相同，且城市道路纵坡受非机动车的影响较大。

在横断面设计方面，由于城市道路的服务对象为城市中的人和车，城市交通工具种类繁多，速度快慢悬殊，为了避免相互阻碍干扰，要组织分道行驶，用隔离带、隔离墩、护栏或画线方法加以分隔，多划分机动车道、公共汽车专用车道、非机动车道等。道路两侧有高出路面的人行道和房屋建筑，人行道下多埋设公共管线。为美化市容，有些地方会设置绿化带、雕塑艺术品。为方便残疾人的出入，需要进行盲道等无障碍设计。城市公共交通乘客上下须设置停车站台，还须设置停车场以备停驻车辆。要为行人横过交通量大的街道设置过街天桥或地道，以保障行人安全，又避免干扰车辆交通；在交通量不大的街道，可画人行过街横道线，行人伺机沿横道线通过。设置立缘石，以收集雨雪水入水管网。公路则在车行道外设路肩，两侧种行道树，一般高填方路段设置拦水带将雨水集中起来通过急流槽排出路基，其他路段则不需要设置拦水带，雨水直接通过路肩漫流到路基外或者边沟中。

7）路基路面设计

路基设计中，如果遇到地下水位较高的地质情况，城市道路受高程的限制，要进行换填或抛石挤於等特殊路基处理。而公路设计中，从路基的强度和稳定性要求出发，路基上部土层应处于干燥或中湿状态，路基高度应根据临界高度并结合公路沿线具体条件和排水及防护措施确定路堤的最小填土高度。路面设计中，城市道路因交叉口较多，车辆起步停车频繁，故应特别考虑交叉口附近的路面抗剪要求，在交通量大的交叉口入口道一侧应考虑在面层加抗车辙剂，基层宜用刚性基层，以增强道路的抗剪强度，减少车辙出现。公路设计中，须考虑这方面的因素较少。

1.2 道路辅助设计系统发展现状

计算机辅助设计（Computer Aided Design）自从 1963 年由美国麻省理工学院一位研究生提出以来，立刻成为工程设计领域的研究热点，并深刻影响着当今工业和工程界各领域。

20 世纪 60 年代初期，计算机被应用到公路设计中，当时只是利用计算机运算的高速度来完成一些繁冗复杂的计算工作，如平面和纵断面的几何线形设计、横断面和土石方的优化计算、结构计算以及输出数据图表等，而且这些功能都是由独立的程序完成的。20 世纪 70 年代，道路路线设计优化拓展到二维和三维选线领域，作为可视化三维设计的基础——数字地面模型（Digital Terrain Model，简称 DTM）开始应用。数字地面模型这一概念，首先是由美国麻省理工学院的 Chaires.L.Miller 教授于 1955 年提出的。当时的研究目的是如何应用从摄影测量获得的数据通过数字化计算的方法来加快公路设计。数字地面模型是伴随着电子计算机高速运算和大存储量而成熟的，它是公路三维可视化设计的核心，公路平、纵、横和三维设计就是从 DTM 中提出各种信息得来的。

我国公路和铁路 CAD 的研究始于 20 世纪 70 年代后期。自 1979 年起，交通部和铁道部组织有关科研院所和设计单位先后对公（铁）路的数字地面模型、纵断面优化技术、平面及空间线形优化技术等进行了研究，取得了一批实用的研究成果，比如：长沙铁道学院联合铁道部专业设计院及铁道部第三勘测设计院开发完成的“铁路线路纵断面优化设计系统”，长沙铁道学院联合铁道部第二、第三勘测设计院开发完成的“铁路线路平纵面整体优化设计系统”。

20 世纪 80 年代末期至 90 年代中期，随着计算机图形学和 AutoCAD 等图形支撑软件的发展，线路计算机辅助设计技术也从单纯的数值计算分析发展为图形交互式自动设计，开发出了集地形资料处理、工程费计算、图形交互设计、纵断面自动设计以及绘制线路平、纵断面图为一体的一套完整的计算机辅助设计系统。1986 年，道路和桥梁 CAD 被列为国家“七五”攻关项目，在交通部的规划下，开发出了“高等级公路综合优化及计算机辅助设计系统”，公路辅助设计系统在这个时候才真正开始发展。

到 20 世纪 90 年代中期，国内已经能方便地获得公路路线计算机辅助设计用的数字地形信息，现场设计部门在航测技术的研究与应用方面、计算机辅助勘测与设计方面，以及计算机辅助成图方面均做了大量的研究与开发工作。交通部组织实施的国家“九五”重点科技攻关项目“GPS、航测遥感、公路计算机辅助设计集成技术”现已开发完成。该项目基于国内已有的公路计算机辅助设计系统的水平和当前较高起点的硬件、软件平台，着重研究地形数据采集（如 GPS、航测及数字测图、遥感、地面速测等），工程数据库，系统的集成化、可视化、智能化，三维设计，动态仿真，高交互性等先进技术在公路设计领域的应用，将我国的公路计算机辅助设计基础理论及实际应用推上了一个新台阶，从而大幅度提高了我国公路的测设水平。2003 年，中南大学道路与铁道工程研究所结合湖南省科委课题“公路数字地形图机助设计系统”开发了道路设计的动态实时的三维可视化系统，可以将三维可视化融入设计过程。

国内外比较典型的道路 CAD 系统有：突出公路几何设计与排水设计的德国 CARD/1 系统，该系统实用性强，对硬件要求低，界面友好，操作简易；以数据采集、处理和图像输出为一体的芬兰 ROADCAD 道路系统；具有先进图像处理、交互设计技术，体现了计算机硬件与公路设计软件的完美结合的挪威 NovaCAD 系统；英国的 MX 系统能用于铁路、公路、矿山、排水、机场、港口及其他土木工程设计，采用了不同于以往的基于横断面进行设计的方法，即用一种全新的“串”的概念来表达构筑物以及地形表面，对几何形体的表述具有充分的灵活性，适用于各种复杂的土木工程设计；国内的纬地系统（HICAD）以图形软件 AutoCAD 为支撑进行二次开发，在国内应用较为广泛。

1.3 道路三维可视化相关技术

1.3.1 计算机辅助三维可视化技术

目前，设计者为了观看道路设计的三维效果，一般采用两种方式：一是利用现有的道路专业设计软件（如纬地、CARD/1）的相关三维浏览模块来营造道路项目建成后的虚拟现实环境，但该环境缺乏真实感，并且该方法无法承载海量的影像数据，这使得环境的真实度下降，在对桥梁和隧道的处理上也明显存在缺陷；二是将道路设计后得到的平、纵、横数据，经过专门的软件程序处理，实现其三维建模，利用 3D Max 等三维制作软件对道路模型和地面模型进行后期渲染处理，完成道路的三维可视化。但该方法需使用 3DMax 等软件进行繁重的手工建模操作，费时费力，难以融入设计过程中。

道路三维可视化设计的方法，使道路规划与设计的表现手段从原有的传统工艺流程提升到全新的数字技术阶段，能够解决长期以来传统的设计手段对于道路规划设计的表现和评估不够直观、真实、精确的难题，同时将起到优化道路设计、加快项目开展进度的作用。所以，道路三维可视化的研究对道路设计有着重要的意义。

1.3.2 三维可视化发展现状

随着计算机图形学技术的发展，人们对二维世界的认知技术已经日益成熟，并开始向三维领域扩展。随着社会的发展，人们对三维信息的需求也日益扩大，三维可视化技术逐渐开始广泛应用于社会生活的各个领域，比如数字城市、军事应用、环境监测、风景规划、地质矿产活动、交通、房地产、水文地质、医疗救助等。

三维可视化技术是利用计算机技术，对现实世界的真实再现。目前，以计算机技术为基础的三维可视化技术，主要体现在各种三维可视化软件及平台上，如 3DMax、MAYA、EVS、AVS 等。这些产品主要应用于游戏、电影、动画、工业设计以及其他专业领域的研究，而与 GIS 联系较少。

20 世纪 60 年代以后，地形可视化的概念随着地理信息系统的出现而逐渐形成。随后，以地形地貌为研究重点的地形三维可视化技术在地理信息系统（GIS）、虚拟现实（VR）战场环境仿真、娱乐游戏、地形的穿越飞行土地管理与利用、水文气象数据可视化等多个领域得到了广泛的应用，越来越受到人们的关注。地形可视化是一门以研究数字地形模型（Digital Terrain Model）或数字高程域（Digital Elevation Field）的显示、简化、仿真等为内容的三维实体构造技术，是三维场景构造中的重要组成部分和研究重点。

可视化理论和技术应用于地图学和 GIS 始于 20 世纪 90 年代初。1993 年，国际地图学协会（ICA）在德国科隆召开的第 16 届学术讨论会上宣告成立可视化委员会，该委员会的主要任务是定期交流可视化技术在地图学方面的发展和研究，加强与计算机领域的协作。1996 年，该委员会与美国计算机协会图形学专业组（ACMSIGGAPH）进行了跨学科的协作，制订了一项称为“Carto Project”的行动计划，旨在探索如何有效地将计算机图形学领域的理论和技术应用于空间数据可视化中，同时，也讨论了怎样采用地图学的观点和方法来促进计算机图形学的发展。1998 年 2 月，B.H.Mccormick 等根据美国国家科学基金会召开的“科学计算可视化研讨会”的内容撰写了一份报告，报告中正式提出了“科学计算可视化（Visualization in Scientific Computing，简称 VISC）”的概念，这标志着一门新的可视化学科的问世。

三维 GIS 研究主要集中在地形表面的重构、房屋建筑几何模型建立等方面，特别是在地形表达方面尤为突出。长期以来，人们针对不同的应用目的，依据各种数据模型、算法和数学理论，在现有的计算机发展水平上建立了许多地形可视化模型。目前，常见的地形可视化模型有两种：一是根据地学图形数据的精确描述，来进行真实地形的仿真；二是模拟自然场景中的地形，常用于具有真实自然视觉效果的虚拟环境中。

地形可视化建模大致可以分为如下三类：

（1）采用数据拟合生成三维地形

这是一种传统的地形生成方法，是利用常用的一些参数曲面，如 Bezier 曲面、Coons 曲面、有理 B 样条曲面，通过插值、曲面拟合来生成所需要的三维地形。这种方法采用计算几何学建模，是早期三维地形生成的方法。由于其数学计算的复杂性，对于复杂场景来说，计算量大而且要采用较复杂的曲面拼接技术。该方法只适合中小规模的数据处理。另外，这种方法实际上是采用了欧式几何方法，而欧式几何方法所描述的物体具有光滑的表面和规则的形状，物体的形状可由方程来描述。利用常用的参数曲面，通过插值、拟合来生成三维地形，也是采用方程来对地形建模。但由于地形的不规则和复杂性，用这种方法得到的地形真实感效果常常不能令人满意。

（2）利用分形技术生成三维地形

1973 年，曼德勃罗（B.B.Mandelbrot）在法兰西学院讲课时，首次提出了分维和分形几何的设想。分形几何学是一门以非规则几何形态为研究对象的几何学。由于不规则现象在自然界是普遍存在的，因此分形几何又称为描述大自然的几何学，欧式方法不能真实地描述这些物体，但可以用分形几何来真实地描述，分形几何是使用过程而不是方程来对物体建模。分形几何具有无限以及统计自相似性的规律，用递归算法使复杂的景物可用简单的规则来生成，可以生成任意水平的细节，是一个很好的描述一般地面形状的数学模型。由于分形显示自然景物具有非常逼真的特点，自从分形技术产生以来，人们就开始探讨用分形技术来生成三维地形，地景生成技术也达到了一个新的阶段。采用分形技术来生成三维地形是目前地景生成的主要方法。

（3）基于数字地形模型的地形可视化

这种方法就是运用数字高程数据构造多边形面，用多边形网格逼近。数字高程模型是针对地球表面实际地形地貌的数字建模的结果。MilIer .C.L 于 20 世纪 50 年代中期提出了数字地形模型（Digital Terrain Model，DTM）的概念，后来把基于高程或海拔分布的数字地形模型称为数字高程模型（Digital Elevation Model，DEM）。DEM 自 20 世纪 50 年代后期开始被采用以来，受到了极大的关注，在测绘、地质、景观建筑、农业、规划、军事工程、飞行器与战场仿真等诸多领域得到了广泛的应用。随着科学技术特别是计算机技术的迅速发展，在 DEM 的数据获取方法、数据存储和数据处理速度等方面取得了一些突破性的进展。目前，随着各种精度级别的 DEM 的建立，对于过去许多潜在应用领域的研究已变成可能。

在三维空间数据结构算法方面，杨必胜、李清泉、史文中提出了一种用于多分辨率三维模型快速生成和传输的稳健算法；龚健雅提出了面向对象的矢量栅格集成数据模型；邓念东、侯恩科提出了一种顾及维数的三维空间拓扑关系描述框架；齐安文、吴立新等重点研究了基于三棱柱体体元在三维地质建模中的应用；曹彤、李颖研究了用于三维 GIS 的八叉树和四叉树算法等；Klein 采用一种与视点相关的 TIN 数据结构来表示交互中的集合信息，当视点改变时，采用 Delaunav 三角剖分法重构侧 TIN；Luebke 等提出了一种基于顶点数的简化算法，它可以对任意几何模型进行简化；Hoppe 将他提出的渐进式网格模型也应用到地形当中，并且提供了与视点相关的支持，为了避免三角剖分给全局带来影响，他在算法中将地形预先分成大小相等的若干块，在块内进行渐进式网格剖分，由于不能解决拼接问题，块与块没有简化，这在一定程度上影响了模型简化的效率。

近年来，国内外在空间信息三维可视化方面的研究工作主要集中在以下两个方面：①运用动画技术制作动态地图，可用于涉及时空变化的现象或概念的可视性分析。②运用虚拟现实技术进行地形环境仿真，真实再现地景，进行交互观察和分析。

1.3.3 道路三维可视化系统发展现状

国外比较典型的道路设计系统有：CARD/1 系统突出公路几何设计与排水设计，实用性强，对硬件要求低，界面友好，操作简易；芬兰 ROADCAD 道路系统以数据采集、处理和图像输出为一体；美国 Intergraph 公司的 INROADS 系统具有先进图像处理、交互设计技术，体现了计算机硬件与公路设计软件的完美结合的；英国 MX 系统更是体现了国际商品化，该软件能用于铁路、公路、矿山、排水、机场、港口及其他土木工程设计，它采用了不同于以往的基于横断面进行设计的方法，即用一种全新的“串”的概念来表达构筑物以及地形表面，对几何形体的表述具有充分的灵活性，适用于各种复杂的土木工程设计。国外这些软件的共同特点是：建立在功能强大的三维数字地面模型及结构物模型基础之上，基础牢固；都注重可视化技术、用户界面技术（交互技术），并寻求一定的智能化功能以及系统的集成和设计的一体化。但截至目前，国外道路网建设已经基本完成，因此，国外对真三维道路设计的研究已没有更多的进展。另一方面，由于这些软件普遍存在着价格昂贵，并且不适应中国的设计规范及设计习惯等问题，因此要想使这些软件能真正用于我国的铁路和公路设计，还有大量的二次开发工作，并且二次开发也仅仅限于系统的外围，难以涉及内核。

在日本，UC-Win/Road 是利用计算机三维虚拟现实表现原理进行道路、市政、经济开发区、不动产小区规划设计的有效工具。设计者通过简单的操作可快速形成各种方案，所产生的各种方案，静止、空间漫游（步行、开车驾驶、飞行）、动画可作为在设计方和投资方之间进行方案沟通，达成协议的通用语言工具。与传统的动画制作程序相比，该程序具有建模快（道路自动形成）、成本低、可实时改变方案、制作静止、动画的数据的特点。从某种程度上说，该软件达到了三维道路设计的效果，但只能提供演示效果，缺乏 GIS 的相关分析功能。作为一款项目演示说明软件，UC-Win/Road 道路设计数据演示功能非常强大且具有较好的视觉冲击力，但缺乏 GIS 等分析功能的支持，如无法在模型的基础上叠加道路养护信息，进行简单的路段查询等，因而无法将其成果深入化，只能停留在演示汇报的层面上。再者，该软件存在 $20km^2$ 数据量限制，这也是该软件不能在国内真三维道路设计领域推广普及的致命弱点。另外，该软件三维空间分析功能不完善，没有长度、面积等量算工具，即在查看道路三维模型时，无法进行实时量测等三维空间分析。

近年来，国内一些研究机构及设计单位研究了道路的三维图像显示及动画制作等问题，其主要思路是编制程序在 AutoCAD 环境下自动生成三维模型，再导入 3DMax（或其他三维图形处理软件）渲染，生成道路三维仿真动画。这一方法存在着以下不足：

（1）由于道路三维场景所涉及的数据十分复杂、庞大，使得这一过程要耗费大量的时间和空间，因此该方法只能限于最终设计成果的浏览而难于融入设计过程。

（2）动画一旦生成，只能按照预先设定的路径浏览，难以修改，这使设计人员或决策者只能成为被动的观众或听众。

2003 年，中南大学宋占峰博士认为，道路三维可视化设计还不能取代平、纵、横二维设计，只能作为平、纵、横设计的一个有力补充。传统的路线 CAD 软件是将平、纵、横设计分离开来，互不关联。但路线是一空间实体，平、纵、横三方面从不同角度描述该实体，无论哪一方面的设计都必然会影响到其他两个方面。为了从整体上提高道路计算机辅助设计功能，应将平、纵、横作为一个整体，进行一体化设计。同时，由当前设计方案实时地生成道路三维场景，进行动态漫游和查询，使三维可视化设计融入设计过程，必将大大提高设计质量，使道路计算机辅助设计面貌焕然一新。

2005 年，广西桂能软件有限公司研发了 OneRAD 公路选线系统。OneRAD 作为一款公路选线软件，将 Microsoft Windows 的界面与三维渲染引擎相整合，来进行专业二维公路选线，然后将二维平、纵、横数据导入三维平台中，在三维窗口中进行建模实时显示。该方法是真三维道路设计的尝试，虽然将道路设计和三维显示在统一的平台下整合，但仍然没有摆脱二维的平、纵、横设计，设计过程和三维显示仍然是分开的两个阶段。

Roadleader 路立得是国内第一套基于 BIM 的三维道路设计软件，是基于 AutoCAD 平台的面向道路设计专业的 BIM 道路软件，适用于城市道路、公路的设计，可快速生成三维效果图。Roadleader 基于 BIM 理念，以信息数据而非 DWG 图形为核心进行组织，所有设计、三维、算量、出图等工作都紧密围绕该核心进行。因此，也顺理成章地实现了所见即所得、模拟、优化，以及不同专业间的协同和信息传递功能。Roadleader 对数据有了精确把握，路基和边坡、路面结构层、缘石等都是拥有完整属性的整体对象，不再是传统的靠断面拼凑的数据，因此能够提供精确的工程算量数据。该软件从另一角度研发了三维道路设计程序，但该软件同样是基于 CAD 平台的二次开发，是分为二维设计、三维显示两个阶段，没有真正意义上实现真三维道路设计。

纬地道路交通辅助设计系统是中交第一公路勘察设计研究院结合多个工程实践研制开发的路线与互通式立交设计的大型专业 CAD 软件。该软件通过不断地完善，版本更新，着眼于 DTM 的应用，在注重设计全过程动态可视化的基础上，强调以动态三维全景透视图仿真来进行道路三维实体设计和动态景观设计，系统地提出了“三维动态可视化设计”的道路 CAD 设计理念，基于 DTM 进行实时动态可视化的平纵横设计与土石方调配，基于 DTM 与道路设计实体模型无缝接合的仿真三维道路实体与景观设计。纬地道路交通辅助设计系统是目前国内最成熟的道路三维可视化设计软件，也是应用最多的一款设计系统，但是该系统同样是基于 CAD 的二次开发，所以，由于平台的限制，该系统不支持高分辨率的遥感影像，只能是基于 DTM 三角网模型的道路三维可视化设计，其三维效果是以透视图的形式展现，这大大降低了三维可视化的效果，而且，当数据量很大的时候，运行效率明显降低。这注定成为了纬地道路交通辅助设计系统在真三维道路设计领域进一步发展的绊脚石。

综上可见，随着真三维道路设计思想的不断发展，国内外专业人士在真三维道路设计方面进行了大量的尝试，但由于基础平台的限制等方面的因素，或者不能接收海量的地形数据，或者不能进行真三维地形场景数据的导入，使得真三维道路设计技术停滞不前，没有更大的进步。所以，要想在真三维道路设计方面取得突破性进展，必须研发自己的三维平台，摆脱传统道路设计软件平台的限制，使得对海量数据的支持、真三维的道路智能设计技术实现成为可能。

本书所涉及的真三维道路设计，是在已有研究基础上进行综合考虑，开拓创新而形成的一套真三维道路可视化设计理论与方法。

1.4 真三维道路智能设计

真三维道路智能设计除了要支持传统的平面、纵断面设计和土石方量计算、调配以外，还涉及附属构造物设计、道路三维模型和地面三维模型的生成以及带地面景观的道路模型的动态浏览等。因此，真三维道路智能设计是一个复杂、庞大的系统。

道路三维可视化的研究有着重要的意义。道路三维可视化设计的方法，使道路规划与设计的表现手段从原有的传统工艺流程提升到全新的数字技术阶段，能够解决长期以来传统的设计手段对于道路规划设计的表现和评估不够直观、真实、精确的难题，同时将起到优化道路设计、加快项目开展进度的作用。

（1）将推动道路勘测设计可视化、智能化进程

人在三维空间中具有很强的形象思维能力，计算机具有极强的数据处理能力，但理解和推理能力差。如果用计算机将道路设计数据转换成可视化的直接对象，就可借助人的智能来快速准确地理解这些道路设计数据，以便有效地对道路设计结果进行决策。

（2）形象直观的道路可视化设计

道路设计结束后，在未进行施工前，需要对道路设计的各项指标进行检验。传统的二维平面不能直观显示道路建成后的实际效果。而且随着经济的快速发展，对道路通行能力的要求越来越高，加之汽车性能的提升，不仅需要道路平、纵、横三者完美协调，道路与其两侧地形景观是否协调一致也是影响汽车行驶的关键因素。建立一个逼真、立体、可交互的、含地形地貌环境特征的道路与地形整体三维可视化平台，将

使道路设计能充分考虑道路与环境的协调，使设计者能更好地把握道路设计质量，提高道路通行能力。

（3）可方便查询三维相关地理信息

利用计算机技术把道路平面设计数据与地理空间数据建立含地形地貌环境特征的待建道路工程三维景观，将高程数据与正射影像叠加，生成三维影像景观建模，并进行场景布置、设计要素分析、多媒体查询、实时动态道路设计场景漫游等。它能够真实、动态地反映道路勘察设计结果，随着道路三维可视化地理环境的建立，设计人员可以在计算机上看到细节与真实道路一样的景观，道路设计者如果观察到某些地方需要修正，可以直接让观察者在三维空间中实时查询这些地方的属性，如三维坐标、地表属性等。利用这些数据及参数，可以方便退回到初始设计进行修改，从而为道路设计提供了更加精确的依据。

（4）为设计者、决策者等提供更加直观的交流平台

道路三维可视化平台有助于专业鸿沟的跨越。道路设计是一项涉及面很广、决策性很强的综合性工作。道路三维可视化设计与地理空间信息查询的研究与应用将为决策者提供更加直观的决策依据，为各个专业的配合协调提供了更加方便直观的工具，同时方案评审者也可参与到实际线路的设计过程中，凭借直观的三维道路提出自己的见解。道路设计可视化平台不仅能生成地面三维模型和道路三维模型，还能动态浏览带地面景观和道路景观的三维模型和视频输出等。设计者还可以利用其完成路线的工程可行性评价、路线的初步设计优化、施工图设计优化及为后期道路养护和运营提供完整的基础三维数据。

第2章 真三维道路设计

2.1 概述

真三维道路设计方法，是道路勘察设计行业科学技术不断发展进步的必然产物，会随着技术的不断完善而逐渐走向市场，被推广应用。它不同于以往传统的道路二维设计方法，而是将道路作为一个有机整体，进行设计及方案比选。

本章首先对真三维道路设计的概念进行介绍，从真三维道路设计的要求、真三维道路设计的关键、与二维设计的区别等角度对真三维道路设计方法进行了阐述；然后介绍了真三维道路设计的发展现状；并详细阐述了道路设计的理论和方法；最后，主要介绍了真三维道路设计的方法，分别从真三维道路设计的流程、设计模式等方面进行了说明。

2.2 真三维道路设计的概念

2.2.1 真三维道路设计的定义

真三维道路设计，是指将野外道路区域内的大场景搬至室内，在计算机屏幕上建立真三维数字地面模型，构建真三维地形场景，在此基础上实现动态可视化的道路几何设计，直观参照道路区域真实的自然环境，以人、车、路、环境自然一体为理念进行道路交通环境设计、道路建筑美学设计和道路人性化设计，从而得到与真三维地形场景无缝接合的真三维道路实体模型，对设计方案进行比选和分析，最终得到最优化的设计方案，大大提升道路的设计水平，并丰富道路设计的内涵。

真三维道路设计，就其功能而言应包括两个方面：设计过程的可视化及设计成果的可视化。需要将设计过程和设计成果综合考虑，互相融合才能达到真三维道路设计的目标。

真三维道路设计，实质是道路三维表面模型与地面三维表面模型两个模型间的“布尔运算”。空间直线与直线、直线与面、面与面的求交等一系列的空间几何问题是需要重点考虑的，同时，还要维护数字地面模型和道路表面模型的构网数据。最后，利用数字地面模型和道路一维表面模型之间的互操作来实现路线设计，如排水设计、涵洞设计、挡墙设计、土石方量计算等。

真三维道路设计，其主要特点在于将道路线元结构以“实时拖动技术”轻松确定最佳线形方案，便于实时修改，对互通式立体交叉的线形进行互动设计。该系统基于数字地面模型（以下简称 DTM）与道路设计实体模型的接合，快速实现动态道路全景图，以用于道路设计的安全和景观评价。

真三维道路设计，着眼于 DTM 的应用，在注重设计全过程动态可视化的基础上，强调以动态三维全景透视图仿真来进行道路三维实体设计和动态景观设计。“三维动态可视化”的道路设计理念，即开放式多种数据格式接口的 DTM 应用，基于 DTM 的实时动态可视化道路平、纵、横设计与土石方调配，基于 DTM 与道路设计实体模型无缝接合的仿真三维道路实体与景观设计。

一个实用的真三维道路设计系统，除了要支持传统的平面、纵断面设计和土石方量计算、调配以外，还要支持真正的三维设计。同时，软件界面图形功能、交互功能、智能化、集成化等应用非常重要。当然，作为真三维道路设计系统核心的扩展工程数据库，将会取代传统的数据文件管理方式。另外，还涉及附属构造物设计、道路三维模型和地面三维模型的生成以及带地面景观的道路模型的动态浏览和视频输出等。

真三维道路设计系统，必须建立在数字地面模型基础之上，具有功能强大的数字地面模型作为支撑，才能为道路设计提供所需的一切地形数据，才有利于路线多方案比选和优化设计，才能使道路的三维可视化设计真正实现，特别是现代测设技术的发展，如航空摄影测量、全球定位系统、遥感、全站仪、扫描仪、数字摄影测量等新技术的应用，使得地形数据采集自动化成为可能，数字地面模型作为连接外业（数据采集）和内业（路线设计）之间的纽带和桥梁，在三维可视化设计系统中起着举足轻重的作用。

2.2.2 真三维道路设计与二维设计的区别

真三维道路设计与传统二维设计存在本质上的区别，具体比较如表 2–1 所示。

表 2–1 真三维道路设计与二维设计的区别

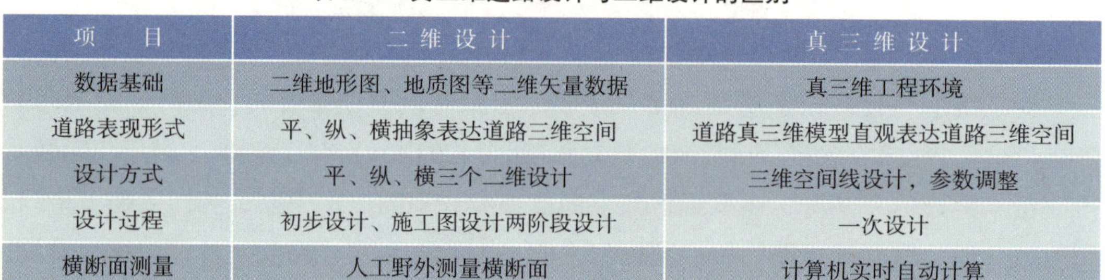

项目	二维设计	真三维设计
数据基础	二维地形图、地质图等二维矢量数据	真三维工程环境
道路表现形式	平、纵、横抽象表达道路三维空间	道路真三维模型直观表达道路三维空间
设计方式	平、纵、横三个二维设计	三维空间线设计，参数调整
设计过程	初步设计、施工图设计两阶段设计	一次设计
横断面测量	人工野外测量横断面	计算机实时自动计算

在数据基础上，传统二维道路设计主要利用地形地质等二维矢量数据，包括地形图数据、地质勘察数据、控制测量数据、水文数据、地震区划、交通量数据等。这些数据的表现形式单一化，均为二维图纸或表格。而真三维道路设计则是利用高新勘测技术手段采集、处理生成的高精度真三维地形场景模型，并将其他二维矢量数据三维化，叠加到真三维地形场景模型上，形成真三维工程环境场景，以此为基础进行道路设计。

在道路表现形式上，传统的二维道路设计方法，即用平、纵、横三个二维参数来表达道路的三维空间位置，这种方法对道路这一复杂的空间三维线形几何体进行了合理简化，但设计者难以从平面、纵断面和横断面想象出设计方案的三维效果，进而判断线形的合理性以及道路与周围景观的协调性等。这种图表的表现手法是抽象、不直观的。为了看到设计方案的三维效果，设计者需要将完成设计后得到的平、纵、横数据，经过专门的软件程序处理，实现其三维化，同时在取得数字地面模型的条件下，利用 3DMax 等图形处理软件对道路模型和地面模型进行后期处理，完成道路的三维可视化。这个过程是繁琐、费时费力的。而真三维道路设计可以说是将上述传统的两个过程合二为一，是在真三维工程环境中，直接实时动态生成与地形场景无缝衔接的真三维道路模型，设计者可以直观地看到道路设计的三维效果，并感受设计道路与周边环境的融合性、和谐性，非常直观地完成线形评价、景观评价等方案比选工作。

在设计方式上，传统的二维道路设计方法是用平、纵、横三个二维设计来表达道路的三维空间位置，首先需要进行道路平面选线、定线，在此基础上进行纵断面设计、横断面设计。每个设计过程均是二维的，平面线、纵断面线、横断面线均是用二维线条表示。而真三维道路设计，打破了这种传统模式，道路选线过程中就直接生成了三维立体的空间线，该空间线不仅包含了平面线的 X、Y 平面位置信息，还包括了纵断面线的高程 H 信息。为了保证这条三维立体空间线符合道路设计标准规范，真三维道路设计方法可以对这条空间立体三维线形进行调整，在 X、Y、Z 三个方向上，通过增加节点、增加曲线类型等方式保证线条平滑过渡。

在设计过程上，传统二维道路设计方法，需要经过初步设计、施工图设计两个阶段的设计。技术实现上比较复杂的道路工程项目，甚至要经过初步设计、技术设计和施工图设计三个阶段的设计。初步设计是根据批准的设计任务书和收集的勘测设计资料编制而成的具体实施方案，在初步设计完成，经审批后，可进行技术勘测，根据技术勘测资料做技术设计或施工图设计。施工图设计包括绘制道路平面、纵断面、横断面、平面交叉口、立体交叉等的各部详细尺寸和高程，路面结构设计组成及厚度等施工详图和必要的施工说明，并编制工程预算。当与初步设计有较大变动时，应修正初步设计和概算，报上级批准后实施。而真三维道路设计则与传统设计过程完全不同，可以说是大大简化了传统的设计过程。在进行真三维道路设计时，在高精度三维地形场景数据和自定义数据导入系统之后，在高精度三维工程环境场景中进行真三维道路选线，确定道路的三维立体空间线形，并根据设计规范要求进行 X、Y、Z 三个方向上的设计参数的调整，通过实时生成的真三维道路模型，对道路与周边环境的融合性作出评价，当发现道路方案不符合要求时，继续实时调整三维的设计参数，最终完成道路选线的详细设计，整个设计过程一气呵成。

在横断面测量方面，传统二维道路设计方法中的断面测量是一项重要工作。一方面，设计人员要利用测量的横断面数据计算和平衡土石方量，如果横断面数据不合理，就不能正确计算土石方量，工程造价计算就会不准确；另一方面，设计人员需要根据横断面的形状和内容，合理地设计道路路基、边坡以及其他附属结构物。目前，横断面测量主要采用抬杆法、水准仪皮尺法、经纬仪视距法、全站仪法和 GPS-RTK 法。但这些方法均需要外业工作，效率低下，尤其在山区高等级公路设计中，断面测量工作量十分大，加之受到通视条件、天气条件等多因素的制约，严重影响了道路设计进度及质量。而本书提到的真三维道路设计方法，由于高精度真三维工程环境的数据精度很高，所以利用道路中心线上点的方位和间距进行插值，即可得到符合精度要求的横断面线上的地面点。该方法将外业测量工作在室内计算机上轻松完成，而且精度高，速度快，不必担心通视、天气等因素对道路设计的进度和质量的影响。也正是由于该方法具有断面测量精度高、自动化程度高的特点，所以道路设计的土石方量计算也是实时自动完成的。

综上所述，真三维道路设计与传统二维道路设计相比，无论是在数据源、设计过程，还是设计方案的表现形式等方面都存在较大的区别。从这些区别上也可看出，真三维道路设计相比较传统二维道路设计，在设计理念和设计模式上，都有很大的突破和进步。真三维道路设计所提出的在真三维场景中进行道路设计的方法将革新传统的基于二维图纸的设计方法，使道路设计发生了一次质的飞跃。能够为道路路线设计、评价和修改提供形象化的设计手段，对道路设计具有重大意义，对今后的设计将产生重要影响，并推动整个勘察设计行业的跨越式发展。与此同时，该设计方法所构建的数字化的三维道路模型还能够为智能交通、三维道路养护等工作提供基础模型数据。

2.2.3 真三维道路设计的要求

真三维道路设计，在保证了以上三个设计理念的基础上，就真三维道路设计的特点、要求，真三维道路设计的过程要体现出如下特性：实时性、交互性、自动化、灵敏性。

实时性，是指设计过程中能够根据设计方案实时生成与地形无缝接合的道路真三维场景模型，从而检验道路与周边环境的融合程度，以便实时调整设计方案，提高设计质量。设计方案的调整和设计结果的三维可视化基本是同步的，亦即，设计结果的三维可视化能够实时反映设计方案的调整结果。

交互性，是指设计者直接在真三维的地形场景中进行道路设计，设计者和真三维的地形场景之间形成交互。真三维的地形场景能够为设计者提供道路经过区域的真实地表信息，辅助设计者确定道路路线走向的最合理方案。设计者可以非常直观地浏览真三维地形场景，综合考虑道路选线的诸多影响因子。

自动化，是实时性的进一步体现，实时性单单是三维可视化视图随着设计方案的改动实时变动，而自动化要求设计者在调整设计方案时，不仅三维视图实时地发生相应的变化，而且相关的设计参数信息、工程量、图表等均能实时自动计算更新，从而使得真三维道路设计能够尽量将计算更新工作交给计算机自动完成，缩减大量的人工作业，解放劳动力。

灵敏性，是真三维道路设计智能性的体现。要求真三维道路设计系统能够自动感知周边环境对线路的影响。通过设定相关的标准和影响因子权重值，使得当设计方案与周边环境出现不和谐因素的时候，系统能够自动感知到这种不和谐因素出现的位置，提示设计者这种不和谐因素的体现，并为设计者提供设计方案修改建议。

2.2.4 真三维道路设计的关键

真三维道路设计，关键在于：真三维场景的构建；线路的三维模型构建；线路与三维场景的融合、叠加；三维设计的理论与技术、真三维空间分析。

真三维场景的构建，主要包括和道路设计相关的地表、地形、地物、地貌，以及地质构造、地下水、人工设施等场景模型构建。真三维场景是真三维道路设计的基础，为真三维道路设计提供参考数据。高分辨率的影像能够为真三维道路设计路线走向方案的确定提供可能。

线路三维模型构建，是指路基、桥隧、车站等连接而成的连续三维空间对象的自动生成；线路三维模型由线框模型、表面模型、实体模型组成。线路三维模型在真三维道路设计过程中，用于设计方案的比选；在设计完成时，用于方案的演示、汇报。

线路与三维场景的融合、叠加，是构建道路真三维环境的必然手段。线路模型与三维场景模型无缝接合，才能够检验线路方案与周边环境的融合性、和谐性，才能对设计方案给予评价。

三维设计理论与技术，主要解决了如何在真三维场景中进行道路设计，实现真三维道路设计的问题。主要包括了虚拟三维空间的交互设计理论、自动设计理论与技术等。它是实现道路三维可视化设计至关重要的一项技术。

真三维空间分析方法，是道路三维可视化设计过程中，对设计方案进行比选优化的方法。利用三维空间分析方法，可以有效地评价设计方案在行车视距、通视情况、土方量、环境影响等各个方面的影响比重。

2.3 道路设计的理论和方法

2.3.1 道路设计理念

目前，为了实现道路的可持续发展，道路设计者在分析、总结国内、国外道路发展情况的基础上，提出“安全、生态、经济、服务”的指导思想，这也成为道路勘察设计的总体思路和设计原则。现代道路设计的设计理念，具体介绍如下。

2.3.1.1 连续性设计

道路线形连续性是路线设计的基本要求之一，连续的道路设计将确保驾驶员能够沿着路线以他们期望的速度行驶。

但我国目前所使用的技术标准和设计规范中没有明确提出关于连续性的标准。研究发现，道路线形连续与否对车辆产生的影响首先表现在车速上。车速变化的大小也就代表着线形连续程度。利用运行车速评价路段的连续性好坏的方法主要有两种：一种是设计速度与运行速度的一致性评价方法；另一种是运行速度之间的一致性评价方法。

1）设计速度与运行速度的一致性评价方法

设计速度与运行速度的一致性评价方法是根据在某个路段上运行车速与设计速度之间速度差的绝对值进行评价，这种评价方法目的在于确保设计速度与驾驶员实际行驶速度保持一致，使得线形几何设计能够较好地满足驾驶员实际的操作需要。这对于单一路段路线几何元素的安全评价，起着重要的作用。

2）运行速度之间的一致性评价方法

对于整个路线来讲，分析其整体的连续性是相当重要的。运行速度之间的一致性评价是根据两个连续路段上运行车速之间速度差的绝对值进行评价的，这种安全评价方法提供了整个道路上连续路段的连续性评价，与上面单一路段评价方法相比，该方法能够保证各连续路段之间的连续性和一致性。这种方法已经成为道路设计中线形连续性评价的基本法则。

2.3.1.2 灵活性设计

灵活性设计是指合理选用技术标准，灵活运用设计指标，严格按照线形组合的设计原则进行设计。对技术标准应合理选用，不能“违规”或“超标”。灵活是在技术标准确定的前提下，对设计指标的灵活运用。灵活必须以保证安全为前提，严格按照线形组合的设计原则进行设计就是保障安全的有力措施。灵活性设计就是在充分掌握和理解现有标准、规范的基础上，在保证安全性的前提下，通过合理选择技术标准，灵活运用设计指标，寻求达到更符合公路沿线可持续发展的需要和利益的目标。

灵活性设计的目的是针对不同公路、不同路段的特点给出切合实际的设计方案。强调的是公路的个性、环境的个性，因此灵活性设计也体现为公路的个性化设计。

2.3.1.3 安全性评价

目前，我国高速公路的安全运营状况不容乐观，交通事故率呈上升趋势。导致交通事故的原因是多方面的，包括路况、气候、驾驶员的因素等。但从道路线形设计而言，由于我国传统的基于设计速度的路线设计方法，只是规定了满足设计速度所要达到的平、纵线形指标，这样导致各个弯道和纵坡都满足设计规范要求，而线形组合起来不一定是合理的线形，在道路实际运营中，将导致车辆的运行速度与线形指标相脱节，形成交通事故隐患。从交通事故的统计和分析看，虽然造成交通事故的原因是多方面的，但是线形设计是否合理是关系到高速公路安全性的根本问题，也是安全性评价的重要指标。

2.3.2 道路设计内容

道路设计主要分为公路设计和城市道路设计。由于分类不同，设计内容也大相径庭。公路设计的主要内容是路线、路基工程、路面工程、排水工程、防护工程、桥涵工程、隧道工程、交叉工程、交通工程和其他附属工程等。城市道路设计的主要内容是地面车道设计（机动车、非机动车及人行道）、地下铁路、高架城轨、立体交通、天桥、地下通道、交叉口、停车站场、交通安全设施、绿化工程以及沿街设施等。

下面针对道路设计的主要内容进行一一介绍。

2.3.2.1 路线设计

道路线形，主要是指道路中心线的空间线形。为研究方便和直观起见，对该空间线形进行三视图投影。道路线形在水平面上的投影称为道路的平面线；沿中线竖直剖切并展开构成纵断面线形；中线上任一点的法向切面构成横断面线形。

道路线形是道路的骨架，它不仅对行车安全、舒适、经济和道路的通行能力有着决定性的作用，而且对沿线的开发、土地利用也有重大的影响。从这种意义上讲，道路的线形决定着道路建成后能否发挥预定功能及经济效益的大小。所以，线形设计的质量，往往是道路总体设计及其作用的主要评价指标。

2.3.2.1.1 平面设计

1）设计内容

线形设计是在路线的各项几何技术指标满足了与道路等级相应的技术标准要求的前提下，进一步研究线形各要素的运用和进行巧妙组合的要求，即将道路平面、纵断面进行合理的组合，以及将平面、纵断面与横断面组合成三维空间的立体线形，并考虑车辆行驶的安全、舒适，满足汽车动力性能与行驶力学的要求，以及充分考虑驾驶员的视觉和心理舒适要求，保持线形在视觉上的连续性和心理上的协调性。在保证汽车行驶的安全性、舒适性、经济性的同时，还应考虑线形从视觉上对地形、地物、景观等具有适应性、协调性及其在技术上、工程上的经济合理性，以便在条件许可时，选用较高的技术标准，从而提高道路的使用质量。如何对线形设计的方案作出综合评价，也是本章的一个重点。

在道路平面线设计中，主要考虑汽车行驶的轨迹，而汽车行驶轨迹具有以下特征：轨迹是连续而圆滑的；曲率是变化的；曲率的变化是连续的。所以，道路平面线形由直线、圆曲线和回旋线三种要素组成。直线和圆曲线的设计比较简单，缓和曲线比较复杂，一般采用回旋线作为缓和曲线线形。

以下将详细介绍道路线形的设计过程以及对设计方案的评价。

（1）直线

直线是平面线形设计的基本要素之一，具有能以最短的距离连接两控制点和线形易于选定的特点。但直线线形灵活性差，难以适应地形的变化，不易于与地形、地物等周围环境相协调。另外，因其直线路段过长，易引起驾驶员的厌倦、疲劳、注意力难以集中等，对行车安全不利。因此，凡设计速度较高的公路，以及位于山岭重丘区的公路，在设计直线线形和确定直线长度时，均应视地形、地物等情况而慎重选用。

直线常常应用在以下几种情况：

①适宜采用直线的路段。

a. 城镇及其近郊或规划方正的农耕区等以直线条为主体的地区；

b. 长大桥梁、隧道等结构物地段；

c. 路线交叉点前后；

d. 双车道公路供超车的路段；

e. 不受地形、地物限制的平坦地区和山间的开阔地段。

②当采用长直线线形时。

a. 纵坡不宜过大；

b. 以大半径凹形竖曲线组合为宜；

c. 两侧地形过于空旷时，宜采取种植不同树种或设置一定建筑物等措施；

d. 长直线或长下坡尽头的平曲线，除曲线半径、超高、视距等必须符合规定要求外，还必须采用设置标志，增加路面抗滑能力等安全措施；

e. 对较高车速的公路（$V \geq 60$km/h），其最大直线长度宜控制在 70s 左右时间的行程距离。

③最小直线长度的限制。

若设计速度为 V，则同向平曲线之间直线长度要求不小于 $6V$，反向平曲线之间直线长度要求不小于 $2V$。

（2）圆曲线

由于各种因素及自然条件的限制，一条较长的道路从起点到终点在平面上不可能是一条直线，而常常需要有很多转折，每到转折处都需要设置平缓的曲线，以消除道路的突然转折，使汽车安全顺适地通过。因此，道路的平面线形就是由一系列的直线段及曲线段组合而成。道路曲线段一般为圆曲线，对于等级较高的公路（三级及以上），在直线和圆曲线之间还要插入起渐变作用的过渡曲线——缓和曲线。

当道路需要改变方向时，在转弯处需要设置圆曲线来连接两条相交的直线段，连接方式采用圆曲线与两直线相切。圆曲线在现场容易测设，并能自然标明方向的改变，起到自然诱导驾驶员视线的作用。采用平缓而适当的圆曲线，既能保证汽车平稳地行驶，又可以使驾驶员注意力集中，有利于安全行车。另外，采用圆曲线也能符合汽车作转向行驶的行驶轨迹。因为汽车转向时，若转向盘转过一定角度后保持不动，则汽车的行驶轨迹为圆曲线。

在进行平面设计时，研究圆曲线主要是确定圆曲线的半径和长度。汽车在圆曲线上行驶时，除受重力外，还要受到离心力的影响。离心力使汽车产生两种不稳定的危险，一是汽车向外滑移，二是向外倾覆。离心力的大小是与圆曲线半径成反比的，半径越小，离心力就越大，对行车安全就越不利。因此，在设计时，圆曲线半径应尽可能大一些。但受自然条件限制，圆曲线半径又不能太大，这就需要在设计时对圆曲线的半径最小值加以限制，以保证行车安全与舒适。

根据我国《公路路线设计规范》(JTG D20—2006)(以下简称《规范》)，对于不同等级的公路，规定了三个不同使用要求的圆曲线最小半径，即极限最小半径、一般最小半径和不设超高最小半径，具体规定请查阅《规范》。

汽车在公路曲线上行驶时，如果曲线很短，则驾驶员操作转向盘频繁而紧张，这在高速行驶的情况下是很危险的。同时，如果不设置足够长度的曲线使离心加速度的变化率小于一定数值，从乘客心理状态来看也是不好的。另外，当公路转角较小时（小于 7°），曲线长度往往显得比实际更短，会引起曲线半径小的错觉，对行车安全不利。因此，从便于驾驶操作以及利于行车安全和舒适的角度来说，具有一定的曲线长度是必要的。

根据经验，为使驾驶员在曲线行驶时不感到转向盘操作困难，按 6s 的通过时间设置曲线长度是适宜的。事实上，以这样的曲线长度作为由两条缓和曲线组成的曲线，就不会使人体感到不适。因此，《规范》按 6s 行程长度制定了平曲线最小长度指标，具体见《规范》。

各级公路由于地形及其他特殊原因限制而不得已时，不论公路转角多小，平曲线最小长度应大于表 2–2 的规定。对四级公路特殊困难地段，平曲线最小长度（包括超高、加宽缓和段）可适当缩减，但必须大于表 2–2 中的低限值。

在平面设计中，为便于驾驶操作和行车安全与舒适，汽车在任何一种线形上行驶的时间都不应短于3s。《规范》按3s行程制定了平曲线部分中的圆曲线最小长度指标，如表2-2所示。平曲线中的缓和曲线长度至少也应满足3s行程的要求。这样对于由两段缓和曲线和一段圆曲线构成的平曲线，其长度一般应满足9s行程（或2.5Vm）的最小长度要求，才能使其线形美观、顺畅。

表2-2　平曲线部分中的圆曲线长度

公路等级	一		二		三		四	
地形	平原微丘	山岭重丘	平原微丘	山岭重丘	平原微丘	山岭重丘	平原微丘	山岭重丘
圆曲线长度（m）	85	50	70	35	50	25	35	20

圆曲线的运用：

①一般情况下，以采用极限半径的4~8倍为宜，当条件受限制时也应采用大于或等于一般最小半径，只有当地形特殊困难时才采用极限最小半径。

②圆曲线半径过大也无实际意义，故一般不宜大于10000m。

③各级公路不论转角大小如何，均应设置平曲线。

④圆曲线应同前后相邻的平面线形相协调，使之构成连续、均衡的曲线线形，不宜悬殊过大。

⑤应与纵断面线形相协调，必须避免小半径平曲线与竖曲线相重合。

（3）缓和曲线

当汽车从直线进入圆曲线时，驾驶员应逐渐转动转向盘，以改变前轮的转向角，使其适应相应半径的圆曲线。直线上半径为无穷大，圆曲线上半径为R，从直线过渡到圆曲线，汽车行驶轨迹的曲率半径是不断变化的，这一变化路段就是缓和曲线。所谓缓和曲线就是指从直线上半径无穷大到圆曲线的定值之间的曲率半径逐渐变化的过渡段。

通过上述描述，缓和曲线具有以下三个作用：便于驾驶操作；消除离心力突变；完成超高和加宽的过渡。从缓和曲线的设置目的可以看出，它应满足汽车从直线逐渐驶入半径为R的圆曲线的行驶轨迹，这就要求缓和曲线的线形应与汽车行驶轨迹一致。一般地，汽车在这样的行驶条件下的行驶轨迹是回旋线。由此可知，采用回旋线作为缓和曲线的线形，可以满足行驶轨迹的要求。

从回旋线的数学定义可知，任意一点的曲率半径ρ与该点至曲线起点的曲线长s之积为常数。即：

$$\rho s=C \tag{2-1}$$

式中，C 为回旋线常数。

令 $C=A^2$，则：

$$s = \frac{A^2}{\rho} \tag{2-2}$$

①回旋线切线角

回旋线的切线角，是指回旋线上任意一点的切线与该回旋线起点的切线所成夹角。如图 2–1 所示，设该回旋线所在直角坐标系为 XOY，O 为原点，在回旋线上任意一点 P 处取一微分弧段 ds，则：

任一点的切线角 β_x： $$\mathrm{d}\beta_{\mathrm{x}} = \frac{\mathrm{d}s}{\rho}$$

$$\beta_{\mathrm{x}} = \int \mathrm{d}\beta_{\mathrm{x}} = \int \frac{\mathrm{d}s}{\rho} \tag{2-3}$$

将 $\rho = \dfrac{A^2}{s}$ 代入式（2–3）并积分得：

$$\beta_{\mathrm{x}} = \int \frac{s\mathrm{d}s}{A^2} = \frac{s^2}{2A^2} = \frac{s^2}{2Rl_{\mathrm{h}}} \tag{2-4}$$

②缓和曲线直角坐标系

在图 2–1 中，任意一点 P 处取一微分弧段 ds，则对应中心角为 dβ_{x}，则：

$$\mathrm{d}x=\mathrm{d}s\cos\beta_{\mathrm{x}}$$

$$\mathrm{d}y=\mathrm{d}s\sin\beta_{\mathrm{x}}$$

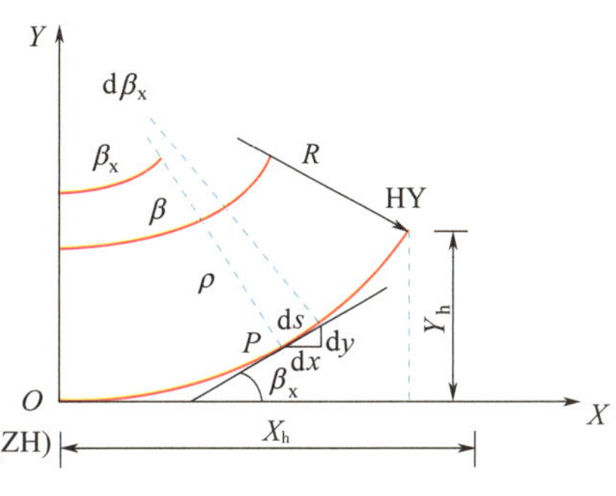

图 2–1　缓和曲线示意图

将 sinβ_{x} 及 cosβ_{x} 用函数幂级数展开，积分后略去高次项并化简得：

$$y = \frac{s^3}{6Rl_{\mathrm{h}}} - \frac{s^7}{336R^3l_{\mathrm{h}}^3} \tag{2-5}$$

$$x = s - \frac{s^5}{40R^3l_{\mathrm{h}}^2} \tag{2-6}$$

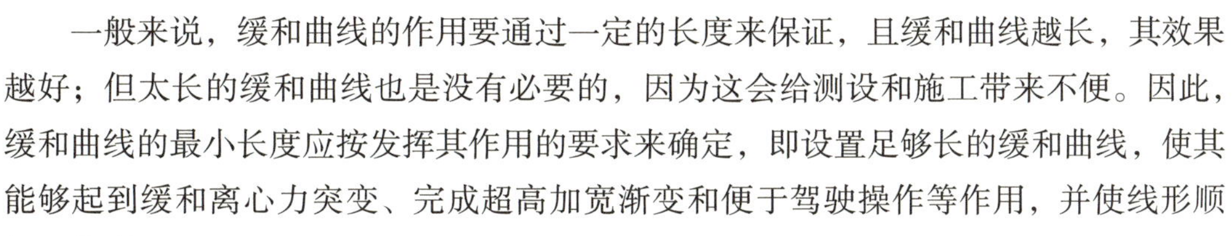

一般来说，缓和曲线的作用要通过一定的长度来保证，且缓和曲线越长，其效果越好；但太长的缓和曲线也是没有必要的，因为这会给测设和施工带来不便。因此，缓和曲线的最小长度应按发挥其作用的要求来确定，即设置足够长的缓和曲线，使其能够起到缓和离心力突变、完成超高加宽渐变和便于驾驶操作等作用，并使线形顺畅、美观。

我国《标准》按行驶 3s 的行程制定了各级公路的缓和曲线最小长度指标，具体请参见《标准》中的规定，这里不再详述。

（4）加宽和超高

①平曲线加宽

通过对行车状态的观测与行车轨迹理论分析得知，汽车在弯道行驶时，需要比直线段上更大的行车道宽度，这是因为车辆在曲线上行驶时，每一个车轮都以不同半径绕圆心运动，汽车前后轮的轨迹不重合，而汽车在直线段上行驶时，前后轮的行驶轨迹是一致的。因此，汽车在曲线上行驶所占路面宽度就比在直线上的大，共增宽值如图 2–2 中 e_1。另外，由于曲线行车受横向力影响，会出现不同程度的摆动，因此，为保证行车安全，曲线段的路面应适当加宽。

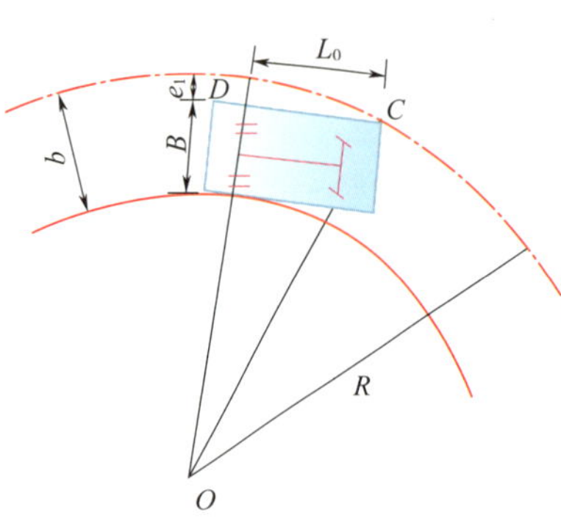

图 2–2　平曲线的路面加宽

加宽计算公式为：

$$b_j = \frac{L_0^{\ 2}}{R} + \frac{0.1V}{\sqrt{R}} \qquad (2\text{–}7)$$

式中：b_j——双车道路面加宽值，m；

L_0——汽车轴距加前悬，m；

V——计算行车速度，km/h；

R——圆曲线半径，m。

路面在圆曲线段上设置加宽时，其宽度比直线段上大，在直线与圆曲线连接处，路面宽度会出现突变，这既影响路容的美观，又给行车安全带来威胁。因此，应在直线和圆曲线之间的回旋线上设置一段路面加宽的渐变段，这一渐变段称为加宽缓和段。为保证缓和效果，该加宽缓和段长度不宜太短，应满足下列要求：

a. 路线设置缓和曲线或超高缓和段时，加宽缓和段长度采用与缓和曲线或超高缓和段长度相同的值，即加宽缓和段应与缓和曲线或超高缓和段重合，以尽量减少公路几何形状的变更次数。

b. 不设缓和曲线或超高缓和段时，加宽缓和段长度应按渐变率为 1∶1.5 且长度不小于 10m 的要求设置，并布置在圆曲线之前的直线段上，即：

$$L_j=1.5 \cdot b_j \quad 且 \quad L_j \geqslant 10\text{m} \qquad (2\text{–}8)$$

式中：L_j——加宽缓和段长度，m；

b_j——路面加宽值，m。

圆曲线上的路面加宽一般设置在曲线内侧，这是因为汽车在曲线上行驶时，后轮轨迹一般位于前轮轨迹内侧。另外，在曲线内侧加宽比在外侧加宽的路容美观些，而且内侧加宽工程量也较小。若地形有特殊困难时，也可两侧各加一半。圆曲线段内的加宽值保持不变，缓和段上的加宽值由零渐变到要求的加宽值。

②超高设计

超高，即将曲线部分的路面做成向内侧倾斜的单向横坡，其目的是让汽车在曲线上行驶时能够获得一个指向曲线内侧的横向分力，以克服离心力对行车的影响。该措施是非常有效而经济适用的。因为设置单向内倾横坡后，汽车在路面任何位置上行驶车重的横向分力都是指向曲线内侧的，并且超高坡度越大，这一横向分力就越大，因而也就能够有效地克服离心力，降低横向力系数。

超高横坡度的计算公式：

$$i_{\mathrm{b}} = \frac{V^2}{127R} - \mu \tag{2-9}$$

式中，μ 为横向力系数。由式（2–9）可知，当横向力系数为定值时，超高坡度的大小随半径的增大而减小。当根据前述综合因素选定横向力系数后，就可以计算出各种情况下的超高横坡度值。

因此，超高横坡度值应按设计速度、半径大小，结合路面种类、自然条件和车辆组成等情况综合确定。一般来说，平曲线半径小，超高坡度就应大一些，反之，超高坡度就可以小些。在路面有积雪或结冰情况的地区，超高坡度应比一般地区的小一些，以防止出现汽车向内侧滑动的危险。在非机动车通行较多的公路，超高坡度也应适当减小。当公路通过市镇，作为街道使用的公路按规定设置超高有困难，且市区对车速有限制时，可根据实际情况酌量减小超高坡度值。

一般各级公路的最大超高值应符合以下规定：

a. 高速公路、一级公路的超高横坡度不应超过 10%，其他各级公路不应超过 8%。

b. 各级公路在积雪、寒冷地区，最大超高横坡度不宜大于 6%。

c. 当超高横坡度的计算值小于路拱横坡度时，应设置等于路拱坡度的超高横坡。

公路在直线段上是双向横坡断面，而在设置超高的平面线段上则是向内侧倾斜的单向横坡，这就需要采用适当的措施，使公路从直线段的正常路拱逐渐变化成圆曲线的超高横坡。也就是说，要采用适当的过渡方式设置公路曲线超高。超高的设置方式应根据地形情况、车道数、中间带宽度、超高横坡度大小，从有利于路面排水、路面同地面或构造物的协调，以及路容美观等因素进行选择。

这种从直线段上的双向横坡逐渐过渡到圆曲线段上的超高横坡的过渡段，称为超高缓和段，如图 2–3 所示。

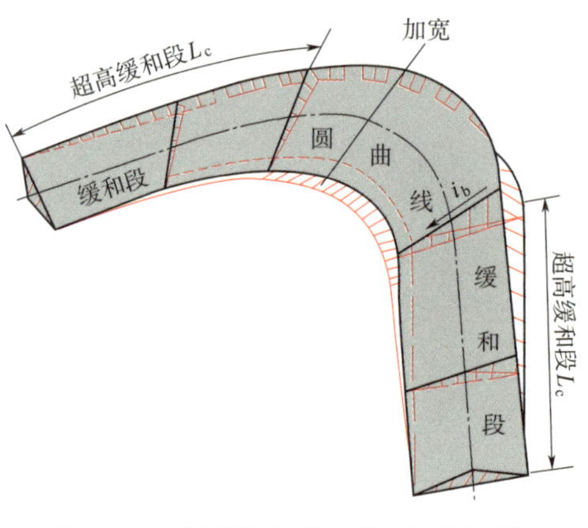

图 2–3 平曲线路面中的超高和加宽示意图

设置超高缓和段的主要目的是使路面从双坡断面逐渐变为单向横坡即超高断面，因此这一缓和段的长度不能太短，否则就起不到缓和作用。但缓和段也不能太长，否则会给测设、施工以及路面排水等带来一些问题。一般地，超高缓和段的长度取决于路面超高坡度的大小。路面超高坡度越大，路面外侧边缘升高值就越大，相对于直线段的双坡断面的变化幅度也就越大，所以需要的缓和段也就越长。我国现行《公路路线设计规范》（JTG D20—2006）规定了双车道公路的超高缓和段长度计算公式：

$$L_c = \frac{B \cdot \Delta i}{p} \tag{2–10}$$

式中：L_c——双车道公路的超高缓和段长度，m；

B——旋转轴至行车道（设路缘带时为路缘带）外侧边缘的宽度，m；

Δi——超高横坡与路拱坡度的代数差，%；

p——超高渐变率，即旋转轴线与行车道（设路缘带时为路缘带）外侧边缘线之间相对升降的比率，见表 2–3。

表 2–3 超高渐变率 p

设计速度（km/h）	超高旋转轴位置		设计速度（km/h）	超高旋转轴位置	
	绕中线旋转	绕边缘旋转		绕中线旋转	绕边缘旋转
100	1/225	1/175	40	1/150	1/100
80	1/200	1/150	30	1/125	1/75
60	1/175	1/125	20	1/100	1/50

2）设计理论

道路平面线形设计是从线形设计的角度研究直线、圆曲线、回旋线三种线形要素的合理运用，以及适应地形、地物、地质、景观变化等各种具体条件的基础上，巧妙选用相应技术指标进行组合设计和相互配合的有关问题。

道路平面线形三要素的基本组成一般是：直线—回旋线—圆曲线—回旋线—直线（缓圆缓），如图 2-4 所示。

其中元素的计算公式如下：

相应的平面线要素计算公式：

切线总长：

$$T_s = (R + \Delta R)\tan\frac{\alpha}{2} + q \quad (2\text{-}11)$$

平曲线总长：

$$L_s = (\alpha - 2\beta_0)\cdot\frac{\pi}{180}\cdot R + 2l_s \quad (2\text{-}12)$$

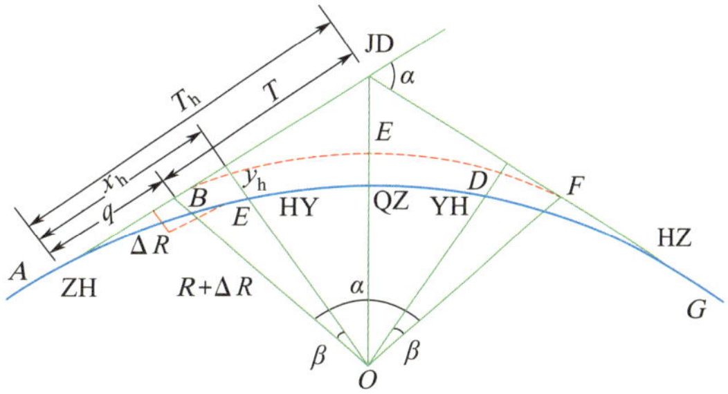

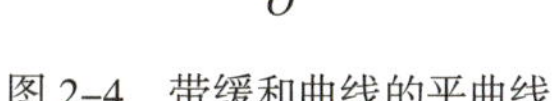

图 2-4　带缓和曲线的平曲线

外距：

$$E_s = (R + \Delta R)\sec\frac{\alpha}{2} - R \quad (2\text{-}13)$$

缓和曲线切线增值：

$$q = \frac{l_s}{2} - \frac{l_s^3}{240R^2} \quad (2\text{-}14)$$

内移值：

$$\Delta R = \frac{l_s^2}{24R} - \frac{l_s^4}{2384R^3} \quad (2\text{-}15)$$

最大缓和曲线角：

$$\beta_0 = 28.6479\frac{l_s}{R} \quad (2\text{-}16)$$

缓和曲线上任意一点坐标公式：

$$x = l - \frac{l^5}{40R^2 l_s^2} \quad (2\text{-}17)$$

$$y = \frac{l^3}{6Rl_s} - \frac{l^7}{336R^3 l_s^3} \quad (2\text{-}18)$$

圆曲线上任意一点的坐标公式：

$$x_y = q + R\sin\varphi_m \quad (2\text{-}19)$$

$$y_y = \Delta R + R(1 - \cos\varphi_m) \quad (2\text{-}20)$$

$$\varphi_m = \alpha_m + \beta_0 = 28.6479\left(\frac{2l_m + l_s}{R}\right) \quad (2\text{-}21)$$

式中：T_s——切线总长；

L_s——平面线总长；

E_s——外距；

R——圆曲线半径；

α——路线转角；

β——缓和曲线终点处的缓和曲线角；

q——缓和曲线切线增值；

ΔR——设缓和曲线后，圆曲线的内移值；

l_s——缓和曲线长度；

l_m——圆曲线上任意一点 m 至缓和曲线终点的弧长；

α_m——l_m 弧所对应的圆心角。

交点坐标计算：

只有在平面线要素以及主点里程桩号计算完成以后，才能计算交点坐标。交点坐标必须从起点开始连续推算（图 2–5）。

交点计算公式：

$$X_n = X_{n-1} + L_{JD}\cos\varphi_{n-1} \tag{2–22}$$

$$Y_n = Y_{n-1} + L_{JD}\sin\varphi_{n-1} \tag{2–23}$$

式中：X_n——JD_n 的 X 坐标；

Y_n——JD_n 的 Y 坐标；

L_{JD}——交点间距即 L_{JD-1} 到 L_{JD} 的间距；

φ_{n-1}——L_{JD-1} 的计算方位角，$\varphi_n=\varphi_{n-1}+\zeta\alpha_n$，$\xi$为公路转向系数，右偏为 1，左偏为 –1。

以上三种线形要素的合理组合应遵循以下原则：线形应与地物、地形相适应；线形应是连续的，必须避免线形的突变，各项技术指标的变化过渡应尽可能平缓匀顺；线形组合的各项技术指标，应符合相应技术等级的有关规定，即对连接的线形要素的变化，应满足驾驶员的预见性要求；两同向曲线间应设有足够长度的直线，不得以短直线相连而破坏平曲线的连续性，不可避免时，应调整线形，使之成为一个单曲线或复曲线，或用回旋线组合成卵形、凸形、复合型等曲线，若地形特殊时，亦可采用两同向回旋线在曲率为零处径相衔接的 C 形曲线；两反向曲线间夹有直线段时，以设置不小于最小直线长度的直线段为宜，否则应调整线形或运用回旋线组合成 S 形曲线。

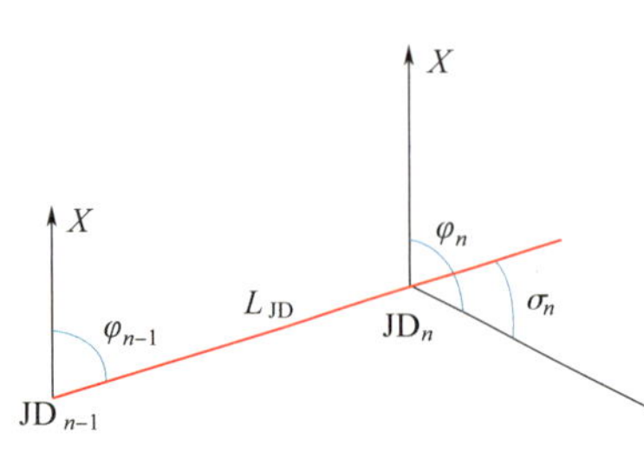

图 2–5 交点坐标计算

平面线形要素的组合形式：

（1）基本型

圆曲线两端用回旋线与直线相连接的组合形式称为基本型（图 2–6）。圆曲线两端的回旋线参数相等的，称为对称型；参数不相等的，称为非对称型。对称型是常用的形式，也可以根据地形条件设计成非对称型。为使线形连续、协调，回旋线的长度应接近于圆曲线的长度，回旋线与直线的连接点采用回旋线的原点，回旋线与圆曲线连接点的曲率半径应相同，即曲率成连续的变化。

（2）S 形

用两个反向回旋线连接两个反向圆曲线的组合形式称为 S 形（图 2–7）。S 形相邻的两个回旋线参数宜相等；若采用不同的参数值时，从行驶力学、线形协调和超高缓和考虑，两参数的比值应小于 2.0，有条件时以小于 1.5 为宜。

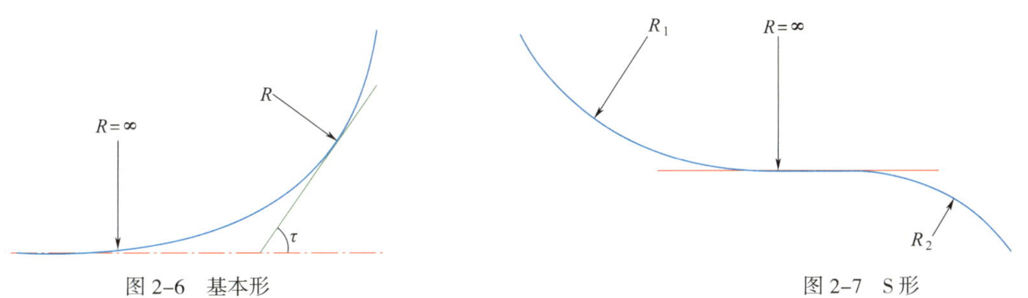

图 2–6　基本形　　　　图 2–7　S 形

（3）卵形

用一个回旋线连接两个同向圆曲线的组合形式称为卵形（图 2–8）。卵形组合的前提是，大圆必须把小圆完全包含在内而不是同心圆，延长相邻两个圆曲线的圆弧不能相互交叉，与两圆相连接的回旋线不是由回旋线的原点开始，而是曲率为 $1/R_1$~$1/R_2$ 部分。回旋线与圆曲线的连接点曲率应一致。

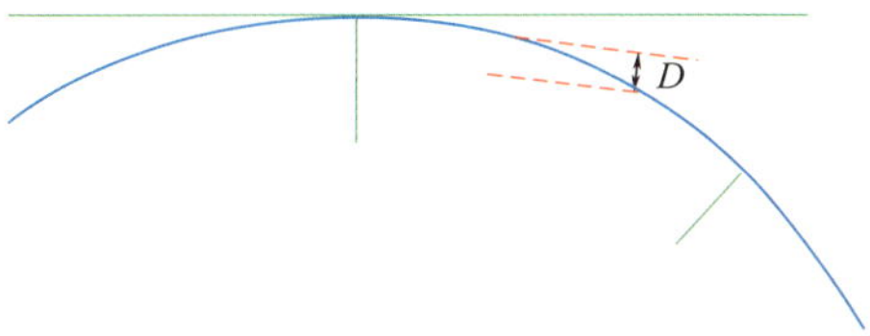

图 2–8　卵形

（4）凸形

在两个同向回旋线间不插入圆曲线而径相衔接的组合形式称为凸形（图 2–9）。凸形线形在连接处突然改变方向，使线形不圆滑舒顺，故一般情况下不宜采用，只有在路线严格受地形、地物限制，如山岭区公路，当采用最小圆曲线半径受到限制或为适应山嘴减少工程量时，方可采用这种形式；一般情况下，在两个回旋线连接点处的曲率半径较大，或转角很小时，亦可采用凸形线形。

凸形线形的回旋线参数及其连接点的曲率半径，应分别符合容许最小回旋线参数和圆曲线一般最小半径的要求。凸形线形也分对称和非对称两种形式。

（5）复合形

两个以上同向回旋线在曲率相等处直接连接的组合形式称为复合型（图 2-10）。

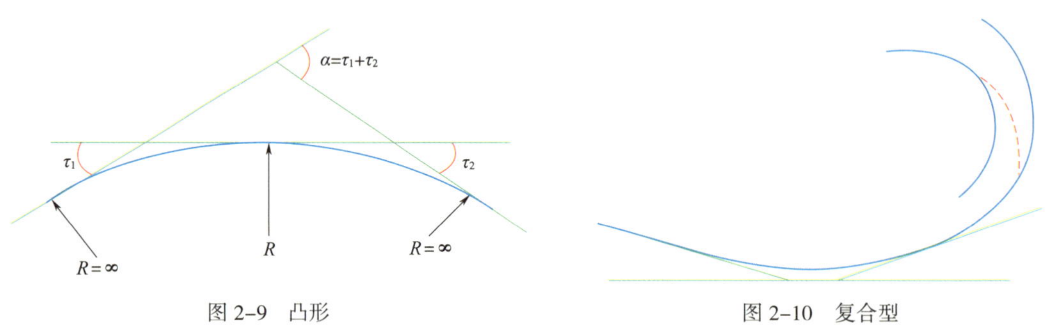

图 2-9　凸形

图 2-10　复合型

这种形式很少使用，除非受地形条件严格限制，为了减少工程量，节省投资，不得已才采用。按行驶力学的要求，复合型的两个回旋线参数之比，以小于 1 ∶ 1.5 为宜。

（6）C 形

两同向回旋线在曲率为零处径相衔接的组合形式称为 C 形（图 2-11）。

C 形曲线的连接点处的曲率为零，半径为无穷大，这与 S 形曲线从曲率为零、半径为无穷大的变化点翻转一半相同，一般只在特殊地形、工程非常艰巨的情况下方可采用。

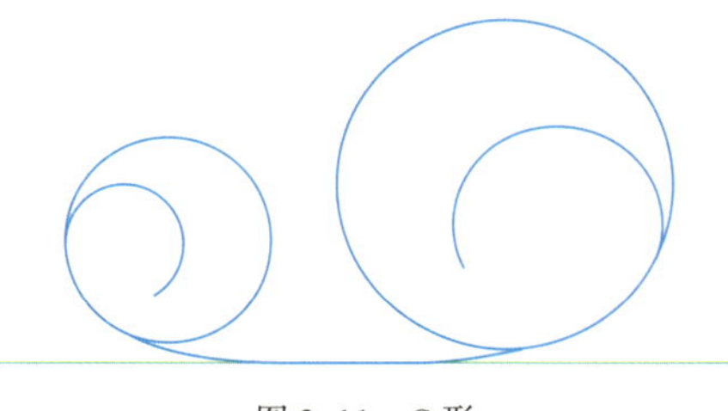

图 2-11　C 形

两回旋线的参数一般应相等，如有困难，亦可不相等。

平面线形设计方法通常包括基于导线的设计、基于曲线的设计和基于基本元素的设计等方法。该项目主要研究了基于导线的设计方法。导线设计方法是我国传统的设计方法，首先定义出一系列折线组成的道路中心线导线，以导线控制道路的走向，然后在路线的转弯处，为适应地形和行车的要求采用不同的曲线或曲线组合来完成导线折线处的合理过渡，从而形成整个路线的平面线形设计。

2.3.2.1.2　纵断面设计

通过道路中线的竖向剖面称为路线纵断面图。由于地形、地物、地质、水文等自然因素的影响以及满足经济性的要求，道路路线在纵断面上不可能从起点至终点是一条水平线，而是一条有起伏的空间线。纵断面设计的主要任务就是根据汽车的动力性能、道路等级和性质、当地的自然地理条件以及工程经济等，来研究这条空间线形的纵坡大小及其长度。

纵断面上相邻两条纵坡线相交的转折处，为了行车平顺，用一段曲线来缓和，称为竖曲线。竖曲线的线形通常为二次抛物线。

1）设计内容

（1）概念

就行车而言，若路线的纵坡小，则行车的阻力小、耗油量少；反之，则上坡时行车阻力大、车速低、耗油量大。在下坡时，为保证安全往往多次制动，会影响制动器的使用性能，且当路况不良或遇突发事件时，容易发生交通事故。从建设费用来讲，纵坡小，就必须用高填、深挖或采用绕越的方式，从而增加了路线长度，使公路修建费用高；反之，则修建费用可减少。因此，纵坡设计应根据公路的技术等级和所经地区的自然条件，经过技术经济比较后确定合理的坡度和坡长。

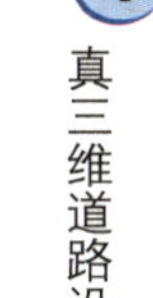

为使纵坡线设计能满足技术经济上的合理要求，应做到：

①满足《标准》中有关纵坡的规定要求。

②纵坡应尽量平缓，起伏不宜过大和频繁，并应尽量避免《标准》中的极限值。对一般公路，应注意考虑民间运输、农业机械等方面的要求。

③应综合考虑沿线的地形、地质、气候等自然条件，并根据需要采取适当的技术措施，以保证公路的稳定和畅通。

④尽量减少土石方和其他工程数量，以降低工程造价。

（2）主要控制要素

①最大纵坡和最小纵坡、平均纵坡。

最大纵坡和最小纵坡是道路设计的两个重要指标。

最大纵坡是根据公路技术和自然条件所规定的纵坡最大值。尤其在山岭重丘地区，最大纵坡的大小对路线的长短、使用品质的好坏、工程数量的大小等，都有直接影响。

影响最大纵坡的主要因素有：

a. 汽车动力特性。

b. 公路技术等级。公路技术等级高，要求行车速度快，则最大纵坡小。

c. 自然条件，如海拔、气候等都对汽车爬坡能力有影响，因此，在高海拔和高寒地区，应对其最大纵坡加以限制。

据此，《标准》对各级公路的最大纵坡都有明确规定。

在实际设计中，一般应采用比规定的最大纵坡小的纵坡，只有在地形受限制的困难路段才使用规定的最大纵坡标准值。

最小纵坡是指挖方路段以及其他横向排水不良地段所规定的纵坡最小值。规定最小纵坡的目的是为了迅速排除地表水，以免渗入路基，影响其强度和稳定性。各级公路的最小纵坡不应小于 0.3%，一般情况下不应小于 0.5%。

此外，在道路设计中，衡量路线线形设计质量的重要指标之一是平均纵坡，平均纵坡是指一定路线长度范围内，路线两端点的高差与路线长的比值。实际调查中，从汽车行驶方便和安全出发，为了合理利用最大纵坡、坡长和缓和坡段的规定，还要控制平均纵坡。平均纵坡在宏观上控制路线纵坡。对平均纵坡的大小，《标准》中也有明确的规定。

②坡长。

坡长是指变坡点与变坡点之间的水平长度。坡长限制包括陡坡的最大坡长限制和最小坡长限制两个方面。

对最大坡长进行限制是因为若汽车长距离爬陡坡，发动机过热会影响机械效率，而使行驶条件恶化；长距离下坡则会因制动频繁而危及行车安全。

对最小坡长进行限制是因为若坡长过短，会使变坡点个数增加，行车时颠簸频繁，尤其当坡差较大时还易造成视觉中断，视距不良，影响行车的平顺和安全。

当连续陡坡是由几个不同受限坡度值的坡段组合而成时，称为组合坡长。组合坡长的坡长限制应按不同坡度的坡长限制折算确定。

③合成坡度。

道路在平曲线路段，若纵向有纵坡且横向又有超高时，则最大坡度在纵坡和超高横坡所合成的方向上，这时的最大坡度称为合成坡度。在陡坡急弯处，若合成坡度过大，将产生附加阻力、汽车重心偏移等不良现象，影响行车安全，为防止汽车沿合成坡度方向滑移，应对由超高横坡和路线纵坡组成的合成坡度加以限制。《标准》和《城市道路工程设计规范》（CJJ 37—2012）对公路和城市道路的合成坡度都有明确的规定，此处不再赘述。

（3）竖曲线

①概念。

为保证汽车在转坡点处安全平顺行驶，需要在相邻两坡段之间用一段曲线进行连接，这条曲线就是竖曲线。

在纵坡设计时，由于纵断面上只反映水平距离和竖直高度，因此竖曲线的切线长与弧长是其在水平面上的投影，切线支距是竖直的高程差，相邻两条纵坡线相交角用转坡角表示。当竖曲线变坡点在曲线上方时为凸形竖曲线，反之为凹形竖曲线。

②设计标准。

竖曲线的设计标准有竖曲线最小半径和竖曲线长度。由于汽车在凸形竖曲线和在凹形竖曲线上行驶时的受力及视距等考虑因素的不同，凸形竖曲线和凹形竖曲线又有不同的设计标准。

对凸形竖曲线的最小半径和最小长度，应按停车视距和在其上用 3s 行程时间来控制；对凹形竖曲线的最小半径和最小长度，应按离心力和汽车重力的比值为 0.025 和在其上用 3s 行程时间来控制。

据此，《标准》对各级公路的竖曲线极限最小半径和最小长度进行了规定。一般的最小半径，取极限最小半径的 1.5~2.0 倍而得，原因是极限最小半径只能保证行车安全、舒适的最起码条件，若半径取值大些，整个线形更平缓，所取得行车安全、舒适、迅速和经济的效果更好，而所增加的工程数量并不大。因此，在实际应用时，一般情况下采用的半径应大于或等于一般最小半径值，只有在条件受限制的困难路段才采用极限最小半径值。

2）设计要求

竖曲线是否平顺，在视觉上是否良好，往往是构成纵面线形优劣的主要因素。竖曲线设计应满足以下要求：

（1）宜采用较大竖曲线半径。

（2）同向竖曲线应避免“断背曲线”。

（3）反向曲线间，一般由直坡段连接，也可径相连接。

（4）竖曲线设置应满足排水需要。

竖曲线半径的选择：

（1）选择半径应符合《标准》所规定的竖曲线的最小半径和最小长度的要求。

（2）在不过分增加土石方工程量的情况下，为使行车舒适，宜采用较大的竖曲线半径。

（3）结合纵断面起伏情况和高程控制要求，确定合适的外距值，按外距控制选择半径。

（4）考虑相邻竖曲线的连接（即保证最小直坡段长度或不发生重叠）限制曲线长度，按切线长度选择半径。

（5）过大的竖曲线半径将使竖曲线过长，从施工和排水的角度来看都是不利的，选择半径时应加以注意。

（6）对夜间行车交通量较大的路段应考虑灯光照明方向的改变，使前照灯照射范围受到限制，选择半径时应适当加大，以使其有较长的照射距离。

3）设计理论

道路纵断面设计时，竖曲线的设计是重要的一个环节，竖曲线的要素计算公式是竖曲线设计的基础。对竖曲线要素计算公式进行推导，得出结论，不管竖曲线采用哪种形式，竖曲线要素计算公式都是相同的，这有利于更好地理解和应用竖曲线要素计算公式。

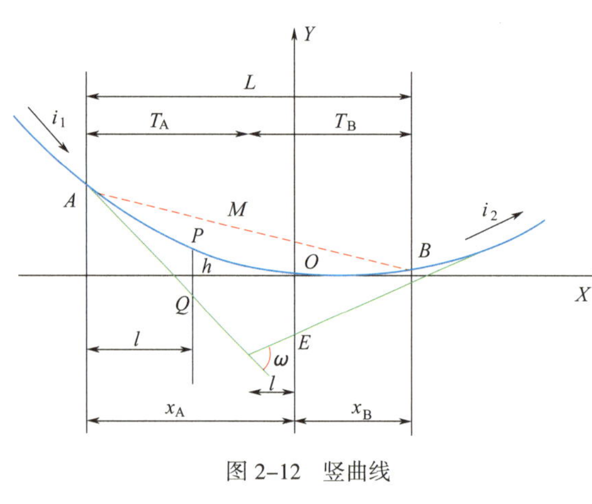

图 2–12　竖曲线

二次抛物线是竖曲线的基本线形，是我国目前常用的一种形式。二次抛物线的基本方程为 $x^2=2\rho y$。由图 2–12 可知，若原点设在 O 点，则二次抛物线的参数（即原点的曲率半径），$\rho=R$，则：

$$x^2=2\rho y$$

即：

$$y = \frac{x^2}{2R} \tag{2–24}$$

式中，R 为二次抛物线的参数（原点的曲率半径）。

切线上任意一点与竖曲线间的竖距 h（PQ）：

$$PQ = y_P - y_Q = \frac{1}{2R}(x_A - l) - (y_A - li_1)$$
$$= \frac{1}{2R}(x_A^2 - 2x_A \cdot l + l^2) - \left(\frac{x_A^2}{2R} - l\frac{x_A}{R}\right)$$

所以，

$$h = PQ = \frac{l^2}{2R} \tag{2–25}$$

式中：h——切线上任意点至竖曲线上的竖向距离；

l——竖曲线任一点 P 至切点 A 或 B 的水平距离。

曲线长 L：

$$AB=x_B-x_A=Ri_2-Ri_1=R(i_2-i_1)$$

所以，

$$L=R\left(i_2-i_1\right)=R\omega \qquad (2\text{-}26)$$

切线长 T：

$$T=T_{\mathrm{B}}=T_{\mathrm{A}}=\frac{L}{2}=\frac{1}{2}R\omega \qquad (2\text{-}27)$$

外距 E：

$$E=\frac{T_{\mathrm{A}}^2}{2R}=\frac{T_B^2}{2R} \qquad (2\text{-}28)$$

所以，

$$E=\frac{T^2}{2R} \qquad (2\text{-}29)$$

2.3.2.1.3 横断面设计

道路中线的法线方向剖面图称为道路横断面图，简称横断面，它是由横断面设计线与横断面地面线所围成的面。它反映了公路在横剖面上的组成情况、形状和几何尺寸，是公路路线设计的重要内容之一。

道路横断面设计就是根据行车对道路的要求，结合当地的地形、地质、水文等自然条件，来确定横断面的形式、各组成部分的位置和几何尺寸。在进行横断面设计时，应综合考虑平面、纵断面设计的要求，经反复比较、调整后，才能获得正确合理的设计。一般地，横断面设计是在平面设计和纵断面设计完成后进行的。

1）设计内容

横断面设计的主要内容是：确定横断面的形式，各组成部分的位置和尺寸以及路基土石方的计算和调配，路拱、路面结构和厚度、路基的强度和稳定性以及超高、加宽、平面视距等。

道路横断面的组成部分是路面和路基，路面包含行车道、变速车道、紧急停车带、爬坡道等，路基包含路肩、边坡、护坡道、截水沟等。

道路横断面设计还包括对路面宽度和路拱横坡等的设计。

（1）路面宽度

路面宽度主要决定于车道数和每条车道的宽度。

（2）路拱

路拱是为了排除路面的雨水，将路面做成的中间高两边低的拱起形状。

路拱横坡是指路面中线点与路面边缘点的高差，与其水平距离的比值，以 % 表示。路拱横坡的大小，与路面种类、当地自然条件有关，如：路面的透水性差，路拱横坡可小，反之路拱横坡应大；多雨和冰滑地区，路拱横坡应小些，以利于行车安全。路拱形式有直线型、抛物线型和混合型三种。直线型路拱有施工简便、利于机械化的优点，为道路设计广泛应用。

（3）分隔带

分融带是沿道路纵向设置的用于分隔行车道的带状设施，是路基的重要组成部分。位于中线位置上的称中间带，位于中线两侧的称外侧分隔带。中间带由两条左侧路缘带（以行车方向分）和中央分隔带组成。分隔带的作用是将两个方向的行车道分隔开，以保证两个方向的汽车安全高速行驶。但它的宽度直接影响道路的占地面积和工程造价。

（4）路肩

路肩是位于行车道外缘至路基边缘具有一定宽度的带状设施。它是路面的侧向支撑，可供临时停车和行人通行。路肩包含硬路肩和土路肩，硬路肩是指与行车道相邻并辅以有一定强度路面结构的路肩部分，在高速公路和一级公路上使用硬路肩，并应在其宽度内设一般宽为 0.5m 的右侧路缘带；土路肩是指用当地土或粒料辅筑的路肩。路肩应设一定横坡度，以利排水。一般情况下，硬路肩横坡可与路拱横坡相同。对设超高的平曲线路段，路肩横坡应按设置超高的要求而定。另外，《标准》明确规定了各级公路的路肩宽度，此处不再一一介绍。

在一个横断面上，行车道宽度和两侧路肩宽度、中间带宽度等共同构成了整个路基的宽度。《标准》也明确规定了各级公路的路基宽度。

（5）边坡

边坡是为保证路基的稳定，在路基两侧做成的具有一定坡度的坡面。路基边坡的最高点称坡顶，填方路基的坡顶为路肩外边缘点，挖方路基的坡顶为边坡与原地面相交点。路基边坡的最低点称坡脚，填方路基的坡脚为边坡与原地面相交点，挖方路基的坡脚为边坡的坡底，即边沟的外侧沟底。边坡高度即坡顶与坡脚的高差，边坡宽度即坡顶与坡脚的水平距离。边坡坡度的大小，对路基的稳定和工程数量有直接的影响，边坡坡度大，路基稳定性差，但其断面面积小，工程数量小；反之则相反。因此，横断面设计主要是设计合理的路基边坡坡度。

（6）边沟和截水沟

①边沟。

为汇集并排除路面、路肩和边坡的水流，在路基两侧设置的水沟称为边沟。一般情况下，挖方路基和填土高度小于 0.5m 的矮路堤，均应设置边沟。边沟形式通常有梯形、矩形和三角形三种，应根据土质情况和施工方法而定，土质路基采用梯形，岩石路基采用三角形或矩形，机械化施工多采用三角形，如图 2–13 所示。

②截水沟。

截水沟为拦截并排除流向路基的地面水流，以避免对路基边坡冲刷等而设置的排水沟。

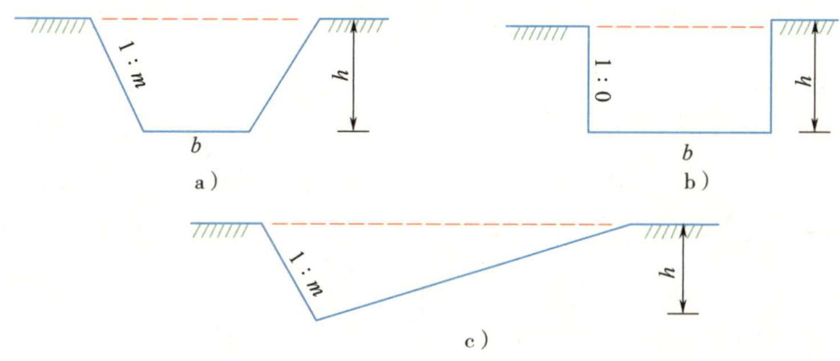

图 2–13　边沟形状示意图
a）梯形；b）矩形；c）三角形

2）设计要求

对横断面设计的要求如下：

（1）设计前必须做好工程地质、水文等有关当地自然条件的勘查工作。

（2）设计应符合《标准》的要求，即按道路等级、行车要求和自然条件，并结合施工方法进行设计。

（3）设计时应兼顾当地农田基本建设等需要，尽可能与之相配合，少占耕地。

（4）应使路基具有足够的强度和稳定性，尤其对影响路基强度和稳定性的地面水和地下水，必须采取拦截或排出路基外的措施。

2.3.2.2　路基、路面及排水设计

2.3.2.2.1　设计内容

1）路基设计

（1）路基主体工程设计

路基设计是根据规划设定的道路等级和服务水平，综合考虑道路沿线的地形、地质、气候条件和铺面结构要求，提出合理可行的路基设计方案，确定技术经济最优的路基设计方案。

（2）路基附属工程设计

①排水工程设计

道路排水设计是根据水对道路路基、路面等产生的不同危害，有针对性地采取隔

断、疏干、降低水位等一系列的有效措施，将降落在路界范围内的表面水有效地汇集并迅速排除出路界，并把公路界外，可能流向路基的地表水阻截在路界以外，以减小对路基路面的危害。

②防护工程设计

路基防护工程是防治路基病害、保证路基稳定、改善环境景观、保护生态平衡的重要设施。

2）路面设计

路面设计是根据道路的用途、荷载及等级，提出合理可行的方案，即确定用于铺在路基上供车辆行驶的层状构造物的材料及厚度，使之具有较好的承受车辆荷载、抵抗车轮磨耗和保持道路表面平整的作用，保证路面有足够的强度、较高的稳定性、一定的平整度、适当的抗滑能力、行车时不产生过大的扬尘现象，以减少路面和车辆机件的损坏，保持良好视距，减少环境污染。

2.3.2.2.2 设计方法

1）路基设计

路基设计主要是针对路基主体及其附属工程进行设计，并全面综合考虑路基工程在纵断面上的配合以及路基主体工程与其他各项工程的配合等。例如，路堤与路堑的过渡、纵向排水设计、挡土墙纵向设计等。

（1）路基横断面设计

路基横断面设计主要选择路基断面形式，确定路基的宽度和高度，选择路堤填料和压实度，确定边坡形式与坡度。

常见的路基基本横断面形式如图 2-14 所示。

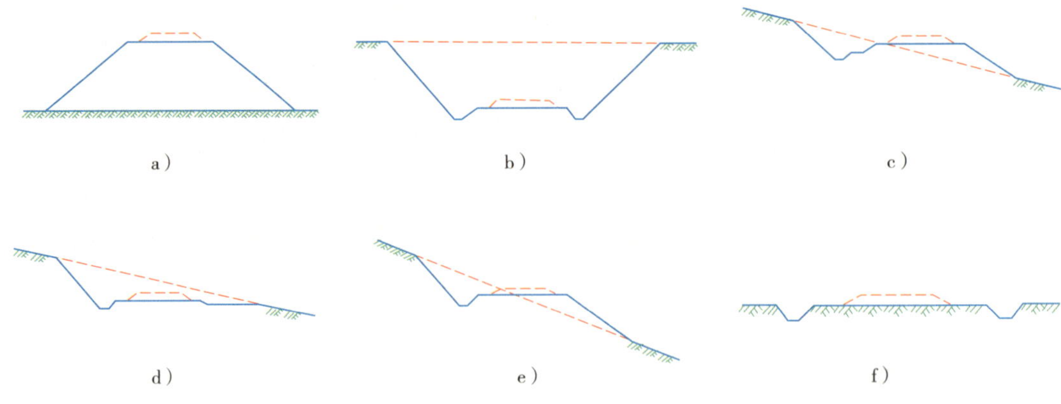

图 2-14　常见的路基基本横断面形式

①路肩设计

路肩设计高程在线路平纵断面设计时先已确定。最小路肩高程 = 设计洪水位 + 波浪侵袭高度 h_1+ 壅水高度 h_2+0.5m，如图 2–15 所示。

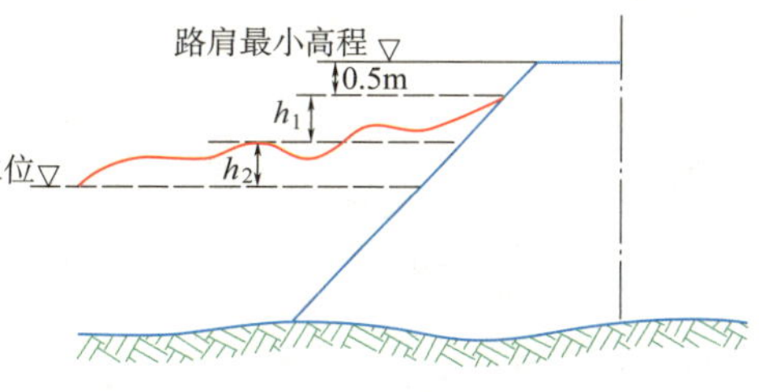

图 2–15　路肩最小高程示意

②断面形式的确定

路基可分为有路拱和无路拱两种断面形式。

a. 纵断面设计高程：按非渗水土质路基给出的路肩高程。

b. 渗水土路基路肩高程 = 非渗水土质路基路肩高程 + 路拱高 + 道床厚度减小值。

c. 无路拱路基在有路拱路基一侧的土质路基应向土质路基方向用渗水土作顺坡，顺坡长度一般不小于 10m。

③路基宽度

路基宽度为行车道路面及两侧路肩宽度之和。路基设计时，应统筹兼顾，讲究经济效益，尽可能利用非农业用地，少占农田，以桥代路、填挖平衡，减少高填深挖，利用植物防护美化路基。

④路基高度

路基高度是指路堤的填筑高度和路堑的开挖深度，是路基设计高程和地面高程之差。在设计时，要综合考虑路线纵坡要求、路基稳定性和工程经济等因素，从路基的强度和稳定性要求出发，应根据临界高度并结合公路沿线具体条件和排水及防护措施确定路堤的最小填土高度。

⑤边坡坡度

路基边坡的坡度取决于边坡的土质、岩石的性质及水文地质条件等自然因素和边坡的高度。边坡的稳定不仅影响到土石方工程量和施工的难易，而且是路基整体稳定性的关键。一般来说，路基的边坡坡度可根据多年工程实践经验和设计规范的数值采用。

a. 路堤边坡设计：根据填料种类、路堤边坡高度确定；一般可从规范的路堤边坡表中取值。

b. 路堑边坡设计：根据土的物理力学性质，岩层产状、节理发育程度、风化程度、当地的工程地质条件和水文地质条件，结合自然的极限山坡和已成人工边坡的调查，并考虑将要采用的施工方法等因素，综合分析而定。

⑥路基压实度

路基压实后能防止水分干湿作用引起的自然沉降和行车荷载反复作用产生的压密变形，确保路面的使用品质和使用寿命。表 2-4 所示为路基压实度。

表 2-4　路基压实度表

填挖类别	路床顶面以下深度（m）	路基压实度（%）		
		高速公路、一级公路	二级公路	三级公路、四级公路
零填方及挖方	0~0.3	—	—	—
	0~0.8	≥ 96	≥ 95	—
填方	0~0.8	≥ 96	≥ 95	≥ 94
	0.8~1.5	≥ 94	≥ 94	≥ 93
	＞ 1.5	≥ 93	≥ 92	≥ 90

（2）路基附属工程设计

①排水工程

排水工程设计包括排水系统的规划和排水结构物的设计。

a. 地面排水工程。

a）边沟：设置在挖方的路肩外侧或低路堤的坡脚外侧，多与路线平行，主要用来汇集和排除路基范围内和流向路基的少量地表水。其主要形式有梯形、矩形、三角形和碟形，如图 2-16 所示。

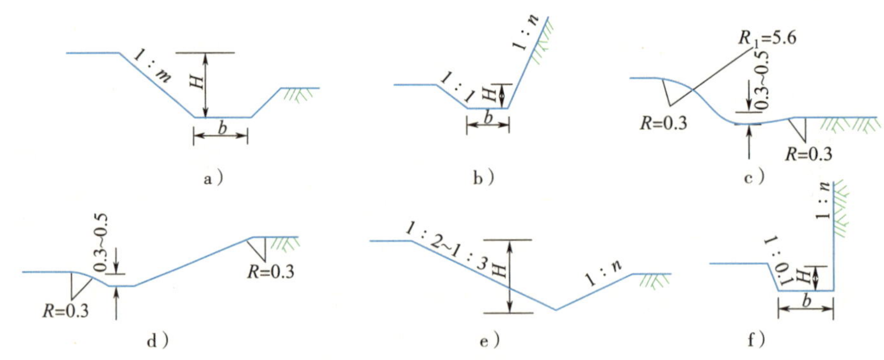

图 2-16　边沟横断面示意

b）截水沟：设置在挖方路基边坡坡顶之外或山坡路堤上方的适当处，用以拦截流向路基的地表水，防止其冲刷和侵蚀挖方边坡和路堤坡脚，并减轻边沟的泄水负担。其一般为梯形、矩形形式，如图 2-17 所示。

c）排水沟：主要用来引水，将路基范围内各种水源的水流引排到桥涵、天然河沟或远离路基指定地点，一般为梯形，如图 2–18 所示。

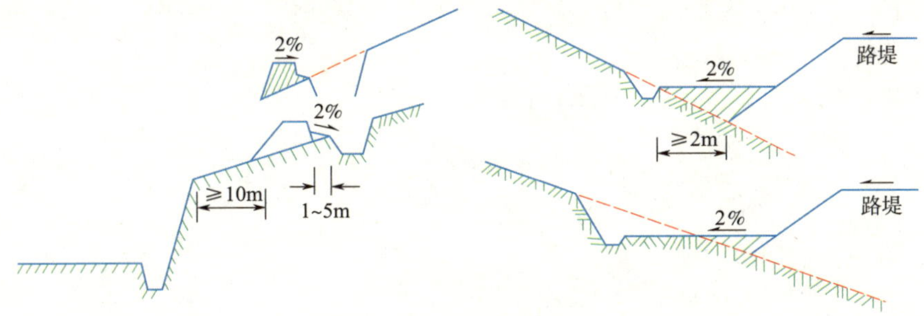

图 2–17　截水沟横断面示意

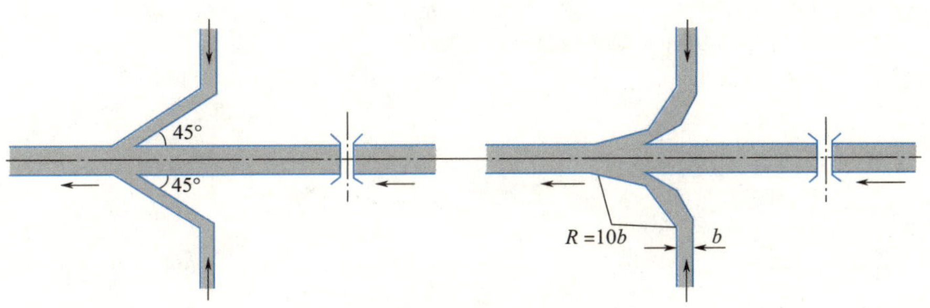

图 2–18　排水沟示意图

d）跌水：是阶梯形的构造物，水流以瀑布形式通过的排水设施，主要用来降低流速和削弱水的能量或改变水流方向，一般为矩形，如图 2–19 所示。

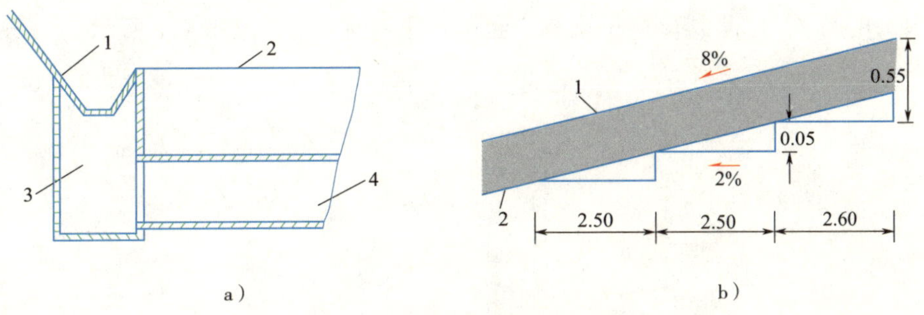

图 2–19　跌水构造物断面示意图

1– 边坡；2– 路面结构（路肩部分）；3– 集水井；4– 横面排水管

e）急流槽：是具有很陡坡度的水槽，水流以陡坡形式通过的排水设施，但水流不离开槽底，其作用是在很短的距离内，水面落差很大的情况下进行排水，一般形式为矩形，如图 2–20 所示。

b. 地下排水工程

a）盲沟：设置在地面以下引导水流的沟渠，无渗水和汇水作用，如图 2-21 所示。

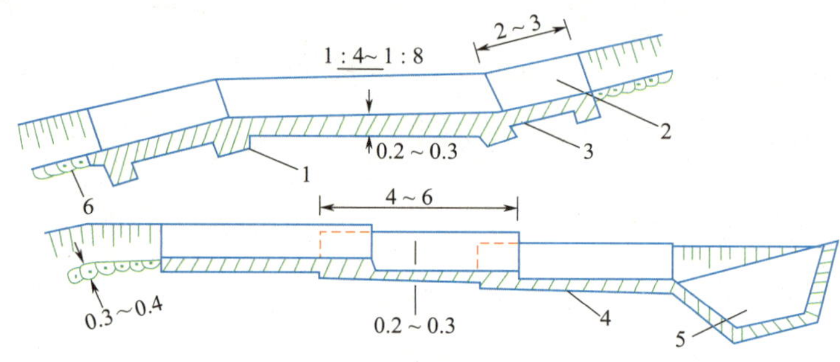

图 2-20　急流槽示意图

1- 耳墙；2- 消力池；3- 混凝土槽底；4- 钢筋混凝土槽底；5- 横向沟渠；6- 砌石护底

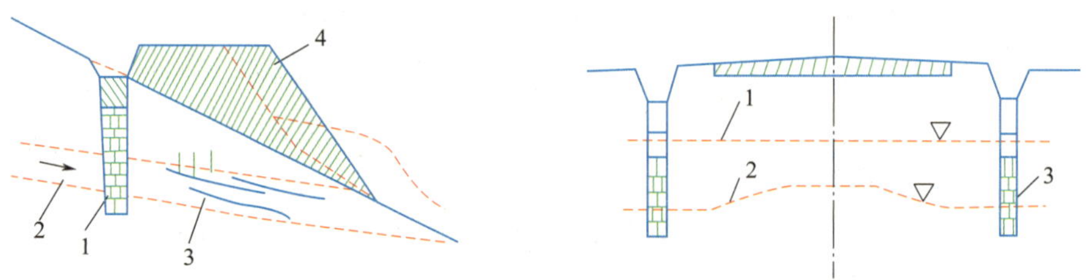

图 2-21　盲沟示意图

1- 土体滑动体分界线；2- 盲沟（石质或塑料）；3- 滑水层；4- 路基易失稳土体

b）渗沟：采用渗透方式将流向路基的地下水汇集于沟内并排到路基范围以外指定点的排水设施，使路基保持干燥，不致因地下水成害，如图 2-22 所示。

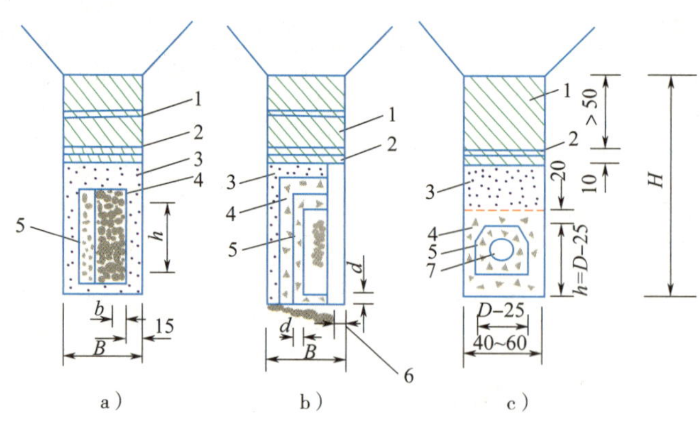

图 2-22　渗沟结构图

a）自沟式；b）洞式；c）管式

1- 黏土夯实；2- 双层反铺革皮；3- 粗砂；4- 石屑；5- 碎石；6- 浆砌片石沟洞；7- 预制混凝土管

c）渗井：竖直方向的地下排水设施，如图 2-23 所示。

②防护工程

a. 设计目的。

防止路基病害，保证路基稳固，改善环境，保护生态平衡，美化路容，提高公路的使用品质。

b. 设计内容。

路基防护工程设计包括护坡、护面墙、挡土墙、抗滑桩、河道防护及锥坡和其他防护工程的设计，如图 2-24 所示。

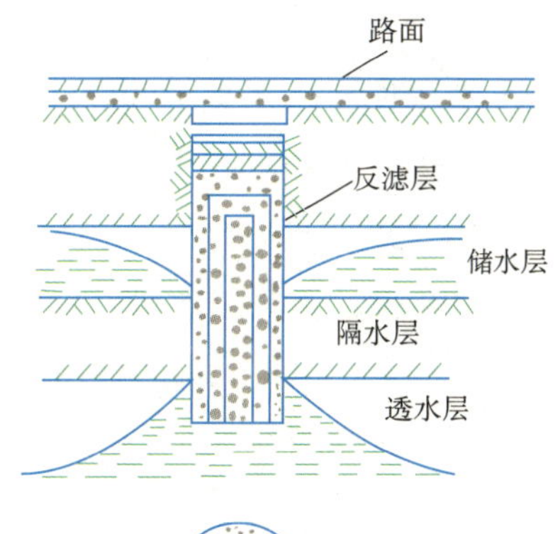

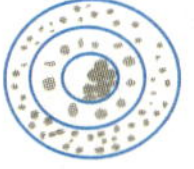

图 2-23 渗井结构图

③取土坑和弃土堆

合理选择地点，选点时要兼顾土质、数量、用地及运输条件等因素，结合沿线区域规划，因地制宜，综合考虑，维护自然平衡，防止水土流失，做到借之有利，弃之无害，并注意外形规整，弃堆稳固。

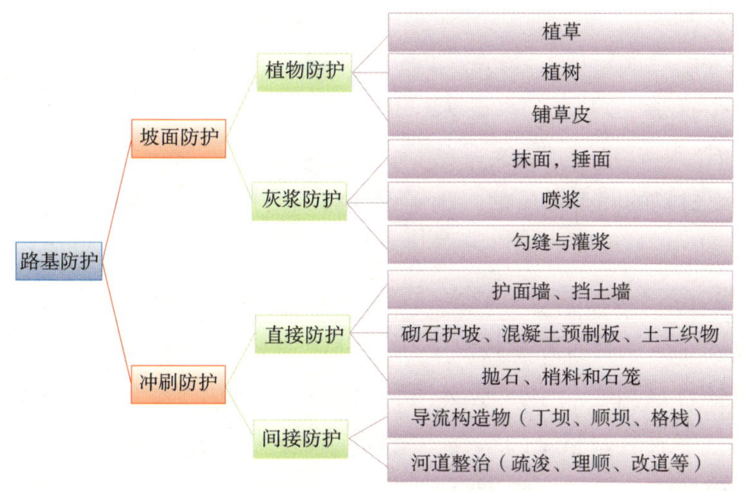

图 2-24 路基防护内容

④护坡道和碎落台

护坡道一般设置在挖方坡脚处，边坡较高时亦可设置在边坡上方及挖方边坡的边坡处，浸水路基的护坡道可设在浸水线以上的边坡上。

碎落台设置于土质或石质土的挖方边坡坡脚处，主要供零星土石碎块下落时临时堆积，以保护边沟不致淤塞，也可起到护坡道的作用。

⑤错车道

由于双向行车会车和相互避让的需要，通常在单车道公路上每隔 200~500m 设置错车道，长度不得短于 30m，两端应各有长度为 10m 的出入过渡段，中间 10m 供停车用，并应与路基同时设计和施工。

2）路面设计

路面设计主要是使得路面结构与所处环境相适应，并能承受相应的交通荷载，提高服务水平，满足汽车运输需求。

（1）设计内容

确定合理的路面等级，选择适合的路面类型，进行结构组合设计、路面材料配合比设计及路面结构计算等。

（2）设计流程

①根据设计任务书的要求，并综合考虑国家政治、经济、国防、旅游、公路等级、交通量和交通组成、建设投资和其他方面的要求，确定合理的路面等级和面层类型。计算在设计年限内换算为标准轴载的单车道的累计当量轴次和路表设计弯沉值，以及容许拉应力值。

②确定路基回弹模量值。按路基土组与干湿类型将路基划分为若干路段（每段长度一般情况下不宜小于 500m，若为大规模机械化施工，不宜小于 1km），确定各路段土基回弹模量值。

③确定路面材料的回弹模量值。为了保证路面结构的强度与稳定性，并充分发挥各结构层的功能，应考虑当地气候、土质、材料、施工等具体情况，拟定几种可能的路面结构组合与厚度方案，根据实测或查表确定各结构层路面材料的回弹模量及设计参数。

④根据设计弯沉值计算路面厚度。对于高速公路、一级公路、二级公路的沥青混凝土面层和整体性材料基层、底基层，应验算其拉应力是否满足容许拉应力的要求。如不满足要求，应通过调整路面结构层厚度，或变更路面结构组合，或调整材料配合比以提高极限抗弯拉强度后再重新计算。对季节性冰冻地区的高级和次高级路面，还应验算防冻厚度是否符合要求。

⑤进行技术经济比较，确定采用的路面结构方案。

2.3.2.3 桥梁、涵洞设计

2.3.2.3.1 桥梁

1）概述

桥梁是指为道路跨越天然或人工障碍物而修建的建筑物。一般来说，桥梁由五大

部件和五小部件组成。

五大部件是指桥梁承受汽车或其他车辆运输荷载的桥跨上部结构与下部结构，是桥梁结构安全的保证，主要包括：

（1）桥跨结构（或称桥孔结构、上部结构）；

（2）支座系统；

（3）桥墩、桥台；

（4）承台；

（5）挖井或桩基。

五小部件是指直接与桥梁服务功能有关的部件，过去称为桥面构造，主要包括：

（1）桥面铺装；

（2）防、排水系统；

（3）栏杆；

（4）伸缩缝；

（5）灯光照明。

桥梁设计主要是针对这五大部件和五小部件进行合理设计。

2）设计内容

（1）确定桥梁结构形式、总体布置。

（2）确定桥梁上部、下部结构，控制截面结构尺寸。

（3）计算主桥、引桥上下部结构的成桥阶段内力。

（4）进行主桥控制截面配筋。

（5）进行引桥上部结构（预应力）配筋计算，验算其强度、应力、刚度等参数。

（6）进行主桥、引桥下部结构承载力计算。

（7）编制设计计算书、说明书。

3）设计方法

（1）根据交通、通航、地质、水文、地形条件确定桥梁的桥面高程、坡度、总长、主跨跨径、桥宽等主要尺寸。

（2）根据各种桥型桥式的特点，确定主桥的跨径布置、分孔方式。

（3）根据跨径大小、桥宽、结构特点，确定主桥的界面形式、截面高度、厚度、宽度等参数的变化规律。

（4）根据上部结构的跨度、桥高，确定主桥桥墩的截面，根据地质条件确定主桥的基础形式及基本参数。

（5）根据水文、地质、地形、桥长、施工工艺等条件确定引桥跨度大小、分孔方式、下部结构形式、基本参数及桥与路的衔接等。

（6）必要时，对上述过程进行修改调整。

（7）计算主桥成桥阶段的设计内力，即强度组合设计计算。

（8）进行主桥上部结构控制截面配筋的计算。

（9）进行主桥下部结构计算，确定单桩承载力，核算桩基布置方式。

（10）进行引桥成桥阶段内力计算。

（11）进行引桥上部结构配筋计算，验算其强度、应力、刚度、挠度等参数。

（12）进行引桥下部结构计算，确定单桩承载力，核算桩基布置方式。

（13）必要时，对拟定的设计基本参数进行修正。

（14）编制设计计算书、说明书。

2.3.2.3.2 涵洞

涵洞是公路或铁路与沟渠相交的地方使水从路下流过的通道，作用与桥相同，但一般孔径较小，形状有管形、箱形及拱形等。此外，涵洞还是一种洞穴式水利设施，有闸门，以调节水量。

1）设计内容

（1）洞身

洞身形成过水孔道的主体，它应具有保证设计流量通过的必要孔径，同时又要求本身坚固而稳定。洞身的作用是：一方面保证水流通过，另一方面直接承受荷载压力和填土压力，并将其传递给地基。洞身通常由承重结构（如拱圈、盖板等）、涵台、基础以及防水层、伸缩缝等部分组成。钢筋混凝土箱涵及圆管涵为封闭结构，涵台、盖板、基础连成整体，其涵身断面由箱节或管节组成，为了便于排水，涵洞涵身还应有适当的纵坡，其最小坡度为0.3%。

（2）洞口建筑

洞口是洞身、路基、河道三者的连接构造物。洞口建筑由进水口、出水口和沟床加固三部分组成。洞口的作用是：一方面使涵洞与河道顺接，使水流进出顺畅；另一方面确保路基边坡稳定，使之免受水流冲刷。沟床加固包括进出口调治构造物、减冲防冲设施等。

2）设计方法

三维道路设计软件中涵洞设计系统的最大特点是具有非常高的效率，这是因为该软件拥有如下一些特征：

（1）涵洞系统和路线系统数据完全共享。用户在利用海地涵洞工程师系统进行涵洞设计过程中，其路线的原始资料可以完全从海地公路优化设计系统中直接提取，不必再重复输入，可以大大减少数据的输入，节省设计所需的时间。

（2）基于引导设计的项目管理。Hard CE 采用引导设计的方式来组织涵洞设计，Hard CE 的项目引导管理中显示了当前的路线项目所包含的涵洞清单和一些概况，用户可以利用 Hard CE 项目引导在这个项目的所有涵洞间游弋，如：打开某一个，关闭某一个，编辑某一个甚至删除某一个涵洞。

（3）Hard CE 可完成公路设计中的下列形式涵洞的交互式设计：

①正交或任意角度斜交钢筋混凝土盖板涵、拱涵的设计、验算和出图。

②正交或任意角度斜交钢筋混凝土圆管涵，钢筋混凝土倒虹吸圆管涵（正交）。

③正交或任意角度斜交阶梯式盖板涵和阶梯式石拱涵。

④拱涵或盖板涵兼通道。

⑤箱涵的设计计算、验算和出图。

⑥明盖板涵的设计、验算和出图。

提供用洞口形式：跌水井、边沟跌井、竖井、八字墙、挡墙接跌水铺砌、一字墙。

（4）Hard CE 的强大的计算功能。Hard CE 软件具有强大的计算和验算的功能，包括盖板、圆管、箱、明板以及拱圈的配筋计算，台身计算，墩身计算，拱圈计算，并提供计算、验算的结果说明书。

（5）Hard CE 系统直接与 CAD 系统无缝相联。Hard CE 直接运行在 AutoaCAD 系统下，生成的图形为 .dwg 格式，对其可以非常方便地进行修改和编辑。

（6）通过交互方式方便地进行数据输入。系统通过交互界面的方式进行数据的输入，并通过模板进行涵洞尺寸的定义，通过调入同类型的涵洞进行新涵洞设计，使设计过程变得极其简单。

2.3.2.4 隧道设计

隧道是修建在地下或水下并铺设铁路供机车车辆通行的建筑物。根据其所在位置可分为山岭隧道、水下隧道和城市隧道三大类。为缩短距离和避免大坡道而从山岭或丘陵下穿越的称为山岭隧道；为穿越河流或海峡而从河下或海底通过的称为水下隧道；为适应铁路通过大城市的需要而在城市地下穿越的称为城市隧道。这三类隧道中修建最多的是山岭隧道。

2.3.2.4.1 设计内容

隧道设计包括隧道选线、平面设计、纵断面设计、横断面设计、辅助坑道设计等。

1）选线

选线即根据线路标准、地形、地质等条件选定隧道位置和长度。选线应作多种方案的比较。长隧道要考虑辅助坑道和运营通风设施的设置，洞口位置的选择要依据地质情况。注意考虑边坡和仰坡的稳定，避免塌方。

2）平面设计

隧道平面是指隧道中心线在水平面上的投影。隧道是线路的一个组成部分，与公路一样，线形至少满足《标准》的规定，并应适当提高线形标准。

3）纵断面设计

沿隧道中线的纵向坡度要服从线路设计的限制坡度。因隧道内湿度大，轮轨间黏着系数减小，列车空气阻力增大，因此对较长隧道内的纵向坡度应加以折减。纵坡形状以单坡和人字坡居多，单坡有利于争取高程，人字坡便于施工排水和出渣。为利于排水，最小纵坡一般为 2‰ ~3‰。

4）横断面设计

隧道横断面即衬砌内轮廓，是根据不侵入隧道建筑限界而制定的。

5）辅助坑道设计

辅助坑道有斜井、竖井、平行导坑及横洞四种。

此外，隧道设计还包括洞门设计，以及开挖方法和衬砌类型的选择等。

2.3.2.4.2 设计方法

1）平面设计

（1）隧道的选址

根据地形图和调查资料，通常在多个路线方案中，进行技术经济比较，比较方法如下：

①宜采用直线或大半径曲线。

②优选考虑在路线总方向上或其附近的低垭口，展线好，隧道较短。

③选择工程地质和水文地质条件良好的垭口，利用其两侧良好的展线条件。

④逢山穿洞，宁长勿短，早进晚出。

⑤宁里勿外，宁深勿浅，避软就硬。

⑥不论是沿河（溪）线还是越岭线，地质条件对隧道位置的选择往往起决定性作用。好的地层，对施工和营运均有利，亦可节省投资。对岩性不好的地层、断层破碎带、含水层等不良地段应避免穿越，以免增大投资，造成施工与营运的困难，影响隧道安全，留下后患。若不能绕避而必须通过时，应采取可靠的工程处理措施，以确保隧道施工及营运安全。如图 2-25 所示。

（2）隧道洞口位置的选择

洞口位置选择的好坏，将直接影响隧道施工、造价、工期和运营安全。选择时要结合洞口的地形，地质条件、施工、运营条件以及洞口的相关工程（桥涵、通风设施等）综合考虑，通常有以下做法：

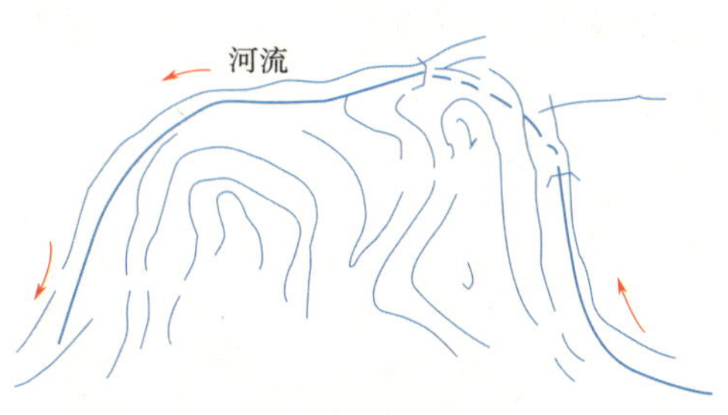

图 2-25　曲线隧道示意图

①一般应设在山体稳定，地质条件好，排水有利的地方。隧道宜长不宜短，应“早进洞，晚出洞”，尽量避免大挖大刷，破坏山体稳定。

②洞口不宜设在沟谷低洼处和汇水沟处。

③洞口位置宜与地形等高线大体正交，特别是在土质松软、岩层破碎、构造不利的傍山隧道，更应注意。道路隧道一般不宜设计斜交洞门。若为斜交时，应尽可能加大斜交角度（一般不小于 45°），或采取工程措施，以降低垂直等高线方向的开挖高度。

④洞口路肩应高出设计洪水位（包括浪高）以上 0.5m。

2）纵断面设计

（1）隧道纵坡坡度范围：0.3%~3%。

（2）纵坡坡度与通风的关系：要求 1% 以下，若大于 2%，排量将迅速增加。

（3）与排水的关系：纵坡越大水流越快。

（4）纵坡坡度与施工运营的关系：采用大竖曲线半径和竖曲线长度。

（5）综合通风和排水考虑，纵坡的不防碍排水的缓坡为宜。

3）横断面设计

隧道建筑限界如图 2-26 所示。

隧道横断面示意图如图 2-27 所示。

4）隧道衬砌设计

隧道衬砌是一种超静定支护结构，主要解决内轮廓线、轴线和厚度三个问题。衬砌的内轮廓线应尽可能地接近建筑限界，力求开挖和衬砌的数量最小。衬砌内表面设计应力求平顺，还应考虑衬砌施工的简便。设计时主要考虑以下几方面：

（1）隧道衬砌断面的轴线

隧道衬砌断面的轴线应当尽量与断面压力曲线重合，使各截面主要承受压应力。为此，当衬砌受径向分布的水压时，轴线以圆形最好；主要承受竖向压力或同时承受不大的水平侧压力时，可采用三心圆拱和直墙式衬砌；当承受竖向压力和较大侧压力时，宜采用五心圆曲墙式衬砌；当有沉陷可能和受底压力时，宜加设仰拱的曲墙式衬砌。

（2）隧道衬砌厚度：随所处地质条件和水文地质条件不同而有较大变化，并且与隧道的跨径、荷载大小、衬砌材料以及施工条件等有关。根据以往经验，拱圈可以采取等截面，也可采取在拱脚部分加厚 20%~50% 的变截面。仰拱厚度一般略小于拱顶厚度。

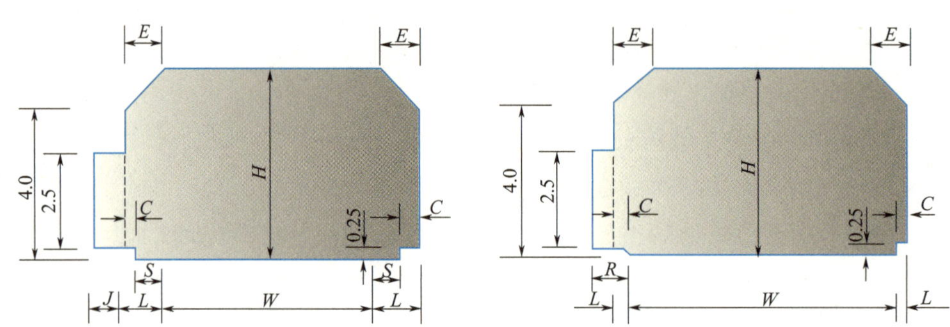

图 2-26　隧道建筑限界（尺寸单位：m）

a）专用公路；b）一般公路

W- 行车道宽度；*S*- 行车道两侧路缘带宽度；*C*- 余宽，当计算行车速度 >100km/h 时为 0.50m，当计算行车速度 <100km/h 时为 0.25m；*H*- 净高，汽车专用公路、一般二级公路为 5m，三、四级公路为 4.5m；*E*- 建筑限界顶角宽度，当 $L \leq 1$m 时，*E*=*L*；当 *L*>1m 时，*E*=1m；*L*- 侧向宽度，高速公路、一级公路短隧道，其侧向宽度宜取硬路肩宽度；*R*- 人行道宽度；*J*- 检修道宽度

从衬砌质量要求出发，其厚度一般不应小于规范规定的最小厚度，见表 2-5。

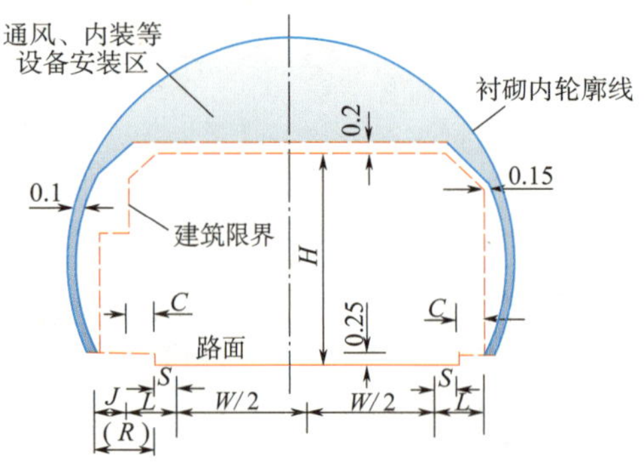

图 2-27　隧道横断面示意图（尺寸单位：m）

表 2-5　截面最小厚度（cm）

建筑材料种类	隧道和明洞衬砌			洞门端墙、翼墙和洞口挡土墙
	拱圈	边墙	仰拱	
混凝土	20	20	20	30
片石混凝土		50	50	50
浆砌粗料石或混凝土块	30	30		30
浆砌块石		30		30
浆砌片石		50		50

（3）衬砌断面几何尺寸

①衬砌内轮廓尺寸设计。

拟定衬砌内轮廓尺寸的各参数，如图 2–28 所示。已知 a、b、f、φ_1，求 r_1、r_2 和 φ_2。

$$\left.\begin{aligned} & r_1 + a - r_2\cos\varphi_2 = f \\ & r_2\sin\varphi_2 - a = b \\ & r_1 + \frac{a}{\sin\varphi_1} = r_2 \end{aligned}\right\} \tag{2-30}$$

式中：b——公路建筑限界宽度，其值为行车道宽度加上两侧路缘带与人行道宽度的总和，两侧还应分别加上 5~10cm 的施工误差；

f——拱顶至拱脚的矢高，按通风量所需通风道面积确定，并保证拱轴线受力合理；

φ_1——内径 r_1 画出的圆曲线的终点截面与竖直面的夹角；

a——内径 r_1、r_2 的圆心 O_1 与 O_2 之间的水平距离。

以上 4 个参数必须根据限界要求预先给定，代入式（2–30）后解出其余 3 个参数 r_1、r_2 及 φ_2。

其中：r_1、r_2——第一个内径和第二个内径；

φ_2——拱脚截面与竖直截面的夹角。

曲墙式边墙内径 r_3 由参数 H_1 及 b_1 确定，见图 2–28。$\triangle ACO_2 \propto \triangle ADB$，$AD = H_1\sin\varphi_3 + b_1\cos\varphi_3$，$AB = \sqrt{H_1^2 + b_1^2}$

$$\left.\begin{aligned} & r_3 = \frac{H_1^2 + b_1^2}{2\left(H_1\sin\varphi_3 + b_1\cos\varphi_3\right)} \\ & \varphi_3 = 90° - \varphi_2 \end{aligned}\right\} \tag{2-31}$$

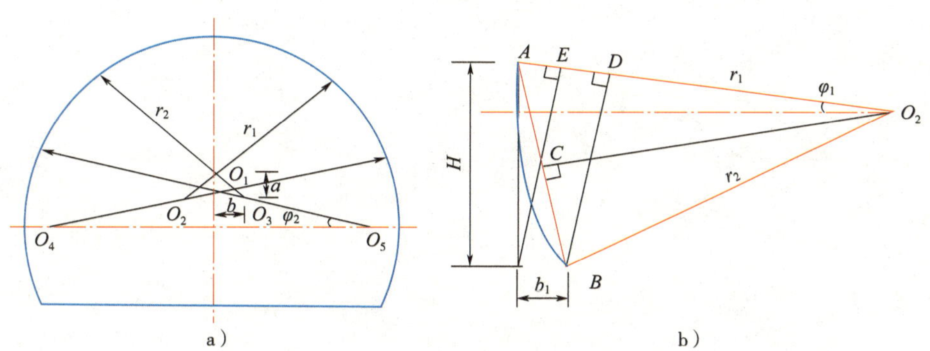

图 2–28　衬砌断面计算

a）内轮廓线计算图示；b）边墙内径的计算图示

②衬砌外轮廓尺寸设计。

对于拱的轴线和外轮廓线的计算，不存在困难。等截面拱的计算比较简便，变截面拱圈尺寸的计算，则比较繁琐，可按以下公式计算：

$$\left.\begin{aligned}R_1 &= m + r_1 + d_0\\ R_2 &= m + r_2 + d_0\\ \Delta d &= d_b - d_0\\ m &= \frac{\Delta d(r_2 + d_0 + 0.5\Delta d)}{(r_2 + d_0)(1 - \cos\varphi_2) - \Delta d\cos\varphi_2}\\ r'_1 &= m + r_1 + 0.5d_0\\ r'_2 &= m + r_2 + 0.5d_0\\ m' &= \frac{0.5\Delta d(r_2 + 0.5d_0 + 0.25\Delta d)}{(r_2 + 0.5d_0)(1 - \cos\varphi_2) - 0.5\Delta d\cos\varphi_2}\end{aligned}\right\} \tag{2-32}$$

式中：R_1，R_2——外轮廓线半径；

r'_1、r'_2——轴线半径；

d_0——拱顶厚度，是预先设定的；

d_b——拱脚截面厚度，是预先设定的；

r_1、r_2、φ_2 意义同前，均为已知。

③其余结构尺寸设计。

以下结构尺寸的设计主要根据围岩坚固系数确定：

拱顶厚度 d_0=40~130cm；

衬砌拱圈净矢高 f_0=（0.25~0.40）L_0，L_0 为拱圈净跨径；

拱脚厚度 d_b=（1.2~1.4）d_0；

边墙厚度 d_c=（1.0~1.5）d_b；

仰拱厚度 d_j=（0.5~0.8）d_0

2.4.2.5　路线交叉设计

在公路网中，公路与公路、管线纵横交错，形成交叉。相交公路在同一平面上的交叉称为平面交叉，交叉的地方称为交叉口；相交的公路分别在不同平面上的交叉称为立体交叉。

2.4.2.5.1　平面交叉

在平面交叉口，由于不同方向的车流和行人互相影响干扰，不但会降低车速、阻滞交通、降低通行能力，而且容易发生交通事故。平面交叉口是公路的重要组成部分，是公路交通的咽喉部位，它直接影响到公路的使用质量，所以必须予以足够的重视。公路的交叉规划和设计，必须符合安全、经济、合理、舒适和美观的要求。

1）设计基本要求

（1）在确保安全的前提下，使车辆和行人在交叉口能以最短的时间顺利通过。

（2）正确设计交叉口立面，保证交叉口范围内的地面水迅速排除。

（3）交叉口设计是一个系统工程，不同控制方式的交叉口有不同的设计，但主要的设计目标都定位在交叉口交通的“安全性、畅通性和效率性”方面。交叉口设计不仅仅是对交叉口的通行空间和通行时间进行设计，还包括对交叉口范围内的人、车和交通组织的设计，以最终达到合理利用资源，人、车、路协调统一的目的。

2）设计内容

（1）正确选择交叉口形式，合理确定各组成部分的尺寸，包括行车道的宽度、转角曲线的转弯半径、各种交通岛的尺寸、绿化带的尺寸等。

（2）确定必须保证的行车视距，从而确定交叉口的视距范围，满足通视条件。

（3）立面布置需符合行车和排水的要求，布设相应的雨水口和排水管道。

（4）处理好主要公路与次要公路的关系。主要公路与次要公路交叉时，平、纵线形要全盘考虑、相互配合，使各自能符合有关技术标准的要求，但一般应首先保证主要公路线形的舒顺、平缓。

（5）正确合理地进行交通组织和交通管制，如设置必要的交通安全设施，合理布设交通岛和人行横道等。

综上所述，路线交叉的设计，应根据交通量、设计速度、交通组成和车流分布情况，并结合该地区的地形、土地使用情况，分别进行单独设计。改建公路时，还应研究交叉处交通事故情况，有针对性地进行改建设计。

3）平面交叉类型

平面交叉口的形式设计得合理与否，直接影响到投资和使用价值，所以应切合实际地考虑远期的需要和近期的可能两方面因素，选择合理的方案。平面交叉按构造组成分为渠化交叉和非渠化交叉；按几何形状分为T形、十字形和环形交叉。

（1）非渠化平面交叉口

设计速度较低、交通量较小的双车道公路相交，可采用非渠化交叉。主要形式如图 2-29 所示。

（2）渠化平面交叉口

相交公路等级较高或交通量较大的平面交叉，应采用由分隔岛、导流岛来指定各向车流行径的渠化交叉，如图 2-30 所示。

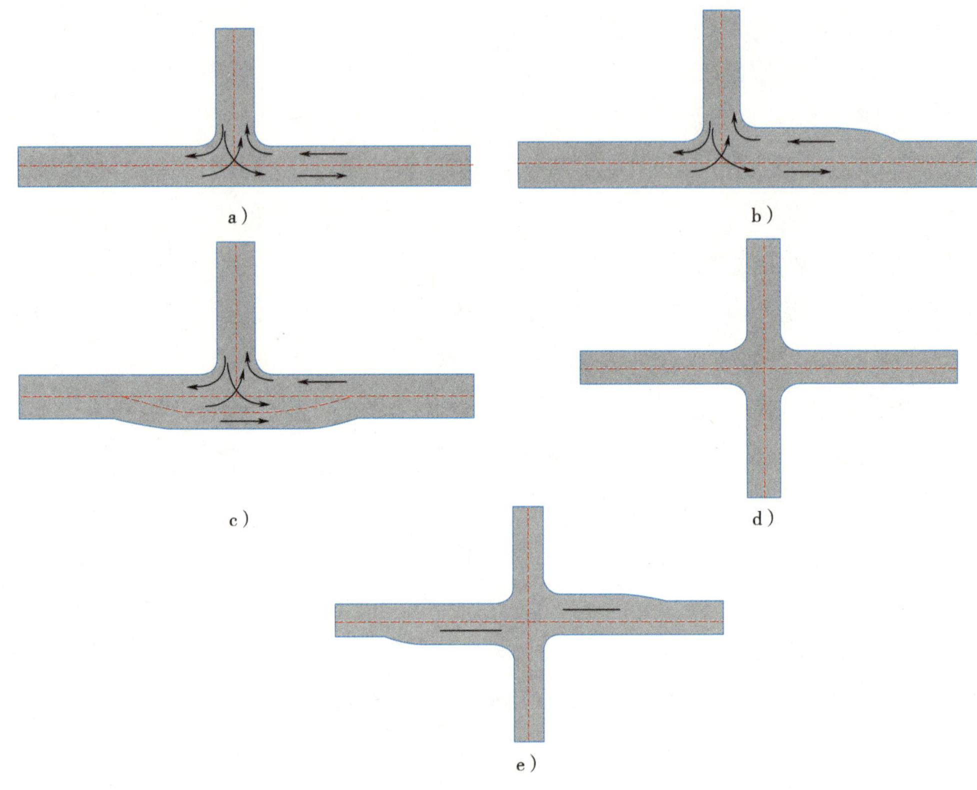

图 2-29 设计速度低，交通量小的平面交叉口示意

a）非加宽 T 形交叉；b）加宽式 T 形交叉（增辟减速车道）；c）加宽式 T 形交叉（增辟左转减速车道）；d）非加宽十字交叉；e）加宽式十字交叉

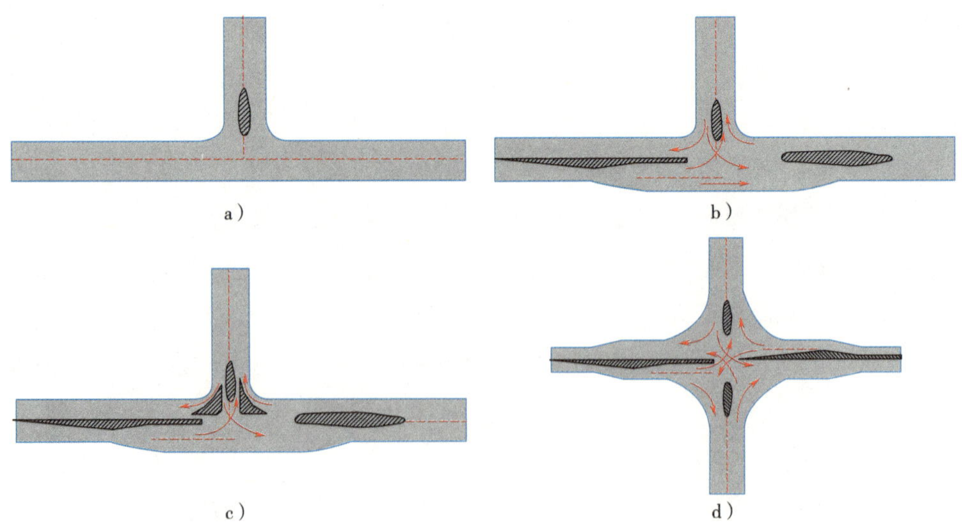

图 2-30 等级较高或交通量较大的平面交叉口示意

（3）环形交叉

环形交叉适用于交通量适中，经过验算后出、入口间的距离能满足交织长度的要求，或按“入口让路”规则设计能满足交通量需要的交叉，如图 2–31 所示。

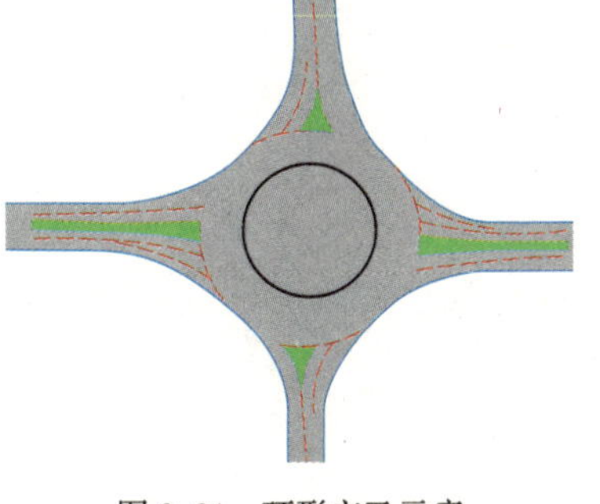

图 2–31　环形交叉示意

4）设计流程

平面交叉口设计流程如图 2–32 所示。

5）设计方法

（1）平面线形

①平面交叉范围内两相交公路应正交或接近正交，且平面线形宜为直线或大半径曲线，尽量避免采用需设超高的曲线半径。

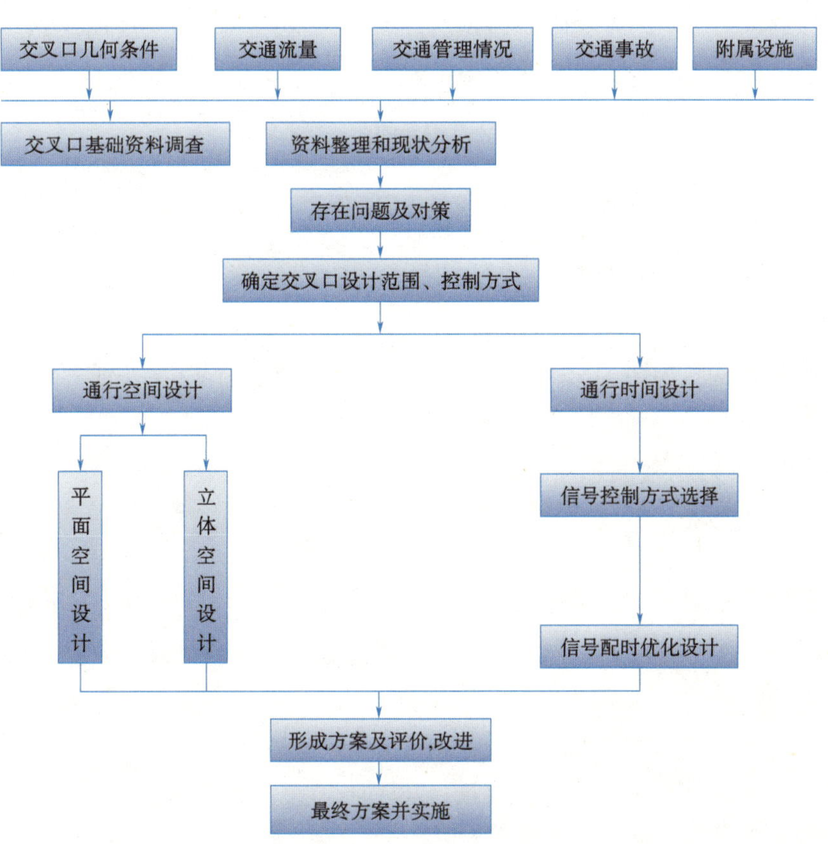

图 2–32　平面交叉口设计流程

②新建公路与等级较低的既有公路斜交时，应对次要公路在交叉前后一定范围内作局部改线，使交叉的交角不小于 70°　。

（2）纵面线形

①平面交叉范围内，两相交公路的纵面应尽量平缓。纵面线形应大于最小停车视距要求。

②主要公路在交叉范围内的纵坡应在 0.15%~3% 的范围内；次要公路上紧接交叉的部分引道部分应以 0.5%~2.0% 的上坡通往交叉。

③主要公路在交叉范围内是超高曲线的情况下，次要公路的纵坡应服从主要公路的横坡。

（3）视距

①引道视距

每条岔道和转弯车道上都应提供与行驶速度相适应的引道视距，如图 2–33 所示。引道视距在数值上等于停车视距，但量取标准为：眼高 1.2m；物高 0。各种设计速度所对应的引道视距及凸形竖曲线的最小半径规定如表 2–6 所示。

表 2–6　引道视距及相应的凸形竖曲线最小半径

设计速度（km/h）	100	80	60	40	30	20
引道视距（m）	160	110	75	40	30	20
凸形竖曲线最小半径（m）	10700	5100	2400	700	400	200

②通视三角区

两相交岔路间，由各自停车视距所组成的三角区内不得存在任何有碍通视的物体，如图 2–34 所示。

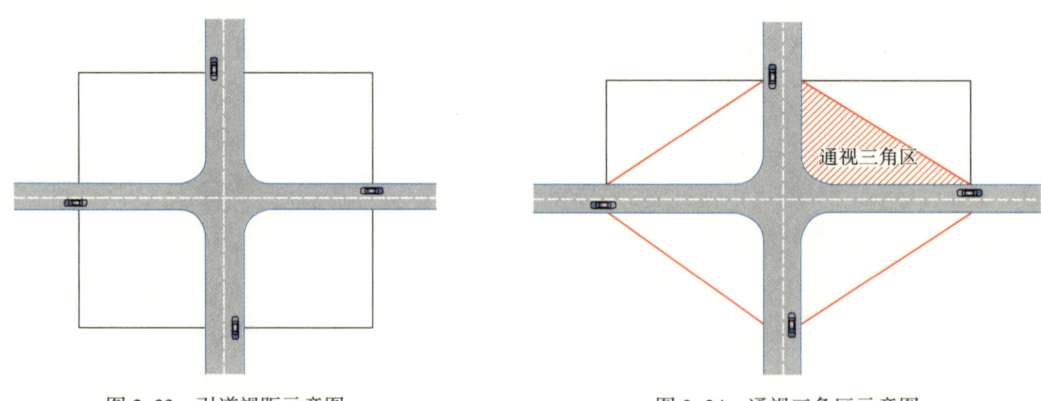

图 2–33　引道视距示意图

图 2–34　通视三角区示意图

（4）立面设计

平面交叉处两相交公路共有部分的立面形式及其引道横坡，应根据两相交公路的相对功能地位、平纵线形以及交通管理方式等因素而定。

①采用“主路优先”交通管理方式的交叉，应使主要公路的横断面贯穿交叉，调整次要公路的纵断面，以适应主要公路的横断面；当调整纵断面有困难时，应同时调整两公路的横断面。

②主要公路设超高曲线时，应根据次要公路纵断面的不同情况处理立面。

③两相交公路的功能地位相同或相仿，或者是信号交叉时，则对两公路均应作适当的调整。具体调整内容详见《规范》。

（5）变速车道和转弯车道

平面交叉范围内设置的附加车道有变速车道和转弯车道。其设计要点和有关规定详见《规范》。

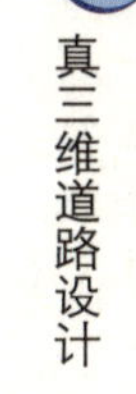

（6）排水设计

平面交叉处的排水设计是一项重要内容。进行平面交叉处的排水设计时，应绘制排水系统图，并注明流向和坡度等。公路用地范围内由路基和路面排除所降雨水，公路用地范围外的雨水等不允许流入交叉处路面范围内。

（7）交通组织设计

①平面交叉的渠化设计，可采用导流岛、路面标线、交通岛等方式。

②采用限定车流行驶方向、设置专用车道、实行信号管制等措施保证行车安全，提高交叉口通行能力。

③交叉口应设置人行横道、人行天桥或通道，并设置限速、指路以及其他有关标志、标线和信号。

（8）改建旧平面交叉设计

改建旧平面交叉可采用增设车道、渠化、改为立体交叉等方法。

2.3.2.5.2 立体交叉

高等级公路相交或交通量过大而平面交叉无法适应时，或是行车速度高、地形条件适合布置立体交叉，从经济上考虑又合理时，均可考虑用立体交叉。

1）设计原则

功能性、经济性、适应性和艺术性。

2）设计内容

（1）确定立体交叉的布置形式

①交叉形式

立体交叉分为互通式和分离式两种。相交公路通过跨线桥、匝道等连接上下线的立体交叉称为互通式立体交叉；相交公路通过跨线桥，但不能直接连接的立体交叉称为分离式立体交叉。

其中，互通式立体交叉的基本形式主要分为T形、Y形和十字形，如图2–35、图2–36所示。

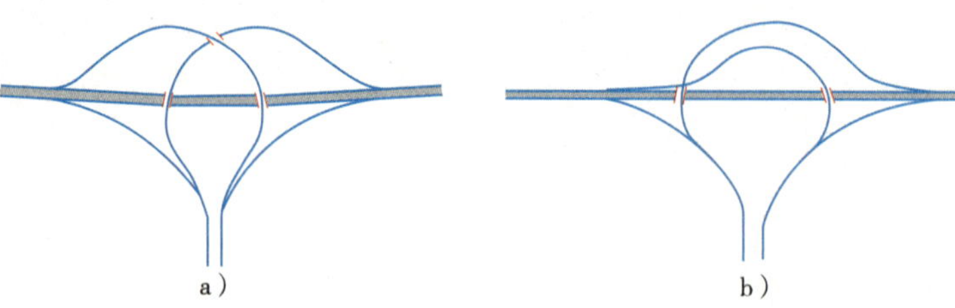

图2–35　互通式T形立体交叉

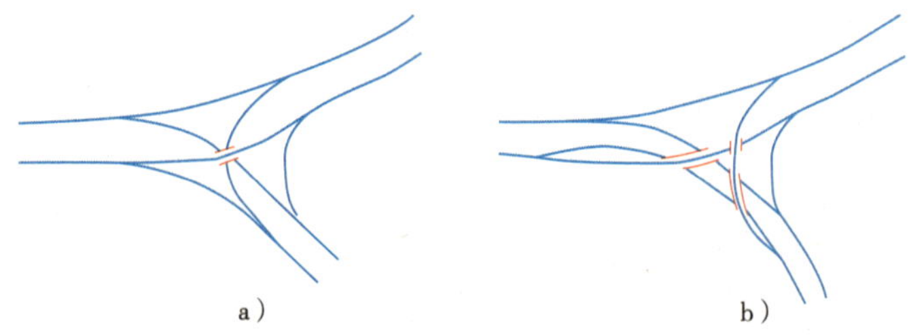

图2–36　互通式Y形立体交叉

互通式十字形立体交叉常见的几种类型如图2–37~图2–40所示。

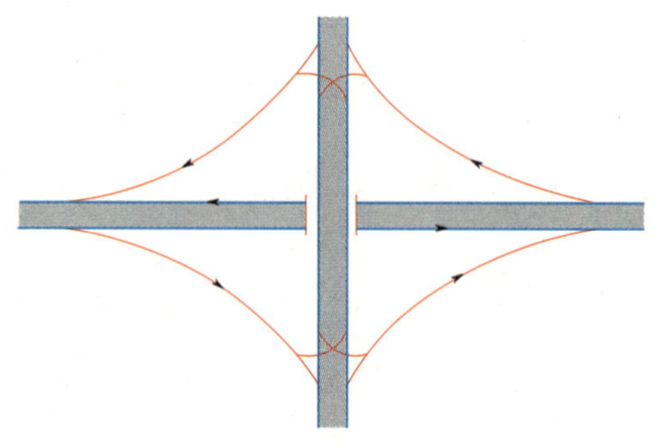

图2–37　菱形立体交叉

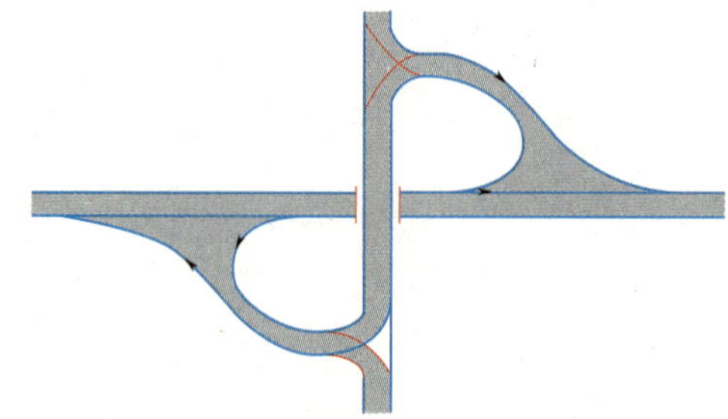

图2–38　半苜蓿叶形立体交叉

②设置要求

a. 高速公路和其他各级公路交叉时，必须采用立体交叉。

b. 一级公路与交通量较大的公路交叉时，应采用立体交叉。

c. 其他各级公路的交叉，在交通条件需要或者有条件的地点，可采用立体交叉。

（2）匝道设计

匝道设计是互通式立交必不可少的组成部分，匝道设计得合理与否，直接关系到立交枢纽的功能、营运及安全。

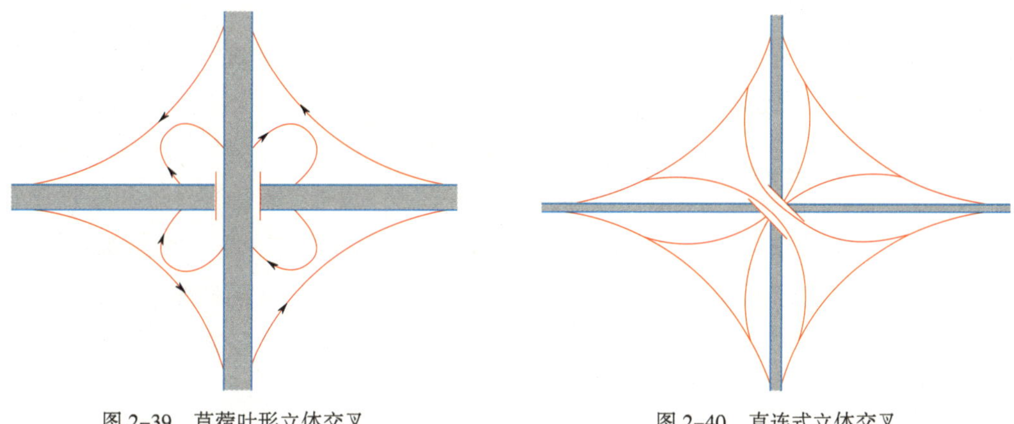

图 2-39　苜蓿叶形立体交叉

图 2-40　直连式立体交叉

①设计依据

立交的等级、匝道的设计车速、设计交通量及匝道的通行能力。

②平面线形设计

匝道平面线形要素多由直线、圆曲线及缓和曲线构成，但由于匝道通常较短，难以争取到较长直线，故多以曲线为主。

③纵断面线形设计

纵断面线形设计主要是驶入、驶出处的纵坡设计，应严格控制对最大纵坡、最小坡长、净空限制、视距、净高等要素的设计。

④横断面线形设计

匝道横断面线形设计主要是针对匝道宽度、车道数、超高加宽以及与现有路段衔接处的设计。

（3）变速车道设计

变速车道是指在匝道与正线连接的路段，为适应车辆变速行驶，而不致影响正线交通所设置的附加车道，包括减速车道和加速车道。

2.4　真三维道路设计方法

真三维道路设计方法在大多数方面是遵循 2.4 所介绍的道路设计理论和方法，然而，也有与之不同的地方。真三维道路设计方法首先要建立高精度的真三维工程环境场景，然后在真三维的工程环境中进行三维的道路选线，确定道路的三维立体空间曲线，根据设计标准、规范、周边环境等影响因子，进行道路三维曲线在立体空间上的参数调整，最后形成与周边环境和谐融合的真三维道路模型，并进行基于真三维工程环境场景的道路设计方案智能评价，从而得到符合规范要求和规划要求的设计方案。下面按照真三维道路设计的流程一一进行介绍。

2.4.1 真三维工程环境构建

真三维工程环境场景是真三维道路设计的基础，为真三维道路设计提供参考数据。

随着地理信息应用领域的拓展，传统二维地图已不能满足人们的需要，人们逐渐开始关注具有丰富地形地貌信息的三维地形图。但由于自然地形复杂多样，计算机处理能力有限，存在着数据获取困难，可视化处理复杂，三维显示效果缺乏真实感等问题。然而，随着科技的进步，数据获取手段的多样化，计算机处理能力的提升，以上问题均已得到了解决。人们利用先进的三维立体显示技术，采用当前先进的室外场景渲染技术，实现了具有真实感的室外场景，使设计者可裸眼观看到高清晰立体图像，有身临其境的感受。

用户可以利用航空和卫星遥感影像、地形高程数据和其他的二三维地理空间和属性数据，实现不同分辨率、不同大小数据的融合、投影变换，以及数据裁剪，将高分辨率遥感影像作为一种真实纹理图像，采用纹理映射法与地形融合在一起，使三维真实感地形显示出与实地一致的纹理特征，取得更为逼真的三维视觉效果，这样就可以很好地仿真客观世界。

地形是自然界最复杂的景物之一，由于受地形结构复杂、数据量大等条件的制约，要实时模拟具有真实感的大范围三维地形，需要进行复杂地形模型的实时动态简化与多分辨率场景分割，有效地组织地形数据，在提高场景的视觉真实程度的前提下，达到高速度、高精确度的可视化目的。

另外，和道路设计相关的道路规划数据、地质水文数据等均可以矢量的形式叠加到真三维工程环境场景中。

具体的建模和数据组织方法将在第 3 章和第 5 章分别进行详细的介绍。

2.4.2 道路三维选线

道路选线，根据道路的使用任务、性质、等级、起讫点和控制点，沿线地形、地貌、地质、气候、水文、土壤等情况，通过政治、技术、经济等方面的分析研究，比较论证而选定合理的路线。在符合国家建设发展需要的前提下，结合自然条件选定合理的路线，达到行车迅速、安全、舒适的目的，并使筑路费用与使用质量得到统一，要求做到：①充分利用地形地势，回避不良地段，正确运用技术标准，保证线形的均衡性，行车的安全、畅通，养护的经济、方便，路线的短捷舒顺，平缓均匀，稳定经济；②注意山、水、田、林、路的综合治理，做到少占耕田；③贯彻工程经济与运营经济相结合的原则，在条件许可时，应论证地选用较好的指标，以提高公路的使用质量。

道路作为线形构筑物，无论采用何种方法实现的道路选线，无非是由规范所要求的三种基本元素构成的，即直线、圆曲线和缓和曲线。可以认为，道路选线就是确定由这三种元素在一定的边界条件下的有序排列。序列中每一个元素首尾相接，共同构成了唯一确定的道路定线。这种定线方法可以说是应计算机的发展而产生的，这是因为在计算机中可以很方便准确地对这些元素进行描述与计算。

道路三维选线与其他行业小数据量、小范围的三维设计不同，需要从全局的角度把握线路的走向。真三维工程环境场景对现场地形、地物进行了完整描述，可以很好地满足真三维道路选线的要求。所以，道路三维选线依赖于高精度的真三维工程环境场景。真三维工程环境场景可提供丰富的数字地形和航空影像资料，可为道路选线提供丰富的基础地理信息数据，实时提取线路行经地区的地形和影像数据，实现线路选线的可视化。借助真三维工程环境场景中的矢量的遥感地质解译图层，能直观判别滑坡、泥石流等不良地质地段，辅助道路选线。

道路三维选线即确定道路空间的位置关系，实际上是一条空间的三维曲线，利用计算机上的真三维工程环境场景提供的丰富的基础地理信息，设计者可以在真三维工程环境场景中，通过鼠标点选的方式选取线路上的控制点，确定道路的走向，形成控制线，在此基础上利用直线、圆曲线、缓和曲线三种线形相连接为多段线，拟合成真三维道路空间立体曲线，然后根据拟合的曲线计算其合理性，不合理的对其进行修正，最后转化并存储为一个道路路线对象，绘制出道路线路模型。具体实现方法如下：

（1）道路基本信息确定

道路基本信息主要包括：道路名称、道路类型、设计时速、起始公里桩号等信息。真三维道路选线方法，通过在对话框输入以上道路基本信息，并对这些信息进行保存。

（2）选取线路控制点

控制点的选取需要获取选取点的坐标和高程值。控制点的三维坐标信息可以在真三维工程环境场景中点击鼠标左键来拾取。在真三维工程环境场景中，设计者根据需要点击鼠标左键来选取控制点时，从屏幕上点击获取的点，点坐标是屏幕坐标（x，y），需要将获取的屏幕坐标转换成大地坐标或工程坐标系下的三维坐标（x，y，z）。将屏幕坐标转换为工程坐标系下的坐标，并将控制点信息存储在相应数组中。

（3）真三维道路空间立体曲线拟合

在选定控制点的同时，按照2.4节介绍的道路平面曲线计算方法，即可生成道路中心线，该中心线在每个控制点处均默认以“直线—缓和曲线—圆曲线—缓和曲线—直线”的线形组合而成。在纵断面方向上，也会以默认的道路起终点的高程相连接进行插值。最终拟合为一条带有高程信息的道路空间立体曲线。这条曲线一般是起终点之间的最短路径。然而，在工程应用中，并不总是需要得到最短路径，而是综合考虑各项指标，得到一条最合理的路线。所以，在设计者进行鼠标拾取控制点时，必须考虑到自然因素的影响，包括地形、气候、水文、水文地质、地质、土壤及植物覆盖等。

2.4.3 设计参数调整

由上可知，按照上述道路三维选线方法，得到的是一条空间立体的道路三维曲线。真三维道路设计的关键步骤是通过对设计参数的调整，得到满足设计规范要求的、与周边环境和谐的设计方案。因此，对设计参数的调整是必不可少的。

空间立体的道路三维曲线，可以输出保存为道路平面线和纵断面线两个基本线形。进行参数调整优化主要是对道路的平面线形控制参数和纵断面线形控制参数两部分进行调整。

路线线形不仅要满足汽车行驶的动力要求，保证行车的迅速通畅，还要满足驾驶员的视觉与心理反应要求，保持线形有连续顺适的外观，与周围景观相协调。这就要求设计参数调整时注意线形各项标准的选用及其配合。如长直线或长陡坡下应避免设置小半径的平曲线；直线与曲线要彼此协调而有比例地交替；再如，平纵线形组合时，平竖曲线重合且平曲线包竖曲线可得到理想的平滑舒顺的线形。路线要与周围景物协调一致，可增加自然风光的优美。

2.4.3.1 道路平面线形调整

2.4.3.1.1 平面线形计算

平曲线的特性可通过平曲线上任一点的曲率来表征，曲率沿线路作积分就是线路方位角度的变化，在平曲线中，直线的曲率 $K=0$；圆曲线的曲率为 $K=1/R$（R 为半径）；缓和曲线的定义式为：曲线上任意一点的曲率半径 ρ 与该点到曲线起点的曲线长 l 之积为一常数 A^2，即 $\rho \cdot l=A^2$，因此，缓和曲线上任意一点的曲率为 $K=l/A^2$，以

道路里程 S 作为变量，可以将平曲线上各点的曲率统一成函数式：$K=f(S)$，曲线切线的方位角变化值为：

$$d\alpha = \int_0^S K dS$$

因此，可以通过 K 和 $d\alpha$ 来判断平曲线的组成。直线上的曲率为零，圆曲线上曲率为一常数，缓和曲线上的曲率随里程线性变化；直线段上方位角变化值为 0，圆曲线上方位角变化值 $d\alpha=l/R$，缓和曲线上方位角变化值 $d\alpha=l^2/(2A^2)$。

公路平曲线上曲率与里程的关系如图 2-41 所示。

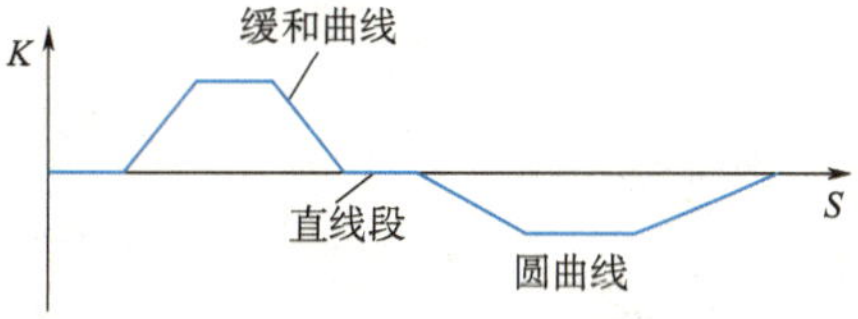

图 2-41　公路平曲线上曲率与里程的关系图

1）直线拟合

在选定样本点后，可以用最小二乘法进行线性回归。首先假定从第 1 点到第 n 点构成的是一条直线段，点位坐标分别为（X_i，Y_i），设直线方程为 $Y=aX+b$，根据最小二乘准则，得：

$$a = ([X_i][Y_i] - n[X_iY_i])/([X_i]^2 - n[X_i^2]) \tag{2-33}$$

$$b = ([X_iY_i][X_i] - [X_i^2][Y_i])/([X_i]^2 - n[X_i^2]) \tag{2-34}$$

2）圆曲线拟合

（1）圆心的确定

对于圆曲线的拟合要复杂一点。确定一个圆需三个参数（圆心二维坐标和半径），由于三点唯一确定一个圆，因此可以将样本点中所有任意三个点所确定的圆心的重心定为所有样本点的圆心，然后根据圆心和样本点确定最佳拟合半径。三点确定一圆的圆心求解公式如下：

$$x_0 = \frac{x_1^2(y_3 - y_2) + x_2^2(y_1 - y_3) + x_3^2(y_2 - y_1) - (y_3 - y_2)(y_2 - y_1)(y_1 - y_3)}{2[x_1(y_3 - y_2) + x_2(y_1 - y_3) + x_3(y_2 - y_1)]} \tag{2-35}$$

$$y_0 = \frac{y_1^2(x_3 - x_2) + y_2^2(x_1 - x_3) + y_3^2(x_2 - x_1) - (x_3 - x_2)(x_2 - x_1)(x_1 - x_3)}{2[y_1(x_3 - x_2) + y_2(x_1 - x_3) + y_3(x_2 - x_1)]} \tag{2-36}$$

采用重心公式求解平均圆心公式如下：

$$\left.\begin{aligned} \bar{x} &= \sum_{i=1}^{m} x_i/m \\ \bar{y} &= \sum_{i=1}^{m} y_i/m \\ m &= n!/6(n-3)! \end{aligned}\right\} \tag{2-37}$$

式中：x_i——第 i 个圆的圆心；

n——样本点的个数，且 $n \geqslant 3$。

（2）最佳拟合半径的确定

求 Q 最小时 R 的取值，其中：

$$Q=\sum_{i=1}^{n}\left[\sqrt{(x_i-\bar{x})^2+(y_i-\bar{y})^2}-R^2\right]$$

即$\partial Q/\partial R=0$。

$$R=\sum_{i=1}^{n}\sqrt{(x_i-\bar{x})^2+(y_i-\bar{y})^2}/n \qquad (2\text{–}38)$$

式中：n——样本点的个数。

3）缓和曲线的求解

如图 2–42 所示缓和曲线。

约束条件为：①直线（x_0，y_0，α_1）表示该直线过点（x_0，y_0），方向角为 α_1；②圆（x_i，y_i，R_i）。求解点 P_1（x_1，y_1）和点 P_2（x_2，y_2）。

图 2–42　缓和曲线求解示意图

由点到直线的公式可以计算圆心到直线的距离 d，则有：

$$D=d-R_1=L_s^2/24R_i \qquad (2\text{–}39)$$

式中：L_s——缓和曲线长度；

R_i——圆曲线半径。

这样可以求得 L_s，由

$$\alpha_2=\alpha_1+\int K(s)\,\mathrm{d}S$$

可计算出 α_2。

式中：S——缓和曲线长度；

K——曲率；

α_2——缓和曲线在点 P_2 的方向角。

由

$$x_2=x_i+R_i\cos(\pi/2+\alpha_2),\quad y_2=y_i+R_i\sin(\pi/2+\alpha_2) \qquad (2\text{–}40)$$

可计算出 x_2 和 y_2，由

$$x_1=x_2-\int_0^{L_s}\cos\varphi(s)\,\mathrm{d}s,\quad y_1=y_2-\int_0^{L_s}\sin\varphi(s)\,\mathrm{d}s \qquad (2\text{–}41)$$

可计算出 x_1 和 y_1。这样，点 P_1（x_1，y_1）和点 P_2（x_2，y_2）均可求得。

2.4.3.1.2 平面线形调整

在道路平面线形调整中调整地面控制点，需要考虑很多因素，如：

（1）平面线形应连续，与地形、地物相适应，与周围环境相协调。

（2）要保持平面线形的均衡与连贯。

（3）避免产生连续急弯的线形。

（4）要满足公路设计规范对各级道路平面线形设计要求。

通过反复调整地面控制点，使道路平面通过地区的地理环境尽可能地相协调。确定地面控制点之后，还要对道路平面的曲线组成进行调整，包括曲线类型、半径、长度等，以保证道路平面线形的平滑前进，避免发生急弯。按照道路设计的要求，平面线形主要是由不同曲线段组合而成，主要包括直线、圆曲线、缓和曲线。最后确定的拟合曲线，应满足规范和控制位置的要求，并认为是理想线位。

为了保存平面线，该项目对曲线段设定以下数据结构：

```
Class LineDefine
    Public type As LineDefineType' 线段线形
    Public fix As Double' 起点方向
    Public length As Double' 长度
    Public Station As Double' 起点公里桩号
    Public StartX As Double' 起点坐标 X
    Public StartY As Double 起点坐标 Y
    Public EndX As Double' 终点坐标 X
    Public EndY As Double' 终点坐标 Y
    Public EndRadius As Double' 终点半径
    Public EndFix As Double    ' 终点方向
    ……
End Class
```

在进行三维可视化，绘制平曲线的时候，本书采取折线段拟合的方法。计算平曲线上每 10m 间隔的公里桩的坐标，并将所有点连接起来。图 2–43 为道路三维选线后进行分解得到的平面线位图。图 2–44 为平面线形调整的过程，分为对控制点的调整和曲线段的调整两部分。

图 2–43 中的背景是利用机载 LiDAR 数据制作的三维场景，控制点为图中的白色折线（导线）交点，形成起点到终点的折线段，它们控制道路的走向，而另一条曲线

就是按照“直线—缓和曲线—圆曲线—缓和曲线—直线”的设计方法设计的道路平面线形，图中直线用白色标识，缓和曲线用绿色标识，圆曲线用蓝色标识，由图能够很直观地看到所设计的公路走向，可以及早发现设计中可能存在的不合理和错误设计。

图 2-43 平面线位图

图 2-44 平面线形参数调整

2.4.3.2 道路纵断面参数调整

2.4.3.2.1 道路纵面线形计算

道路的纵断面线一般是由直线和圆组成的，可以参照平面线形拟合的方法进行计算。关于这种方法，此处不再赘述。下面介绍简化的计算竖曲线半径的方法。由于竖曲线半径一般相对较大，可以用二次抛物线来拟合，见图 2-45。

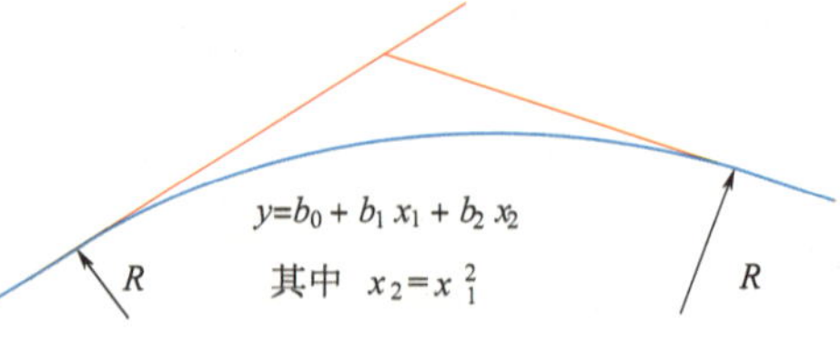

图 2-45 竖曲线拟合示意图

这样可以用方程 $y=b_0+b_1x+b_2x^2$ 来描述，为了方便计算，令 $x_1=x$，$x_2=x^2$ 则：

$$y=b_0+b_1x_1+b_2x_2$$

$$Q=\sum_{i=1}^{n}(y_i-b_0-b_1x_{i1}-b_2x_{i2})^2,\quad \partial Q/\partial b_0=\partial Q/\partial b_1=\partial Q/\partial b_2=0$$

引入矩阵：

$$X=\begin{bmatrix}1 & x_{11} & x_{12}\\ 1 & x_{21} & x_{22}\\ \vdots & \vdots & \vdots\\ 1 & x_{n1} & x_{n2}\end{bmatrix}\quad Y=\begin{bmatrix}y_1\\ y_2\\ \vdots\\ y_n\end{bmatrix}\quad B=\begin{bmatrix}b_0\\ b_1\\ b_2\end{bmatrix}$$

$$\hat{B}=\begin{bmatrix}\hat{b}_0\\ \hat{b}_1\\ \hat{b}_2\end{bmatrix}=(X'X)^{-1}X'Y$$

取中间点处的 X，则：

$$R=|(1+y'^2)^{3/2}/y''|=|[1+(b_1+b_2x)^2]^{3/2}/b_2| \tag{2-42}$$

竖曲线的半径确定后，可以计算确定切点的位置，以及竖曲线的各要素。

2.4.3.2.2　纵断面线形调整

由道路三维选线确定下来的是一条空间立体的曲线，在纵断面上高程是默认的，然而道路总是一条有起伏的空间线。所以需要进行纵断面线形的调整，增加纵断面线的线形组成，并依照道路经过区域的地形起伏调整纵断面线形控制参数，保证道路平滑的同时，还能控制合理的填挖方和桥梁隧道位置的布设。

一般在真三维道路设计方法中，将空间立体的三维道路曲线分解为纵断面线后，也会像二维道路纵断面设计一样给出两条线：地面线和设计线。此时，可以根据地面线添加纵坡点，调整纵坡半径等参数。与此同时，可以在这个时候确定桥梁、隧道在道路中心线上的分布位置、长度等参数。最终得到满足规范要求的填挖方量以及最合理的纵断面线形。在该方法的实现上，可用程序进行控制，将空间立体的三维道路曲线分解得到的纵断面曲线参数进行存储，对纵断面各个变坡点设计变坡点类，类的主要参数如下：

```
Class VDefine Point
    Public id As Double' 变坡点编号
    Publict ype As StructType' 变坡点类型
    Public name As String' 变坡点名称
```

```
    Public station As Integer' 变坡点公里桩号
    Public height As Double' 变坡点高程
    Public length As Double' 坡长
    Public radius As Double' 竖曲线半径
    Public point1 As New PointF' 竖曲线起点坐标（公里桩号，设计高程）
    Public point2 As New PointF' 竖曲线终点坐标（公里桩号，设计高程）
    Public pointR As New PointF' 变坡点坐标（公里桩号，设计高程）
    ……
End Class
```

在进行纵断面调整时，要绘制清晰的纵断面线。纵断面线绘制和平面线绘制使用了同样的方式，利用折线段拟合竖曲线。进行纵断面线形参数调整时需要参考地面线，所以绘制纵断面线的同时要将地面线也绘制出来。根据道路中心线的平面位置插值计算各桩点处的高程值，并按 10m 距离进行插值，将所有桩点依次连接构成地面线。由于道路设计中对精度要求很高，所以需要获取最高精度的地面高程，也就是地面金字塔模型中的最底层数据。如图 2–46 所示为纵断面参数调整示意图。

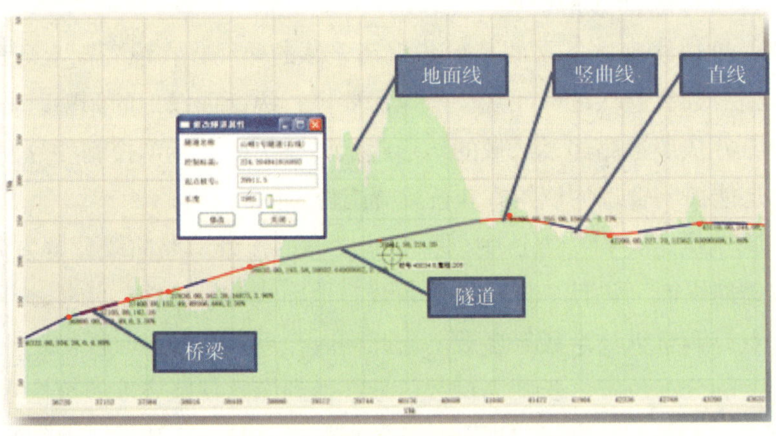

图 2–46　纵断面参数调整示意图

图中浅绿色曲线代表道路中心线的地面线，在道路起点和终点之间的纵曲线控制点组成的折线就是道路纵断面控制线，它确定道路总的起伏状态，图中控制点以红色圆点标识，控制点旁边标注了设计高程、坡长、坡度等参数。另外一条较缓和的曲线，就是在控制点下的道路高程线（蓝色曲线），可以看到，这条曲线的起伏很缓和，能够满足道路的纵向行车的平滑性。这种可视化的参数调整让道路设计者可快速地发现纵坡设计线的不足，根据规范调整控制点，使道路纵断面满足坡度和填挖方均衡的要求。

纵断面参数调整过程中，需要设定桥梁、隧道的起始位置和长度。图 2–46 中，紫色线段、灰色线段分别是该条道路上的桥梁和隧道的位置。可通过设置桥梁隧道中心点的桩号和长度达到对桥隧进行编辑的目的。

2.4.4 道路横断面设计

2.4.4.1 道路横断面计算

道路路基横断面线形拟合较为简单，根据测得的相邻点的三维坐标计算水平距离和高差，即可以绘出断面图。

2.4.4.2 横断面设计

道路的横断面，是指道路中心线上各点的法向切线，它是由横断面设计线和地面线所构成。横断面是道路的横向扩展，是根据行车带宽度和行车速度设计的路面及其组成部分，比如路肩、边沟、绿化带等。道路的横断面设计是道路在横向方向的扩展，道路路面并不是一个平面，而是具有中间稍高的双向坡面，设计时应根据规范的要求选用合适的路拱坡度。

为了提高计算机辅助设计效率，在横断面设计中，首先设计标准横断面，然后在道路中心线的基础上，利用标准横断面进行道路建模。建模完成以后，设计者再通过工程量、土石方量等统计分析数据的结果，以及地形、地质等条件，并依据道路设计规范要求对横断面进行修改，最终完成横断面的设计。图 2–47 为横断面设计流程图。

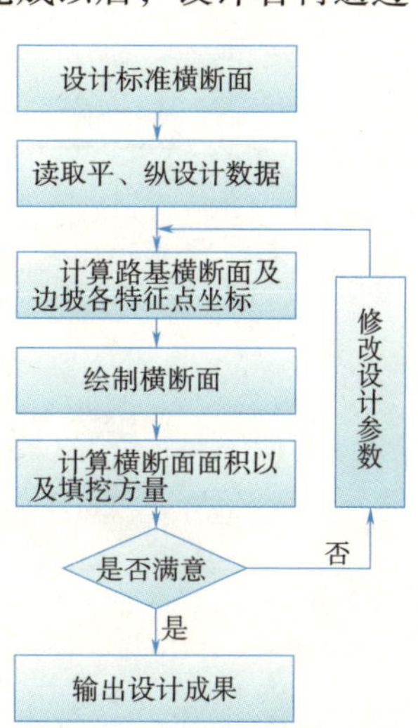

图 2–47　横断面设计流程图

该项目在研发时设计了横断面数据结构，定义了横断面类，其中包含路面要素类和边坡要素类，类的主要参数如下：

```
Class HRoadPart' 横断面要素类
    Public name As String="" ' 横断面要素名称
    Public type As String="" ' 横断面要素类型
    Public maxlength As Double=0' 最大长度
    Public img As String="" ' 纹理名称
    Public point2DA As PointF' 要素设计线坐标（左端点）
    Public point2DB As PointF' 要素设计线坐标（右端点）
    Public point3DA As Point3D' 三维大地坐标（左端点）
    Public point3DB As Point3D' 三维大地坐标（右端点）
```

```
End Class
Class SlopePart' 边坡要素类
    Public fix As Double' 坡度
    Public img As String' 纹理
    Public section Type As Byte' 类型
    Public width As Byte' 平坡宽度
    Public height As Byte' 斜坡高度
    ……
End Class
```

横断面设计可视化时，将横断面各要素抽象为线段，将表示横断面各要素的线段首尾相连就构成了道路的一个横断面线。如图 2-48 所示为横断面设计界面。

横断面设计窗口中包含路基、桥梁、隧道、边坡等横断面模型的设计，设计中利用直线段对横断面各个要素进行拟合，其中 X1、Y1 为横断面左端点设计坐标，X2、Y2 为右端点设计坐标，并可以设置纹理，显示模式等参数信息。由于横断面车道要素在不同道路等级中变化明显，还提供了行车道要素的详细设计方法。在设计过程中，利用三维浏览窗口可以实现三维浏览，能够更直观地反映横断面设计结果。

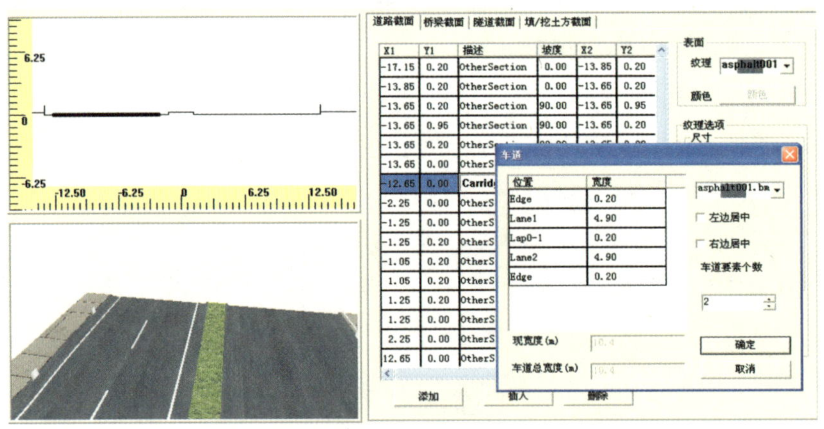

图 2-48　横断面设计界面

2.4.4.3　土石方量的计算

1）横断面面积计算

横断面设计的同时，可以根据横断面的数据进行填挖方的计算。

路基横断面填挖的断面积是指断面图中原地面线与路基设计线所包围的面积，高于地面线为填，低于地面线为挖，两者分别计算。

通过路基横断面地面线及设计线上的所有转折点，用竖线把路基横断面划分成宽度不等的多个准确的梯形或三角形，然后分别计算每一个梯形或三角形的面积，累加起来即为路基横断面面积，如图 2–49 所示。

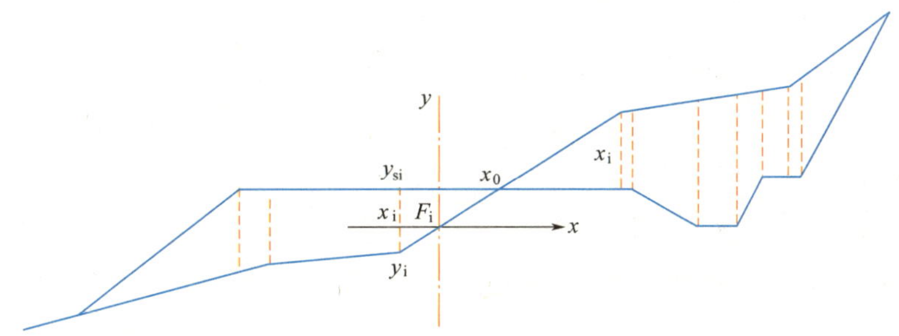

图 2–49　横断面面积计算

填挖方交界处应划分出来，分别计算填挖面积。每个梯形（或三角形）的底宽可通过解析法计算出来（计算设计线与地面线的 y 坐标之差）。梯形（或三角形）的高由相邻两分块的 x 坐标差计算。则任一块梯形的面积 F_i 为：

$$F_i = \frac{ys_i - y_i + ys_{i-1} - y_{i-1}}{2}(x_i - x_{i-1}) \tag{2-43}$$

则该横断面上填方（或者挖方）总面积的 $A_{填}$、$A_{挖}$为：

$$A_{填} = \sum F_{i填} \tag{2-44}$$

$$A_{挖} = \sum F_{i挖} \tag{2-45}$$

计算横断面面积时，应计入路面结构层所占的面积。填方扣除，挖方增加。

分别累计填方和挖方的梯形面积即为该横断面的填挖方面积。若相邻两个分段点分别处于填方和挖方区（如图 2–49 中 x_i 和 y_i），则应通过计算确定填挖方分界点（x_0）。如图 2–49 所示，x_i 和 y_i 分别是两分段点的坐标，则填挖方分界点坐标 x_0 为：

$$x_0 = x_{i-1} + \frac{ys_{m-1} - y_{n-1}}{k_1 - k_2} \tag{2-46}$$

其中：

$$k_1 = \frac{y_i}{x_i}; \quad k_2 = \frac{ys_i - ys_{i-1}}{x_i - x_{i-1}}$$

2）土石方量计算

计算出各个桩号的填挖方断面面积后，就可以计算土石方数量。土石方数量的计算如下：相邻两断面间为一拟柱体，其高为两相邻断面的间距，则拟柱体的体积可用式（2–47）、式（2–48）计算。

$$V_{填} = \frac{1}{3}(A_{1填} + A_{2填} + \sqrt{A_{1填}A_{2填}})L \quad (2\text{–}47)$$

$$V_{挖} = \frac{1}{3}(A_{1挖} + A_{2挖} + \sqrt{A_{1挖}A_{2挖}})L \quad (2\text{–}48)$$

式中：　　$V_{填}$、$V_{挖}$——体积，即填方量、挖方量，m^3；

$A_{1填}$、$A_{1挖}$、$A_{2填}$、$A_{2挖}$——分别为相邻两横断面填方、挖方的面积，m^2；

L——相邻横断面之间的距离，m。

填、挖方数量应分别计算，不能累加在一起。计算填挖方数量时，还应根据各路段的土石成分百分率分别计算各类土石的数量，以利于土石方调配与编制工程概预算。

在道路设计中计算土石方的目的是为了确定填方和挖方的数量以合理调配，从而解决各路段土石方的平衡利用问题，避免不必要的路外借土和弃土，减少占用耕地和降低公路造价。

2.4.5 道路模型构建

2.4.5.1 道路路基模型构建

道路三维模型在真三维道路设计过程中，用于设计方案的比选；在设计完成时，用于方案的演示、汇报。道路三维模型构建是用来评价道路方案与周边环境是否和谐，进行设计方案比选的一种方法。

在实际的道路工程项目中，设计方案不可能一次性确定，经常会在设计、建造、施工的过程中修改，而目前二维设计图纸和人工管理工程数据的设计方式并不支持动态的修改、补充方案，其工作量往往会很大，甚至不亚于重新设计。

随着中国公路交通事业的迅速发展，对公路的设计提出了新的要求，不再局限于单纯的几何设计和结构设计，而是强调公路三维实体的整体设计，同时注重公路与环境的协调性、美观性，这就要求将公路作为三维实体来设计。路线的立体形状及相关诸要素的组合设计称为线形设计。将公路及其周围的设施纳入景观范围，为改善舒适程度和消除公路对景观的破坏，综合考虑公路与环境的关系，称为景观设计。无论是线形设计还是景观设计，目前都是将公路分为平、纵、横进行二维设计，尽管在设计时要相互考虑，但仍然不能很好地考虑设计后的公路的立体形状，设计者不能及时了解自己的设计中还存在哪些不足和需要进一步修改的地方。

利用三维模型来检验、评价和修改公路的线形设计、景观设计，无疑是最方便、最直观和最生动的。三维模型是工程展示时的直观手段，可以用于评价公路设计以及公路与环境的协调性，发现设计中的不足之处，以便设计者能及时更正，使设计更加

完美，有利于优化线形设计和景观设计。

目前就国内公路工程行业来看，道路三维建模基本上还是停留在以 AutoCAD 等软件手工绘制、编辑二维图纸和人工采集结构信息的阶段，在可视化、智能化、工作效率等诸多方面都还处于较低的层次。许多路线辅助设计系统具有绘制公路透视图的功能，但这些软件所绘制的透视图是平面的线条或线框，不容易更换视角和方位，制作动画困难。从某种意义上讲，线框模型所建立的不是三维模型，是形体的透视投影平面图。

公路三维建模是根据公路的平纵横基本数据以及地形数据等建立公路及其周围地形地物的三维空间模型，反映公路在空间上的立体形状，以及公路与周围地形、地物的位置关系，是一种从视觉上、运动感觉上和时间变化上对公路设计评价提供直观模型的方法。

对于公路三维建模来讲，只要把公路及其地形各部分的表面形状描述出来，不需要每部分的内部结构特征。而且公路及其周围的地形是不规则的形体，数据量大，均要将其分解成一定数量的小空间平面来“拼接”成公路三维模型。这些空间四边形平面的角点坐标，可由路线平面坐标和高程坐标计算来确定。

2.4.5.2 路基模型与地面模型的接合

线路与三维场景的无缝融合、叠加，才能够检验线路方案与周边环境的融合性、和谐性，才能对设计方案给予评价。

在实际的道路工程建设项目中，为保证路面的平滑，当道路面高于地表，则需要用土石材料堆砌，弥补道路面高出地表的部分；当道路面低于地表面时，需要将多余道路面的地表土石挖开，以露出道路面。可见，道路与地形之间会发生一定的相互作用。这种相互作用在道路模型构建时也必须考虑到。

道路是一类比较特殊的地物模型，一方面道路需要与地形相匹配，另一方面其延伸方向上具有很强的自相似特性。人们对道路建模做了大量研究，提出了多种模型结构及建模方法，但并没有完全解决道路建模问题。目前在道路模型构建方面，道路、地形模型通常是通过不同的建模软件生成的或道路模型是在已建好的地形模型上建立的。在建模过程中，用户能够随时浏览建模效果，然后根据效果作适当的修改，使道路和地形的关系在视觉上符合客观规律。但是，由于所建道路模型和地形模型在数据结构和组织方式上有很大差别等原因，使其相互匹配问题仅从视觉的角度得到了解决，并没有在真正意义上实现道路与地形模型之间的无缝接合和相互匹配。同时，因许多建模软件毕竟不是专业的道路设计软件，所建的道路三维模型难以达到工程研究上对道路几何线形的精确性要求及设计技术标准，无法对设计方案进行有效的评价。

因此，道路与地形无缝实时匹配，是对设计方案有效评价的关键。道路边界线往往形成一个或多个任意多边形，实现道路模型与地形无缝接合的总体思路是：先获得道路模型的边界信息，然后利用地形三角网的拓扑关系，依次将道路边界线嵌入到地形三角网中，使得道路边界线成为三角网中三角形的一条边，最后删除道路边界多边形内的地形三角形。最终构建与地形无缝接合的三维道路场景。

详细的构建与真三维工程环境场景无缝接合的道路模型这里不再展开论述，将在后面第 4 章作详细论述。

2.4.6 设计方案智能评价

通过以上，道路线形设计已经完成。但所选定的设计方案是否符合经济性、适用性、安全性等标准，需要对设计方案进行评价。真三维道路设计注重三维道路设计的同时，还将对设计方案的智能评价作为一个重点，进行研究。以下从设计方案的经济费用、环境影响和路线安全三个方面进行评价。

2.4.6.1 设计方案经济费用评价

道路是我国国民经济的基础设施。其在空间上缩短了区间的距离，时间上加快了人类的生活节奏，稠密的现代化道路网是国民经济命脉。道路具有生产周期长、投资大、使用具有完整性和同一性等特点。道路建设以能获得间接经济效益和社会效益为主要目的。因此，在建设过程中，预测和控制道路建设的成本，分析道路使用的时间费用，是很有必要的。

根据道路所在地理位置、道路级别、长度、建筑材料等的不同，道路建设费用也有所不同。主要有以下几个方面的费用：

（1）道路建设土地费用，主要指道路路基用地，道路防护设施用地，道路养护班房等永久性和临时性用地费用。

（2）道路建设路面材料费用，包括石料、石子、砂、沥青、水泥、钢材等的费用。

（3）道路建设的构造物费用，包含桥梁、涵洞等建设费用。

（4）道路建设的人工费用，包括建设过程中的直接人员费用和间接建设人员费用。

（5）道路建设附属设施费用，包含临时通信器材费、防风防雨材料费、路边标志牌用材费及其他费用。

另外，还有道路的行驶费用，又称用户费用，是指出行者为实现空间的位移所需要的费用。本文以行驶时间费用、油耗费用和事故费用这三个指标作为道路行驶费用

的指标。

从上可归纳道路方案经济费用主要为建设费用和用户费用，其中建设费用包括占地费用、土石方费用、构造物建设费用、路基路面建设费用。用户费用包括时间费用、油耗费用、事故费用。以下将依次介绍各个指标费用的计算方法。

1）建设费用

（1）占地费用

道路建设工程要占用大量土地，尤其是高等级道路的建设。道路建设工程的占地分为道路建设工程永久占地和临时占地两种。永久占地是道路建设将土地永久变为道路用地，临时占地是道路路基两侧施工占地，施工完毕后将恢复原貌。

工程永久占地费用（$f_{永久}$）由道路所占面积的赔偿费用（$f_{用地}$）、建筑物拆迁补偿费用（$f_{拆迁}$）、安置补助费用（$f_{安置}$）组成。计算如下：

将不同性质占地数据储存于数据库中，调用数据库中的相关数据，按下式计算：

$$f_{永久}=f_{用地}+f_{拆迁}+f_{安置} \tag{2-49}$$

$$f_{用地}=S_{占地}\times C \tag{2-50}$$

式中：$S_{占地}$——道路占地面积，m^2；

C——单位占地值，元 /m^2。

$$f_{临时}=S_{临时}\times C_{临} \tag{2-51}$$

式中：$S_{临时}$——道路占地面积，m^2；

$C_{临}$——单位占地值，元 /m_2。

$$f_{占地}=f_{永久}+f_{临时} \tag{2-52}$$

（2）土石方费用

由横断面设计章节已经能够统计出设计方案的土石方数量 $V_{填方}$、$V_{挖方}$。则：

$$f_{土石方}=V_{填方}\times C_{填}+V_{挖方}\times C_{挖} \tag{2-53}$$

式中：$C_{填}$、$C_{挖}$——分别为单位填、挖方价位。

（3）构造物建设费用

桥梁和立交是道路工程建设的主要构造物。

桥梁一般分三部分。第一部分主要指承重结构和桥面系；第二部分是桥台、桥墩和基础；第三部分是附属构造物，包括桥头搭板、锥形护坡、护岸、导流工程等。桥梁按大小和作用分类见表 2–7。

立交是利用跨线构造物使道路与道路在不同的高程相互交叉的连接方式，立体交叉是高等级道路必不可少的组成部分。按交通功能可分为分离式立交和互通式立交。

表 2–7　桥梁大小及分类表

桥 梁 分 类	多孔跨径总长 L（m）	单孔跨径 L_0（m）
特大桥	$L \geqslant 500$	$L_0 \geqslant 100$
大桥	$L \geqslant 100$	$L_0 \geqslant 40$
中桥	$30<L<100$	$20 \leqslant L_0<40$
小桥	$8 \leqslant L \leqslant 300$	$5<L_0<20$
涵洞	$L<8$	$L_0<5$

通过从数据库中调用桥梁和立交数据，桥梁建设费用计算公式为：

$$f_B = \sum_{i=1}^{5} K_{Bi} \times n \tag{2-54}$$

式中：K_{Bi}——第 i 种桥梁的建设费用；

n——第 i 种桥的个数。

立交建设费用计算公式为：

$$f_0 = \sum_{i=1}^{2} K_{0i} \times n \tag{2-55}$$

式中：K_{0i}——第 i 种立交形式的建设费用；

n——第 i 种立交的个数。

因此，构造物的建设费用为：

$$f_{构造物} = f_B + f_0 \tag{2-56}$$

（4）路基、路面建设费用

路基、路面是道路的主体部分，道路路基作为一种线形结构，要跨越不同的地貌单元、地层岩组，以及各种不良地段，影响因素多，情况复杂，所以路基、路面的建设费用是影响道路工程经济的主要因素。路面类型有柔性路面、刚性路面、半刚性路面三种。我国使用较多的是沥青混凝土路面和水泥混凝土路面。

路基、路面建设费用计算公式如下：

路面建设费用（f_{lm}）：

$$f_{lm} = K_{lm} \times l \tag{2-57}$$

路基建设费用（f_{lj}）：

$$f_{lj} = K_{lj} \times l \tag{2-58}$$

路基路面建设费用（f_l）：

$$f_l = f_{lm} + f_{lj} \tag{2-59}$$

式中：K_{lm}——单位长度路面的建设费，元 /m；

K_{lj}——单位长度路基的建设费，元 /m。

2）用户费用

（1）时间费用

时间价值大致分两种：①时间的资源价值，即时间被最有效利用时表现出来的社会利益。②时间的行为价值，即通过个别消费者的支付行为表现出来的价值，如为节约时间而选择收费道路。一般情况下，在途车辆的时间价值体现在工作时间价值、非工作时间价值和在途货物时间价值。为预测时间费用，必须先估计工作时间和非工作时间的价值。旅行时间价值被定义为个人愿意为节省单位时间而付出的价钱。上下班时间价值会随着经济社会条件和旅行条件的变化而变化。非工作时间的价值，一般可表示为工作时间价值的线性函数。

一般地，某一段道路的年度工作时间费用计算公式如下：

$$\mathrm{PWTC} = \sum_{i=1}^{k} 365Q_i \times \mathrm{ATS} \times \mathrm{PN}_i \times \mathrm{PPW}_i \times \mathrm{PWUC}_i \tag{2-60}$$

式中：PWTC——该段道路所有车辆一年的工作时间费用，元；

Q_i——i 型车辆的平均日交通量，辆 /d；

ATS——设计路单车平均节省时间，h；

$$\mathrm{ATS} = \frac{S_j - S_{j-1}}{v}$$

S_j——比选 j 设计方案路的长度；

PN_i——i 型车辆的乘客数；

PPW_i——i 型车辆的乘客工作旅行的比例；

PWUC_i——i 型车辆人均工作时间价值，元 /h；

k——车辆类型。

某一路段的年度非工作时间费用计算公式为：

$$\mathrm{PNWTC} = \sum_{i=1}^{k} 365Q_i \times \mathrm{ATS}_i \times PN_i \times (100 - \mathrm{PPW}_i) \times \mathrm{PNWUC}_i \tag{2-61}$$

式中：PNWTC——该路段所有车辆一年的非工作时间费用，元。

货物在途延迟时间价值可用式（2-62）表示，货物时间价值是货物平均价格和银行贷款付息率的函数。物理意义在于，在途时间减少使资金周转加快，由此获得效益。

$$\mathrm{CHUC} = \frac{\mathrm{ACP} \times IR}{HY} \tag{2-62}$$

式中：ACP——货物的平均价格，取 2000 元 /t；

IR——货款付息率，取 8%；

HY=365×24h。

$$\text{CagoHC} = \sum_{i=1}^{k} 365Q_i \times \text{ATS}_i \times \text{ALD}_i \times \text{CHUC} \tag{2-63}$$

式中：CagoHC——某一路段所有车辆一年的货物时间费用，元；

ALD_i——i 型车辆的平均载质重，t；

CHUC——车辆的货物延迟时间价值，元/（h·t）。

则最终时间费用（f_T）为：

$$f_T = \text{PWTC} + \text{PNWTC} = \text{CagoHC} \tag{2-64}$$

（2）油耗费用

对任一道路区间，在给定道路条件、路面状况、交通流量和交通组成的条件下，针对不同车型预测的区间油耗具有非常重要的平均意义，为道路线形设计中工程师提供油耗分布数据，技术人员则可据此对道路线形进行运行速度平顺性分析，提高驾驶舒适性，减少燃料消耗，从而使道路线形在舒适性、安全性和经济性等指标方面得到设计优化。

油耗费用计算公式为：

$$f_F = \sum_{j=1}^{n} K_F \times \frac{\text{UFC}_Z \times l_{直} + \text{UFC}_Q \times l_{曲}}{v} \times N_j \tag{2-65}$$

式中：UFC_Z 和 UFC_Q——分别是直线上和曲线上的油耗率，直线上的油耗率在计算时不考虑曲度阻力；

$l_{直}$和 $l_{曲}$——分别是道路直线段长度和曲线段长度；

N_j——各车型的交通量；

v——车速。

（3）事故费用

随着路网的完善和机动车保有量的逐年增长，交通事故带来的死亡和财产损失不容忽视，交通事故费用是道路使用时期一笔巨大的费用，因此，对交通事故费用进行预测是有必要的。

对交通事故费用预测的关键是对交通事故数量的预测。交通事故是随机事件，受道路各要素状态的制约，还受社会、自然等偶然因素的影响。交通事故偶然性的表面现象，是始终受内部规律所支配的。

对交通事故数量的预测如式：

$$\partial = \text{expo} \times \exp(-0.8544274 + 0.007643H + 0.0613358G) \tag{2-66}$$

式中：expo——百万车公里，也称为公路交通暴露指数，计算公式为：

$$\text{expo} = \frac{\text{ADT} \times 365 \times 5(\text{分析的周期}) \times l \times 1609}{10^6} \tag{2-67}$$

ADT——平均日交通量；

l——分析路线的长度；

H——路段平均百米长度偏角，是一个集计类型的变量，计算公式为：

$$H = \sum_i (WH_i - \text{DEG}_i) \tag{2-68}$$

式中：$WH_i = \frac{l_i}{l}$；

$\text{DEG}_i = \frac{18000}{\overline{n} \times R_i}$；

l_i——路段中第 i 个圆曲线长度；

l——路段长度；

R_i——第 i 个圆曲线的曲线半径；

WH_i——第 i 个圆曲线长度占路段长度的比重；

DEG_i——第 i 个圆曲线平均百米偏角；

$\sum_i WH_i$（路段中直线值视为 DEG_i=0）。

G 为路段平均加权纵坡，也是一个集计类型的变量，其计算式为：

$$G = \frac{\sum_i (G_i \times l_i)}{l} \tag{2-69}$$

式中：G_i——路段中第 i 个坡段的纵坡值；

l_i——第 i 个坡段的长度；

l——路段长度，$l=\sum_i l_i$。

则交通事故费用计算如下：

$$C_c = \sum_{i=1}^{n} C_c(i) + \frac{1}{5}\left[\frac{(1+\rho)^5 - 1}{\rho(1+\rho)_n^5}\right] \sum_{k=1}^{n_k} \left[\frac{1}{(1+\rho)^{5(k-1)}}\right] U_c \tag{2-70}$$

式中，$C_c(i)$ 为曲线的罚值。

$$C_c(i) = \begin{cases} b(R_i - R_{\min}), \forall R_i < R_{\min} \\ 0，否则 \end{cases} \tag{2-71}$$

式中：b——惩罚系数；

R_i——曲线半径；

$R_{\min}$——极限最小半径；

n——设计路线的曲线个数；

n_k——分析时间期限内 5 年的个数；

U_c——平均每个事故的花费（元 / 事故），通过对我国近 10 年的交通事故资料总结之后得出该值为 4365.15 元 / 事故。

根据以上理论，将所需要的各种数据输入到数据库中，利用程序设计，使系统自动提取相关数据，利用上述计算方法，求解各个道路经济指标，并将道路经济评价结果储存或输出出来。系统能够自动地将各种数据进行分类，待需要时只提取相关数据参与经济评价模型的计算。

2.4.6.2 设计方案环境影响评价

生态系统是在一定的空间和时间范围内，在各种生物之间以及生物群落与其无机环境之间，通过能量流动和物质循环而相互作用的一个统一整体。生态系统是生物与环境之间进行能量转换和物质循环的基本功能单位。

当道路建成以后，随着以绿化和生态恢复为主的环保工程的实施，出现了一个新的生态系统。它的范围是公路用地界限之内，宽 50~70m，长数十至数百公里的地带。其中，生物因素包括中央分隔带的植被、边坡植被、护坡道植被、立交区植被和隔离栅植被等。另外，这里栖息了许多小型哺乳和爬行动物、灌丛和枝头的鸟类、农田迁来的害虫、排水沟的两栖类动物等。这就是路域生态系统。

路域生态系统是一个动态的、开放的和具有自动调节功能的“自持系统”。该系统内有机体与外界环境不断地进行物质交换和能量传递，所以要保证足够的生存空间，避免密植引起种间竞争或者疏植影响生态效率。因此，在这种特殊区域下的生态系统的设计和建立一定要遵循生态学的原理。

生态环境质量是指生态环境的优劣程度，它以生态学理论为基础，在特定的时间和空间范围内，从生态系统层次上，反映生态环境对人类生存及社会经济持续发展的适宜程度，是根据人类的具体要求对生态环境的性质及变化状态的结果进行评定。由于人们对生态环境的要求和关注的角度不同，对其本质属性的外部特征与生态环境状态的理解也有所不同。

生态环境质量评价就是根据特定的目的，选择具有代表性、可比性、可操作性的评价指标和方法，对生态环境质量的优劣程度进行定性或定量的分析和判别。生态环境质量评价是一项系统性的研究工作，涉及自然及人文等学科的许多领域，其中生态学、环境科学及资源科学的理论与方法对指导生态环境质量评价具有重要意义。

生态环境的层次性、复杂性和多变性决定了对其质量进行评价的难度。由于不同时期生态系统出现的问题不同，人们对生态系统的认识程度也不同，因此，反映

在人们观念意识中的生态环境质量也就不同，基于此的生态环境质量评价也就不同，它包括很多不同的类型，例如：关注生态问题的生态安全和生态风险评价，关注系统对外界干扰的抗性和稳定性评价，关注生态系统服务功能与价值的生态系统服务功能评价，以及从生态系统健康角度出发的生态健康评价。这导致在生态环境评价过程中所采用的方法也是多种形式的。其中，指数与综合指数评价法是生态环境质量的现状评价中最早使用的、也是最常用的方法。此方法适用于对生态环境质量评价中的单因素评价及多因素综合评价，方法相对比较简单，突出了生态环境质量评价的综合性、层次性、客观性和可比性，是目前最为常用的评价方法之一。但用此方法前必须建立合适的指标体系及评价标准，选取的指标一定要具有可比性。通过评价可将区域生态环境质量进行分级，以便对不同区域、不同时期的生态环境质量进行纵向和横向比较。

指标体系是生态环境质量综合评价的根本条件和理论基础，它的选取将直接影响到评价结果的准确性和可靠性。本书参照《生态环境状况评价技术规范（试行）》中规定的指标来选取评价指标如下：

（1）生物丰度指数

生物丰度指数是评价区域内生物多样性的丰贫程度。生物多样性是生态系统最显著的特征之一。生物丰度决定着生态系统的面貌，是反映生态环境质量最本质的特征之一。

（2）植被覆盖指数

植被覆盖指数是指评价区域林地、草地及农田三种类型面积占评价区域面积的综合比，是生态环境状态的重要表征之一。

（3）水网密度指数

水网密度指数是指评价区域内河流总长度、水域面积和水资源量与评价区域的面积比。水是生态系统物质和能量的重要载体，是生物活动不可缺少的物质，尤其在干旱、半干旱地区，水是生态系统的决定因素。

（4）土地退化指数

土地退化指数是指评价区域内风蚀、水蚀、重力侵蚀、冻融侵蚀和工程侵蚀的面积占评价区域总面积的比重。土地退化是生态系统退化的重要表征之一。

以下分别介绍四个评价指标的分权重和计算方法。

（1）生物丰度指数的分权重和计算方法

生物丰度指数的分权重如表 2-8 所示。

表 2-8　生物丰度指数的分权重表

生物丰度类型	森　林	水　域	草　地	其　他
分权重	0.5	0.3	0.15	0.05
结构类型	雨林 常绿阔叶林 常绿落叶阔叶混交林 落叶阔叶林 针叶林	河流 湖泊 湿地	高覆盖草地 中覆盖草地 低覆盖草地	农田、沙漠等其他类型

计算方法如下：

$$BI = \frac{0.5 \times A_f + 0.3 \times A_w + 0.15 \times A_g + 0.05 \times A_o}{\text{Area}} \tag{2-72}$$

式中：BI——生物丰度指数；

A_f——森林面积；

A_w——水域面积；

A_g——草地面积；

A_o——其他结构类型的面积；

Area——评价区域面积。

（2）植被覆盖指数的分权重及计算方法

植被覆盖指数的分权重如表 2-9 所示。

表 2-9　植被覆盖指数的分权重表

植被覆盖类型	林　地	草　地	农　田
分权重	0.5	0.3	0.2
结构类型	有林地 灌林地 疏林地	高覆盖地 中覆盖地 低覆盖地	水田 旱田

计算方法如下：

$$VI = \frac{0.5 \times A_f + 0.3 \times A_g + 0.2 \times A_{fl}}{\text{Area}} \tag{2-73}$$

式中：VI——植被覆盖指数；

A_f——林地面积；

A_g——草地面积；

A_{fl}——农田面积；

Area——评价区域面积。

（3）水网密度指数的计算方法

计算公式如下：

$$WI = \frac{L_r + A_i + W_q}{\text{Area}} \tag{2-74}$$

式中：WI——水网密度指数；

L_r——河流长度；

A_i——湖库面积；

W_q——水资源量；

Area——评价区域面积。

（4）土地退化指数的分权重及计算方法

土地退化指数的分权重赋值如表 2-10 所示。

表 2-10　土地退化指数分权重表

土地退化类型	轻度侵蚀地	中度侵蚀地	重度侵蚀地
分权重	0.05	0.25	0.7

计算方法如下：

$$LI = \frac{0.05 \times A_{mil} + 0.25 \times A_{mod} + 0.7 \times A_{sev}}{\text{Area}} \tag{2-75}$$

式中：LI——土地退化指数；

A_{mil}——轻度侵蚀地面积；

A_{mod}——中度侵蚀地面积；

A_{sev}——重度侵蚀地面积；

Area——评价区域面积。

本书根据所选定的四个评价指数的计算值，采用如下各指标权重，进行道路域生态环境质量的评价，并根据计算值进行环境质量分级。

各指标权重如表 2-11 所示。

表 2-11　道路域生态环境质量评价指标权重表

指标	生物丰度指数（BI）	植被覆盖指数（VI）	水网密度指数（WI）	土地退化指数（LI）
权重	0.30	0.25	0.25	0.20

生态环境质量评价指数计算方法：

$$\text{EQI}=0.30 \times BI+0.25 \times VI+0.25 \times WI+0.20 \times (1-LI) \tag{2-76}$$

式中：EQI——生态环境质量指数。

根据 EQI 的取值，可将生态环境质量分为五个等级，具体如表 2–12 所示。

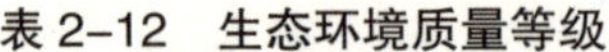

表 2–12 生态环境质量等级

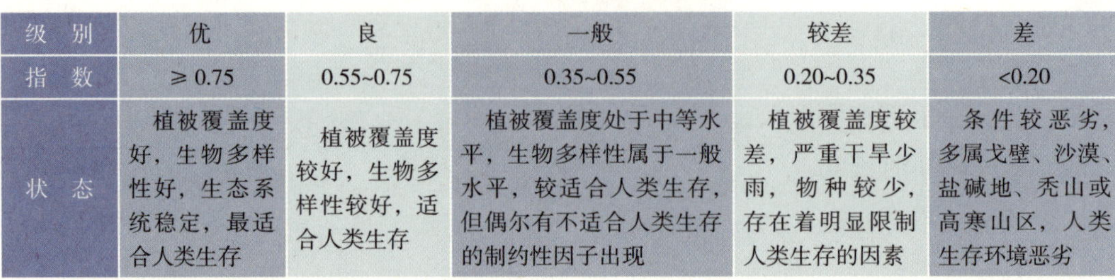

级 别	优	良	一般	较差	差
指 数	≥ 0.75	0.55~0.75	0.35~0.55	0.20~0.35	<0.20
状 态	植被覆盖度好，生物多样性好，生态系统稳定，最适合人类生存	植被覆盖度较好，生物多样性较好，适合人类生存	植被覆盖度处于中等水平，生物多样性属于一般水平，较适合人类生存，但偶尔有不适合人类生存的制约性因子出现	植被覆盖度较差，严重干旱少雨，物种较少，存在着明显限制人类生存的因素	条件较恶劣，多属戈壁、沙漠、盐碱地、秃山或高寒山区，人类生存环境恶劣

在真三维道路设计方法中进行设计方案的环境影响评价时，通过程序设计，首先读入根据以上指标进行过遥感分类的道路域分类结果，然后可以统计出各个地类的面积，从而根据以上理论可对该地域内的生态环境质量指标进行计算，达到设计方案环境影响评价的目的。环境影响评价指标的计算过程均无需人工参与，只需输入遥感分类结果图即可自动计算出环境影响评价指标。

2.4.6.3 设计方案安全性评价

随着我国道路交通运输业的高速发展，交通基础设施日益增多。然而，由此带来的道路安全问题也对人类的生命和财产安全构成了巨大的威胁。值得庆幸的是，我国交通主管部门已经逐步认识到了交通事故的危害性，道路交通安全问题得到了足够的重视。因此，对道路项目建设的全过程进行全方位的安全评价，揭示道路发生事故的潜在危险因素及安全性能，提出相应的改进措施，是很有必要的。

在道路线形安全性评价中，目前经常采用的指标包括运行车速、驾驶员负荷、线形指标差异性等。由于运行车速直接反映了驾驶员对交通、环境条件和交通条件的判断，所以运行车速指标与道路条件具有直接的相关性。同时，该指标也便于观测和分析。

汽车行驶速度是道路线形设计最关键的参数，设计车速确定之后，相应的圆曲线半径、车道宽度、超高、加宽、纵坡、视距、竖曲线半径等设计要素的最低和最高指标便能够确定。一般只要设计指标符合要求，正常条件下，汽车的行驶是安全的。然而，指标均符合规范要求的道路，不一定能有效地保证汽车行驶的安全性。汽车在道路上行驶，驾驶员一般是依据道路的行车条件及车辆本身性能来确定车速，条件允许的情况下，驾驶员总倾向于高速行驶。汽车在指标较高的路段上以远大于设计车速的行驶速度行驶后，当遇到较小指标的曲线时，驾驶员未必能意识到行驶速度过高或当感觉车速过高时已经来不及减速或减速不够时，就会发生交通事故。

与道路设计和交通安全相关的车速主要有三种，即设计车速、运行车速和期望车速。设计车速是指当气候良好，交通密度小，汽车运行只受道路本身条件影响时，中等驾驶技术的驾驶员能保持安全顺适行驶的最大行驶速度。设计车速是决定道路几何形状的基本依据，是道路线形设计中起决定作用的最重要参数。运行车速是一个随机量。在道路上行驶的汽车的运行车速一般呈正态分布。通常用自由交通流状态下的各类小汽车在车速累计分布曲线上第 85 位百分点的车辆行驶速度作为运行车速。即通常在良好的天气、干净潮湿的路面和自由交通流状态下，以各类汽车在车速累计分布曲线上第 85 位百分点的车辆行驶速度作为运行速度（V_{85}）。期望车速是指在行车辆在不受其他车辆约束的条件下，驾驶员所希望达到的最高“安全”车速。期望车速是驾驶员驾车过程中，依据道路条件、车流状况、所驾车辆性能经综合考虑后存在于驾驶员心中的一种目标车速。在实际中，三种车速之间的关系是：驾驶员对道路等级、道路的设计车速并不关心，而是根据实际路段条件，确定相应的运行速度、期望车速，只要道路条件许可，按心目中的期望车速引导在行汽车的运行速度。

评价道路线形安全性的标准有以下三个：

（1）设计一致性

目的是进行设计一致性检验，检验对象是独立的曲线段或单个曲线段。设计车速和运行车速应保持平衡，相差较小，才能保证较好的设计一致性。设计一致性标准检查内容和标准如表 2-13 所示。

表 2-13　设计一致性评价标准

$\|V_{85i}-V_0\|\leq 10km/h$	优良设计：可以保证设计一致性
$10km/h<\|V_{85i}-V_0\|<20km/h$	一般设计：宜采用交通安全设施调整速度；为保证汽车的行驶稳定性，需根据运行速度修改超高值，并检查停车视距
$\|V_{85i}-V_0\|\geq 20km/h$	不良设计：交通事故发生频繁路段，宜重新设计

（2）运行速度一致性

制定该标准的目的是进行速度一致性检查，检查对象是相邻线形要素运行速度的关系是否满足安全行驶的要求。运行速度一致性检查内容和标准如表 2-14 所示。

表 2-14　运行速度一致性评价标准表

$\|V_{85i}-V_{85(i-1)}\|\leq 10km/h$	优良设计：可以保证设计一致性
$10km/h<\|V_{85i}-V_{85(i-1)}\|<20km/h$	一般设计：相邻线形要素之间存在运行速度不一致的情况；通过修改相关参数调整该路段的一致性
$\|V_{85i}-V_{85(i-1)}\|\geq 20km/h$	不良设计：交通事故发生频繁路段，宜重新设计

（3）运动动力学连续性

经过大量的试验证明，增加可利用的摩擦力，可以有效减少交通危害性。在道路设计中，应该注重在轮胎和路面之间提供足够的摩擦力，尤其在平曲线路段内。运动动力学连续性标准目的是检查并保证汽车行驶稳定性。可以通过考虑最大有效横向力系数 f_{RA} 和最大容许横向力系数 f_{RD} 之间的关系，来评价行车的稳定性。该标准的检查内容和标准如表 2–15 所示。

表 2–15 运动动力学连续性检查标准

$f_{RA}-f_{RD} \geqslant 0.01$	优良设计（摩擦力有富余）
$-0.04<f_{RA}-f_{RD}<0.01$	一般设计
$f_{RA}-f_{RD}<-0.04$	不良设计

理论侧向摩阻系数：

$$F_{RA}=0.33-2.69\times10^{-3}V_0+0.84\times10^{-5}V_0^2$$

需要的侧向摩阻系数：

$$F_{RD}=（V_{85}^2/127R）-i_n$$

由以上可知，行车速度的计算是至关重要的。其计算过程如下：

（1）运行速度分析路段划分

根据曲线半径和纵坡坡度的大小将整条路线划分为直线段、纵坡段、平曲线段和弯坡组合段等若干个分析单元。每个单元的起、终点为预测运行速度线形特征点。纵坡坡度小于 3% 的直线段和半径大于 1000m 的大半径曲线作为一个独立计算单元；其余小半径曲线段和纵坡坡度大于 3%、坡长大于 300m 的纵坡路段以及弯坡组合段，作为独立单元分别进行运行速度测算；当直线段位于两小半径曲线段之间，且长度小于临界值 200m 时，则视该直线为短直线，车辆在此路段上的运行速度保持不变。

（2）运行速度 V_{85} 的测算

任意方向第一次运行速度 V_{85} 测算时，首先要推算与设计路段衔接的相邻路段速度，作为本路段的初始运行速度 V_0，然后根据所划分的路段类型，按直线段、平曲线段和长大纵坡路段等分别进行运行速度 V_{85} 的测算。

（3）初始运行速度 V_0

一般可通过调查点的现场观测统计得到。

（4）直线段上的加速过程和稳定运行速度

在平直路段上，当初始运行速度小于期望运行速度时为变加速过程，直至达到稳定的期望车速后匀速行驶。平直路段上的车辆的加速过程，按式（2–77）测算车辆在直线上的运行速度：

$$V_s = \sqrt{V_0^2 + 2a_0 S} \tag{2-77}$$

式中：V_s——直线段上的期望车速，m/s；

V_0——驶出曲线后的运行速度，m/s；

a_0——车辆的加速度，m/s^2；

S——直线段的距离，m。

（5）小半径曲线段上的运行速度

对于平曲线半径小于 1000m 的路段，分别对曲线中部和曲线出口处的运行速度进行预测。根据曲线入口速度 V_{in}、当前路段曲线半径 R_{now} 和前接曲线半径 R_b，预测曲线中部的速度 V_{mid}；然后根据曲线中部速度、当前路段的曲线半径和后继路段的曲线半径 R_f，预测曲线出口处的运行速度 V_{out}。平曲线上的行车速度预测模型见表 2–16。

表 2–16　平曲线上车速预测模型

曲线连接方式		平曲线模型
入口直线—曲线	小客车	$V_{mid}=-24.212+0.834V_{in}+5.729\text{In}R_{now}$
	大货车	$V_{mid}=-9.432+0.963V_{in}+1.522\text{In}R_{now}$
入口曲线—曲线	小客车	$V_{mid}=1.277+0.924V_{in}+6.19\text{In}R_{now}-5.959\text{In}R_b$
	大货车	$V_{mid}=-24.472+0.990V_{in}+3.629\text{In}R_{now}$
出口曲线—直线	小客车	$V_{out}=11.946+0.908V_{mid}$
	大货车	$V_{out}=5.217+0.926V_{mid}$
出口曲线—曲线	小客车	$V_{out}=-11.299+0.936V_{mid}-2.0601\text{In}R_{now}+5.203\text{In}R_f$
	大货车	$V_{out}=5.899+0.925V_{mid}-1.0051\text{In}R_{now}+0.329\text{In}R_f$

（6）纵坡路段

当纵坡坡度大于 3%，坡长大于 300m 时，要对汽车的运行速度进行修正。调整值见表 2–17。

表 2–17　纵坡路段速度调整表

纵坡坡度		速度调整值	
		小客车	大货车
上坡	坡度≤ 4%	降低 5km/h/1000m	按速度折减量与坡长的关系曲线进行调整
	坡度 >4%	降低 8km/h/1000m	
下坡	坡度≤ 4%	增加 10km/h/500m 至期望运行速度	增加 10km/h/500m 至期望运行速度
	坡度 >4%	增加 10km/h/500m 至期望运行速度	增加 15km/h/500m 至期望运行速度

（7）弯坡组合路段

根据曲线前的入口速度、曲线半径和纵坡坡度，可求得弯坡组合线形中点的运行速度 V_{85}。弯坡组合运行速度预测计算方法如表 2–18 所示。

表 2–18　弯坡组合运行速度预测表

曲线连接方式		弯坡组合运行速度预测值
入口直线—曲线	小客车	$V_{mid}=-31.669+0.574V_{in}+11.714\text{In}R_{now}+0.176i_{now1}$
	大货车	$V_{mid}=1.782+0.859V_{in}-0.51i_{now1}+1.196\text{In}R_{now}$
入口曲线—曲线	小客车	$V_{mid}=0.750+0.802V_{in}+2.717\text{In}R_{now}-0.281i_{now1}$
	大货车	$V_{mid}=-1.798+0.977V_{in}+0.248\text{In}R_{now}-0.133i_{now1}+0.23\text{In}R_{b}$
出口曲线—纵坡	小客车	$V_{out}=27.294+0.720V_{mid}-1.444i_{now2}$
	大货车	$V_{out}=13.490+0.797V_{mid}-0.697i_{now2}$
出口曲线—曲线	小客车	$V_{out}=1.819+0.839V_{mid}+1.427\text{In}R_{now}+0.782\text{In}R_{f}-0.48i_{now2}$
	大货车	$V_{out}=26.837+0.830V_{mid}-3.039\text{In}R_{now}+0.109\text{In}R_{f}-0.594i_{now2}$

注：1. 表中 $R\in[120，1000]\cup[2\%，6\%]$。

2. V_{in}、V_{mid}、V_{out} 分别为驶入曲线的速度、曲中或变坡点前的速度、驶出曲线的速度。

3. R_{b}、R_{now}、R_{f} 分别为驶入曲线前的半径、所在曲线的半径、前曲线的半径。

4. i_{now1}、i_{now2} 分别为曲线前后两段的不同坡度。

真三维道路设计方法本身在进行道路设计的时候，已经将道路划分为了不同的路段单元，存储在数据库中。再结合初始速度观测数据，即可进行道路行车速度的预测，从而能够求得道路设计方案安全评价指标，对道路设计方案的安全性进行评价。最终评价结果以表格或图表的形式输出。

通过如上过程，即可在真三维的工程环境中完成真三维道路设计，得到比较优化的道路设计方案。当然，任何的道路设计方法都不是最完美的，都不能一次性得到最终的道路设计方案，都需要根据实际情况作适当的调整，本书所提供的真三维道路设计方法能够得到比较优化的设计方案，在需要调整设计方案的时候，只需将设计方案导入系统中，按照上述方法再次进行参数调整、方案分析评价即可。该方法能够给设计者提供极大的便利。

第3章 真三维场景构建方法

3.1 真三维场景数字化表达方法

真三维场景数字化表达是地形及地表景物的直观图形表达，是人们了解和认识地形地貌的基本工具。常规的地形可视化技术如等高线地形图、剖面图等都是基于二维的。随着遥感技术、计算机可视化技术的飞速发展，使得建立三维实时的交互的仿真地形环境成为可能。

真三维场景数字化是对实际地形地貌的三维的、直观的表达，从原理上讲，属于计算机图形学的一个分支，也是GIS研究的一个主要课题。真三维场景数字化的基础是高精度的DEM和高逼真度的三维显示技术。前者影响地形可视化的精度，而后者影响地形可视化的效果和速度。为了增强真三维场景数字化的信息量和实用性，一般还要在可视化的地形上叠加高清晰正射影像，以反映实际的地表情况。这不仅可以直观准确地表达真实的三维地形，而且能够对地形进行空间分析。

3.1.1 地表三维描述方法

地表现象错综复杂，地物形状各异、关系复杂。就其形成外力来看，可以分为自然地物和人工地物。自然地物是指自然界中由于大自然的运作规律自发形成的地物，例如水系、山脉、树木等。人工地物是指经人类活动改造所形成的地物，如建筑物、道路、桥梁等。尽管地表现象种类繁多、性质各异，但就其形态分布情况来看，地表现象不外乎四种情形：呈点状分布的现象、呈线状分布的现象、呈面状分布的现象、呈体状分布的现象。过去由于技术的原因，人们对这些现象的描述往往采用二维形式，即将地表的各种现象投影到一个二维平面上，并采用特征点坐标、符号或遥感影像的形式进行描述，形成二维地图产品。随着测绘技术和计算机技术的结合与不断发展，地表的描述方法不再局限于以往的模拟形式，而是具有现代特征的数字化产品，如数字线划地图（DLG）、数字栅格地图（DRG）、数字高程模型（DEM）、数字正射影像图（DOM），统称 4D 产品，它们构成了地理信息系统的基础数据框架，是其他空间信息的载体。

数字线划地图是现有地形图上基础地理要素分层存储的矢量数据集，它既包括空间信息也包括属性信息。空间信息是将空间地物直接抽象为点、线、面的实体，用坐标描述它的位置和形状。属性信息包含两方面的含义：第一类属性是它是什么，即它有什么样的特性，划分为地物的哪一类，这种属性一般可以通过判读、考查它的形状和其他空间实体的关系即可确定；第二类属性是实体的详细描述信息，例如，一栋房子的建造年限、房主信息等。数字线划地图可用于建设规划、资源管理、投资环境分析等各个方面以及作为人口、资源、环境、交通、治安等各专业信息系统的空间定位基础。

数字栅格地图是纸质地形图的栅格形式的数字化产品。它是通过一张纸质或其他质地的模拟地形图，由扫描仪扫描生成一维阵列影像，同时对每一系统的灰度（或分色）进行量化，再经二值处理、图形定向、几何校正后形成。该地图可作为背景与其他空间信息相关，用于数据采集、评价与更新，与数字正射影像图、DEM 集成派生出新的可视信息。

DEM 是定义在 x，y 域离散点（规则或不规则）上以高程表达地面起伏形态的数字集合。可制作透明图、断面图，进行工程土石方计算、表面积覆盖面积统计，用于高程有关的地貌形态分析、通视条件分析、洪水淹没区分析等。

数字正射影像图是利用数字高程模型经扫描处理的数字化航空相片或卫星影像数据，逐像元进行投影差改正、镶嵌，按国家基本比例尺地形图图幅范围裁剪生成的数字正射影像数据集。它的信息丰富直观，具有良好的可判读性和可测量性，从中可直接提取自然地理和社会经济信息。

3.1.2　三维建模对象分析

尽管空间现象复杂多样，形态变化各异，但从空间对象几何特征的复杂程度看，可以分为点对象、线对象、面对象和体对象，简称几何对象描述；而从地理对象的空间维度来看，可以分为零维、一维、二维和三维对象，简称维对象描述。几何对象描述与维对象描述之间存在一一对应关系。

零维对象也称点对象。当不考虑实体的形状或当实体面积与其所处的空间相比足够小时，可用点对象来表示实体的位置。例如，当城市、教堂、交叉路口等这些对象在小比例尺地图中的空间扩展缩小为一个点时，它们就是零维对象的实例。零维对象只具有空间位置属性，而没有其他的空间扩展属性。在三维空间中，零维对象通常用坐标对（x，y，z）表示其在现实世界中的位置，它同时用于描述一维、二维、三维对象的节点位置。

一维对象也称线对象。这类对象通常用于表示网状物，如道路、水系等。一维对象通常看成为多段线（Polyline）。多段线定义为线段或边的有限集合，除多段线的两端点仅属于一线段的端点外，每条线段的端点（也称顶点）严格地被两个邻接线段所共享。如果多段线的两端点重合，则该多段线是封闭的；如果多段线不存在相交的边，则为简单多段线；如果多段线与任意一条与直线 L 正交的线的交点只有一个，则该多段线沿 L 方向是单调多段线。一维对象只具有长度这一可度量的空间扩展属性，具有一定的形状。基本的线对象内部不包含环，没有分叉，由一条连接在一起的线段集合组成。

二维对象也称面对象。面对象通常用于描述诸如地块、行政单元等的具有一定面积的实体。多边形是构成面对象的主要的几何类型，多边形是由封闭多段线（也称边界）包围的平面区域。如果多边形的边界为简单多段线，则是简单多边形；如果多边形所有顶点均在任意一条边的同一侧，则该多边形为凸多边形；如果一个简单多边形的边界可以分解成两条单调多段线，则该多边形为单调多边形。二维对象具有面积和周长可度量的空间扩展属性，它的形状可以认为是面的边界，同时它们还具有由内部的面片所构成的形状，面片可以有不同的尺寸和朝向。基本的面对象只包含一个互相连接的面片集合（不存在两部分面片之间不连通的情况），且其内部不相交，不存在多于两个的面片相交于某一共同边界。

三维对象也称体对象。这是三维空间所特有的对象，其可度量的空间扩展属性包括体积、表面积。体对象是由一系列的面对象，根据一定的空间关系构成的封闭区域。表面可以有不连通的部分，即可允许有“洞”存在。体对象可以用多面体（由多个多边形围成的封闭单元）表示，也可用相互连接但互不重叠的规则体元（三维格网单元）或不规则（四面体、似三棱柱体）体元来描述。

3.1.3 三维空间信息获取方法

对地表物体进行三维建模，需要获得它们的几何坐标信息、属性信息以及纹理

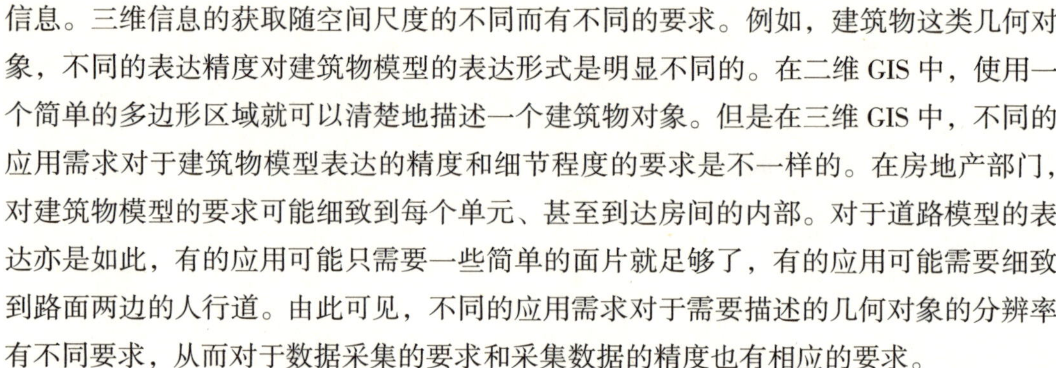

信息。三维信息的获取随空间尺度的不同而有不同的要求。例如，建筑物这类几何对象，不同的表达精度对建筑物模型的表达形式是明显不同的。在二维 GIS 中，使用一个简单的多边形区域就可以清楚地描述一个建筑物对象。但是在三维 GIS 中，不同的应用需求对于建筑物模型表达的精度和细节程度的要求是不一样的。在房地产部门，对建筑物模型的要求可能细致到每个单元、甚至到达房间的内部。对于道路模型的表达亦是如此，有的应用可能只需要一些简单的面片就足够了，有的应用可能需要细致到路面两边的人行道。由此可见，不同的应用需求对于需要描述的几何对象的分辨率有不同要求，从而对于数据采集的要求和采集数据的精度也有相应的要求。

地表三维空间信息获取方法可以分为四大类：传统的地面测量方法、由二维数据向三维数据的转换方法、摄影测量与遥感方法以及目前发展迅速的 LiDAR 测量方法。

1）传统的地面测量方法

传统获取地面目标三维坐标的方法主要是地面测量，如外业地形测量、数字地籍测量等。特别是全站仪和 GPS 的广泛应用，可以获得高精度的坐标信息。采用全站仪进行全野外数字测量时，利用电子手簿、便携机或掌上电脑与全站仪相联，测量结果直接以数字形式存储，不需要经过内业数字化处理。基于载波相位的 GPSRTK 技术实时动态定位，能够实时地提供测站点在指定坐标系中的三维定位结果，并达到厘米级精度。地面测量可以根据需要方便地测量任何地物，其缺点是需要大量的人工操作，数据采集效率不高。

2）二维数据向三维数据的转换方法

对于模拟形式的二维地形图，可以采用地图数字化方式获得其数字形式。例如，采取格网读点法、手扶跟踪数字化、扫描矢量化的方式获得数字线划图，并通过内插生成 DEM。

二维数字地图为地表三维建模与可视化提供了丰富的数据源，二维数字地图中的各种地物要素，如地貌、居民地、道路与附属设施、水系与附属设施、植被等，既有严格、精确的几何图形数据，又有完备的属性数据。所有这些数据为三维模型提供了所需的基础数据。

不同地物类型往往具有不同的几何形态与处理方式。应根据情况将二维 GIS 中的数据按地物类型分别进行批量处理。一般地面上的线状与面状地物，如道路、湖泊等，在二维 GIS 中没有高度信息，转换到三维时其所有高程将从给定的 DEM 内插得到。对于房屋这样的地物，由于不同的数据库往往具有不同的第三维信息，如层数、相对高度或绝对高程。为此，要首先确定高度信息的内涵，对于楼层信息，还需要知道楼层对应的实际高度才能换算到建筑物的实际高度，它主要描述建筑物的顶部，而建筑物的底部高程只能从 DEM 中内插得到。对于道路的处理，可以根据其宽度、等级及有关具体情况来确定是采用紧贴地表还是高出地表的方式来建立道路模型。例如，对乡村道路等低等级的道路可以采用紧贴地表的方式建模，而对于高速公路、国道等高等级的公路则要采取高出地表的方式建模。

3）摄影测量与遥感方法

从二维影像自动重建三维地形表面和地物的几何模型一直是摄影测量与遥感的主要目标。摄影测量方法使得同时获取大量复杂的三维实体模型的几何信息与表面纹理信息的自动化成为可能。随着高分辨率遥感技术和计算机图形图像技术的发展，数字摄影测量被认为是当前最适合用来获取大范围高精度三维实体模型数据的主要技术手段之一。由于摄影测量匹配理论与算法的发展与完善，数字摄影测量工作站在 DEM 生成、正射影像的生成与镶嵌等方面达到了比较高的自动化程度，但在人工识别、分割和三维模型重建方面还存在一些重要的理论问题需要解决，只能采用人机协作的半自动方式进行三维模型重建。为了提高建筑物三维建模精度，采取在二维 GIS 的引导下从影像中提取建筑物三维信息的方法，可以较好地解决诸如建筑物检测分割、特征提取、提供特征匹配近似值等问题。

4）激光雷达（LiDAR）测量方法

LiDAR 是近十几年来快速发展的一种新型测量技术，并逐渐成为三维数据模型获取的一种重要方法。LiDAR 是一个集激光、GPS 和惯性导航系统（INS）三种现代尖端技术于一身的空间测量系统，它能够快速、精确地获取地面三维信息。根据其搭载平台的不同，可分为机载 LiDAR 系统和地面 LiDAR 系统。

机载 LiDAR 是一种安装在飞机上的机载激光探测和测距系统，是一种主动式对地观测系统，可以大范围地直接测量地面物体的三维坐标。机载 LiDAR 传感器发射的激光脉冲能部分地穿透树林遮挡，直接获取高精度三维地表地形数据。在获取点云数据的同时，其附带的高精度 CCD 相机可以获取高清晰影像数据。LiDAR 数据经过相关软件处理后，可以生成高精度的 DEM、等高线图及 DOM，通过将 LiDAR 数据获取的建筑物模型与影像配准，可以得到高精度的三维建筑物模型。该技术在地形测绘、环境检测、三维城市建模、林业、电力等诸多领域具有广阔的发展前景和应用需求。

车载、地面 LiDAR 系统适合局部区域空间信息的获取，可用于城市道路、堤坝、隧道及大型建筑物等复杂三维目标的实时监测与三维重建工作。

LiDAR 测量得到的是三维点云，为实现建筑物的三维重建工作，首要问题是建筑物与地表、植被的分离以及在此基础上的建筑物分割；其次是在建筑物分割的基础上进行建筑物的三维重建工作，基本方法分为数据驱动和模型驱动两种。模型驱动的重建方法需要人工指定模型类别来与点云数据匹配，从而解算模型参数。数据驱动方法是对点云进行 Delaunay 三角剖分，然后用聚集和邻域分析的方法进行屋面检测，并对屋面两两求交找到屋面的交接边，检测属于屋顶的交接边并求解屋顶的外轮廓线，通过轮廓线建立垂直墙体平面，即可获得建筑物的多面体模型。

3.2 三维空间数据模型构建

3.2.1 三维空间数据模型分析

随着 GIS 技术的迅速发展，空间数据模型的研究变得非常迫切。三维空间数据类型和空间关系的复杂性要求对空间数据模型进行详细的分析。本节对现有的空间数据模型进行比较和分析，并分别介绍三维地形及真三维场景景物的构建方法。

3.2.1.1 三维空间数据模型概述

三维空间数据模型可分为体模型、面模型和混合模型三大类。体模型数据侧重于三维空间体的表达，如水体、建筑物等，适于空间操作和分析，但存储空间较大，计算速度较慢；面模型数据结构侧重于三维空间表面的表达，如地形表面、地质层面等，通过表面描述实现三维空间目标表示、边缘显示和数据更新，其不足之处是难以进行空间分析；混合模型数据结构是将两种或两种以上的数据模型加以综合，形成一种具有一体化结构的数据模型。

图 3–1 和图 3–2 分别表示了目前提出的较为典型的单一三维数据模型和混合（含模型集成）三维数据模型。

3.2.1.2 三维空间数据模型构建的影响因素

三维 GIS 中，由于有海量数据（TB 级），数据包含属性数据和空间数据，而且数据关系复杂。同时，三维 GIS 在数据存取和人机交互上都有较高的要求。因此，三维 GIS 对数据库的要求如下：

（1）支持复杂的数据类型（如几何对象，纹理数据，拓扑关系）。三维 GIS 所涉及的数据类型非常复杂，可能是结构化的，也有可能是非结构化的。数据库必须具有一定的灵活性来支持复杂多变的数据类型。

（2）支持复杂的空间操作。在三维 GIS 中，特别是图层叠加、路径的计算、坡度的分析，这些都需要空间数据库的支持。

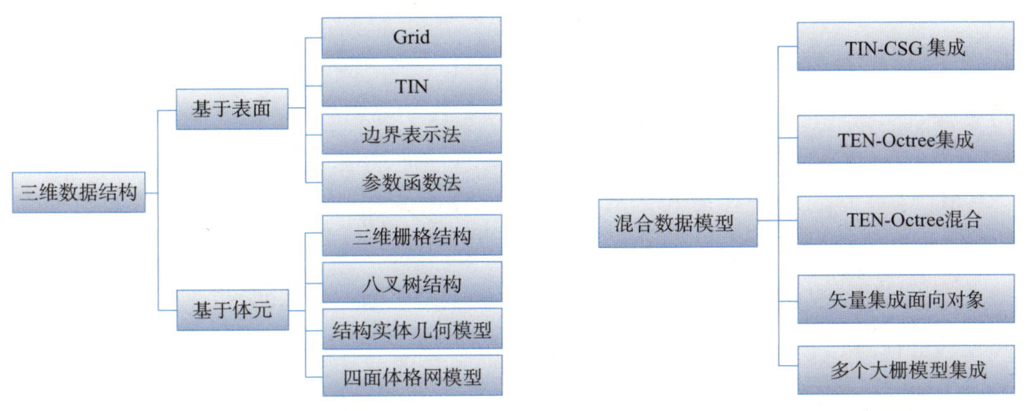

图 3–1　单一三维数据模型　　　　图 3–2　混合三维数据模型

（3）支持空间索引。要求数据库能支持其他类型空间索引，最好的方式就是在复杂的数据库中自定义索引方法，使得一些特殊的空间索引能在数据库内部建立，以提高检索效率。

（4）特殊的查询接口。许多复杂的数据库操作和访问，比如空间查询、多媒体访问等要通过统一的查询接口来实现。

（5）高效的数据存取。数据库应该具有较高的数据存取性能。对不同类型的数据访问应在最短时间内给出响应，返回结果给用户。

（6）支持多用户的存取。解决并发访问控制的问题，在网络环境下支持多用户远程操作。

3.2.2　三维空间数据模型框架

3.2.2.1　面向对象数据模型

由于描述空间对象的几何元素随着空间对象的形态和应用目的的变化而变化，具有明显的非结构特征。为了能有效描述这种非结构性的三维空间对象及其之间的关系，研究者们采用面向对象技术对空间数据模型进行讨论。面向对象数据模型是用面向对象的思想来描述现实世界实体的逻辑组织、联系的数据模型，其核心概念包括以下几方面。

1）对象

在面向对象数据库的设计中，通常将客观世界中的实体抽象成为对象。面向对象的方法中一个基本原则就是“任何东西都是对象”。对象可以定义为对一组信息及其操作的描述。对象之间的相互操作都得通过发送消息和执行消息完成，消息是对象之间的接口。严格地讲，在面向对象模型中，实体的任何属性都必须表示为相应对象中的一个变量和一对消息。变量用来保存属性值，一个消息用来读取属性值，另一个消息则用来更新这个值。

2）对象标识（OID）

OID 与对象的物理存储位置无关，也与数据的描述方式和值无关。OID 是唯一的。在对象创建的瞬间，由系统赋给对象，它在系统内是唯一的，在对象的生存期间，标识是不能改变的。如果要将数据转移到另外一个不同的数据库系统中，则标识符必须进行转化。

3）类

数据库中通常有很多相似的对象。“相似”是指它们响应相同的消息、使用相同的方法，并有相同名称和类型的变量。类是相似对象的集合。类中的每个对象也称为类的实例。一个类中的所有对象共享一个公共的定义，尽管它们对变量所赋予不同的值，面向对象数据模型中类的概念相当于 E-R 图中实体集的概念。

4）继承性

继承性允许不同类的对象共享它们公共部分的结构和特性。继承性可以用超类和子类的层次联系实现。一个子类可以继承某一个超类的结构和特性，这称为“单继承性”；一个子类也可以继承多个超类的结构和特性，这称为“多继承性”。

5）对象包含

不同类的对象之间可能存在着包含关系。包含其他对象的对象称为复合对象。包含关系可以有多层，形成类包含层次图。包含是一种“是一部分”的联系，因此包含与继承是两种不同的数据联系。

在面向对象空间数据模型中，一个空间对象由一个地理实体的空间数据、属性数据和定义在数据上的操作和函数构成。依据 150 对空间数据的抽象数据类型，把三维 GIS 中的空间数据概括为以下几类：三维空间点；多边形线段；圆弧；具有外界边的体对象。在空间数据类型上，定义不同的操作函数和操作，加以封装构成空间对象。任何空间对象都可以通过基本的空间对象继承或聚合而得到。

3.2.2.2 空间拓扑关系

建立空间数据模型的目的是为了能够正确描述空间目标及它们之间的关系，以便有效地进行空间数据组织、空间查询、空间分析与推理。空间关系是指地理实体之间存在的与空间特征有关的关系，如度量关系、方向关系、顺序关系、拓扑关系、相似关系、相关关系等。有些学者认为空间关系主要包括拓扑关系、方位关系和度量关系三种基本类型，其中空间拓扑关系是最重要的空间关系。空间拓扑关系是指空间对象在拓扑变换（旋转、平移、缩放等）下保持不变的空间关系，即拓扑不变量，如空间目标的相邻和连通关系。

在现有众多研究中，拓扑关系的建模方法可以归纳为基于目标的分解方法和整体方法。目前，国际上使用较多的是分解方法，该方法将空间实体分解为几个部分，通过比较实体间各组成部分的交集来描述及判定拓扑关系，该方法最典型的代表是建立在点集拓扑学基础上的 n– 交集模型。基于整体的方法是运用空间目标的整体而不是部分来区分与定义空间关系。例如，利用该方法建立的模型有时态关系模型和空间代数模型。

拓扑关系反映了空间目标的逻辑结构，对空间目标查询、分析和空间目标重建具有十分重要的意义。在二维 GIS 中，描述空间目标之间的空间拓扑关系通常采用拓扑邻接、拓扑关联和拓扑包含三类空间关系，并以拓扑结构表的形式进行描述。例如，节点与节点、弧段与弧段、面与面的拓扑邻接关系，节点与弧段、弧段与面域的拓扑关联关系，面域与面域、面域与弧段、面域与点的拓扑包含关系。在三维 GIS 研究领域，为了描述三维空间目标的拓扑关系，人们往往针对不同的空间构模方法来建立不同的空间拓扑关系。

从上述讨论可以看出，建立和维护基于拓扑关系的 GIS 空间数据结构，其开销是相当大的，并带来了一系列的局限性和问题。例如，拓扑关系的数据组织复杂；拓扑关系的数据生成耗时费力；仅表达了部分空间关系；拓扑数据的动态维护困难。由于空间拓扑关系比较复杂，模型设计时不可能将所有的空间关系都加以考虑，往往只考虑模型组成元素之间的连通关系、邻接关系和包含关系，其他关系可以由这几个关系推演得到。

3.2.2.3 三维空间数据模型总体框架

从面向对象的观点来看，复杂多样的三维空间现象中的不同类地物可以定义为点对象、线对象、面对像、体对象以及由这四种基本对象聚集而成的复杂对象。在设计空间数据模型时，可以将这五种对象分别设计成不同的类，同时根据这五类对象抽象出一个更高层次的父类——空间对象类。空间对象类附加公共属性信息，它的 5 个子类都将继承它的公共属性元素。四类基本对象由不同的几何元素来描述，这些几何元素包括二维格网、三维体元、点、弧段、三角形、四边形、四面体、三棱柱等，以及由这些基本几何元素组成的断面、规则几何体、数字表面模型和数字立体模型等。在同一模型中，矢量数据与栅格数据集成或混合使用有助于发挥其各自的优势，取长补短。面向对象方法以对象为中心，将相同属性特征和操作方法的对象归纳为一个类，类中封装了数据成员和操作方法。面向对象的模型无论是多么复杂的实体，都可以用一个对象来表示，对象之间可以通过对象标识建立联系，它能直接表达一对多的关系，不仅支持变长记录，而且支持对象的集合，是描述三维空间对象的理想模型。综合上述的构模思路，可以设计一个矢量与栅格集成的三维空间数据模型总体框架。

三维空间数据模型总体框架不是具体的模型，它只是一个形式化表示，它综合各种模型的特点，力求考虑并包容各种空间数据模型及其组成元素，正确反映了不同空间数据模型及其组成元素之间的关系。因此，从集合意义上讲，三维空间数据模型总体框架是各种空间数据模型的并集，而实际应用中，一个具体的空间数据模型是它的一个子集。例如，描述地形表面的 TIN 模型所包含的几何元素（例如，点元、线段、三角形、数字表面模型、面对象、影像）全部包含在三维空间数据模型总体框架中。

3.2.3　三维地形构建

3.2.3.1　地形仿真建模

地形仿真建模通常分为基于分形技术的地形生成技术和基于数据拟合的地形生成技术两种。

1）基于分形技术的地形建模技术

基于分形技术的地形建模技术可以用来创建真实感很强的随机地形。随机地形的数据生成用分形几何的算法来实现。由于不规则现象在自然界是普遍存在的，欧式方法难以真实地描述这些物体，而分形几何可以做到，因此，分形几何又称为描述大自然的几何学。分形几何是使用过程而不是方程来对物体建模。分形几何具有无限以及统计自相似性的规律，它用递归算法使复杂的景物可用简单的规则来生成，可以产生任意水平的细节，为我们提供了一个很好的描述一般地面形状的数学模型。由于分形显示自然景物具有非常逼真的特点，自从分形技术产生以来，人们就开始探讨用分形技术来生成三维地形。目前主要的分形地形建模方法有：泊松阶跃法（Poisson Faulting）、傅里叶滤波法（Fourier Filtering）、中点位移法（Midpoint Displacement）、逐次随机增加法（Successive Random Additions，SRA），以及带限噪声积累法（Summing Band Limited Noises，SBLN）等。

（1）泊松阶跃法是将泊松分布用于分数维布朗运动的产物。分数维布朗运动是现

代非线性时序分析中的重要随机过程，它能有效地表达自然界中许多非线性现象，也是迄今为止能够描述真实地形的最好的随机过程。其缺点是算法的时间复杂度高。

（2）傅里叶滤波法是将一个二维的高斯白噪声进行傅里叶变换，在频域将变换结果同一适当的滤波器相乘，然后再将所乘结果进行傅里叶反变换，所得结果具有分数维布朗运动的特征，可以模拟自然地形形态。傅里叶滤波法可以精确地控制所有的频率分量，获得任意凹凸起伏、坡势变化的分形地表。其缺点是形成的地表具有周期性特征，且算法的时间复杂度高，缺少细节的局部控制以及难以改变采样的精细程度。

（3）中点位移法是标准的分形几何法，它是利用细分过程中，在两个点或多个点之间进行插值的方法来进行三维地形建模。中点位移法具有速度快、可为已有形状增加细节的优点，是一种有用的面向应用的分形算法，但缺点是存在“折痕问题”，即因为不同细分阶段产生的点在相邻区域中有不同的统计特性，导致明显折痕的产生，并且即便添加入更多的细节，轨迹也不会消失。

（4）逐次随机增加法是一种更为灵活的分形算法，它通过随机变量控制的方式筛选使用上一级细分过程确定的点，加入到下一轮分形地表生成中。其算法时间复杂度依赖于最终的分辨率和地表的复杂程度。

（5）带限噪声积累法是一种基于函数的建模方法。它是将频率范围受到严格限制的信号反复叠加，其中每一个信号的幅度是随机变化的，即噪声，因此这种方法也称噪声合成法。带限噪声累积法中每个点的确定独立于它的所有邻接点，这与其他的随机分形算法不同。

2）基于数据拟合的地形建模技术

基于数据拟合进行地形数据生成技术是一种传统的地形生成方法，它利用常用的一些参数曲面（如二次曲面、三次曲面、样条曲面等），通过插值、曲面拟合来生成所需要的三维地形。因传统的数据拟合多是基于欧几里德几何，欧几里德几何所描述的物体具有光滑的表面和规则的形状，其物体的形状可由方程来描述。而地形的不规则和复杂性，导致在生成复杂场景时，计算量较大，且要涉及复杂的曲面拼接处理，得到的地形真实感效果通常不能令人满意。对此，研究者采用分形技术对上述方法生成的光滑平面或曲面进行噪声扰动，制造出具有较强真实感的地形表面。后来，又出现了用小波技术进行地形数据拟合的算法。在传统地形数据拟合方法的基础上，一些研究者提出根据地形特征参数来进行地形生成的方法。可用的地形特征参数包括平均高程、高程标准差、最大 / 最小高程及其位置、相关长度、地形粗糙度等。该方法首先利用给定的地形参数，通过模拟符合地形统计特征的随机过程，形成一定数量用来表示地形骨架的特征点，再进行一定的处理，统一为用规则格网分布形式表示的地形整体骨架。然后利用分形技术中的中点位移法产生地形局部细节，从而生成与某个真实地形非常相似的仿真地形场景。这是一种用少量数据仿真真实地形的有效方法，也是分形技术应用于真实地形景观生成的又一个重要研究方向。

3.2.3.2 真实数据地形建模

真实数据地形建模是根据真实地形数据进行地形生成。它是实际工作中使用最多的一类，目前大多采用数字地面模型（Digital Terrain Model，DEM）来生成。DTM 是对地面特征属性的一种数字表达，它描述了在二维区域上地面特征空间分布及关联信息的一个有限 n 维矢量序列 $\{X,\ Y,\ A_1,\ A_2,\ \cdots,\ A_t\}$，其中，$X$，$Y$ 是二维区域上的位置参数，A_1，A_2，…，A_t 是与位置关联的地面特征信息，诸如高度、坡度、坡向、植被、水系、交通、地名、重力常数等重要的地理要素。若只考虑 DTM 的地形分量时，则称为数字高程模型（DEM）。对于数字高程模型的描述，国内外的学者进行了大量和广泛的研究，通常有等高线模型、规则格网模型（GRID），以及不规则三角网模型等。但在三维地形表达中，用得最多的则是后两种。

1）规则格网建模技术

基于规则格网模型一般采用一定大小的格网来描述地形，其具有结构简单，数据存储量小，方便计算机处理，易于进行各类基于地形的空间分析（如计算等高线、坡度、坡向、山坡阴影，以及流域地形自动提取）等优点；其缺点是对于描述一些特征类地物，不能够很好地表达如山脊线、城市地形中的水系、道路网等模型。此外，该技术还存在数据冗余问题，尤其在地势起伏不大的地区，数据冗余量较大。

从离散点生成规则格网一般采用逐点内插的方法，其基本原理是以待插点为中心，定义一个局部函数来拟合周围的数据点（参考点），数据点的范围随待插点的位置变化而变化。目前，格网节点的坐标可以通过移动曲面拟合法、距离加权法、有限元内插法等多种方法得到。下面以移动曲面拟合法内插格网节点的原理进行介绍。

对于移动曲面拟合法而言，具体实施思路：对每个待插点，可选取其邻近的 n 个参考点来拟合一个多项式曲面，一般选用的形式为：

$$M=AX^2+BXY+CY^2+DX+EY+F \tag{3-1}$$

式中：X、Y——各参考点坐标值；

M——属性值；

A、B、C、D、E、F——待定参数，它们的确定可以通过 n 个参考点进行最小二乘法求解。

移动拟合法有两个关键问题，一是如何确定待插点的最小邻域范围以保证有足够的参考点，二是如何确定各参考点的权重。邻近点选择一般考虑范围和点数这两个因素，即考虑采用多大面积范围内的参考点来计算待插点的数值和选择多少参考点参加计算。为了保证求解二次曲面方程，即解算出式（3–1）的6个待定参数，选择的参考点数至少为6，但是点数太多也不好，会影响内插精度。可以采用动态圆半径方法解决这个问题，它的思路是从数据点的平均密度出发，确定圆内数据点（平均可取10），以解求圆的半径 R。

2）不规则格网建模技术

不规则三角网模型能够充分表达地形的结构特征和细部信息，具有可变分辨率，TIN既能很好地按地形特征如山脊、山谷线、地形变化线等表示数字高程特征，又能避免地形平坦时的数据冗余，对地形的描述具有很好的合理性。从三维地形的显示速度来看，不规则三角网较有优势，因为大部分三维显示设备的显示速度只与三角形的数量有关，几乎与三角形的大小无关，而且格网地形简化到TIN地形后，还使图元的数量大大减少，这样也可以显著提高显示的速度。但TIN不仅要存储每个点的高程，还要存储其平面坐标、三角形之间的邻接关系等，因此，它具有拓扑关系复杂，数据存储量大，占用内存多，不便于进行相关地形分析等缺点。

不规则格网建模技术可以采用Delaunay三角网、约束Delaunay三角网构建方法，并采用点集分块索引技术提高构网速度。

3.2.4 真三维场景景物构建

大范围的地形场景可以概览地形的全貌，而地形上精细分辨率的场景则可以直观地展现小范围内实际的场景。这对交通规划、城市景观仿真、测绘与土地管理、房地产展示等需要三维可视化的领域有十分重要的意义。

场景中的景物大体可以分为五类：天空、大地、建筑物、车辆、树木。因此，地形上真三维场景的创建也应围绕这五类景物来进行。

1）天空和大地

天空和大地属于场景中的背景，在场景的建模中不可避免地需要对其进行建模。由于天空和大地的多样性和可变性，其绘制模型一般也较复杂。所以就需要采取措施降低它们的复杂度，同时不能引起太大的失真。研究中对这两类背景模型的建模原则是在不影响视觉效果的情况下尽量简化，减少数据量。因此，天空和大地模型的建立采用环境映射（Environment maps）技术。它是采用纹理图像来表示物体的表面效果和透视效

果，即组成“方盒”空间，通过六个面的天空纹理贴图建立一个包围整个场景空间的“方盒”来模拟真实环境，这一技术在虚拟现实中也称为全景图（Panorama）技术。

2）建筑物、车辆

建筑物和车辆为真三维场景中的主体内容，它们建模的逼真程度直接体现了虚拟真三维场景的视觉效果，因此建筑物和车辆的建模力求尽量逼近实物。在追求真实的同时，仍要控制模型细节面片的数量，使模型数据量控制在允许范围内。建筑物的几何模型，使用常规的三维辅助建模软件即可生成，在创建的过程中尽量使用立方体、球体、圆锥等规则几何体来模拟实际的物体，以减少所建模型的数据量。由于模型简化所造成的细节失真，则可通过在模型表面采用纹理映射贴图来弥补，而且这样可使造型更具真实感。

3）树木、行人

地表上的树木和置身于场景中的行人是场景的重要组成部分，对整个场景的逼真显示有非常重要的意义，需仔细考虑。众所周知，树木和人类的形体异常复杂、繁琐，精细面片极多。用纯几何的模型会有复杂度过高的问题，以树木为例来说，对于一个较精细的树木的几何模型，其至少由 2 万多个多边形组成，这样，如果场景中有 30 棵树，就会有 60 万以上的多边形需要绘制，这显然是不符合实际应用要求的，将给网络传输和浏览器显示造成极大的困难。

为了既不损失树木和行人的逼真度，又达到实际传输和显示的要求，研究中采用“公告板（Billboard）”思想实现树木和行人的绘制。“公告板”思想是增加图形真实感和提高显示速度的一种常用手段。

所谓“公告板”思想，就是在实时的计算机图形计算中，用简化的模型（多边形数目少）加上适当的纹理来表现复杂的物体。它的本质就是用二维物体来代替三维物体，极大地节省资源和提高速度。在本研究中，使用树木、行人的二维清晰贴图代替三维模型，实现时使这个二维贴图的法向量永远平行于视线，即不论浏览者怎样旋转、行走，当注视树木或行人时，树木、行人都正对视线，这样，二维的图片就能产生三维的视觉效果。

3.3 真三维场景可视化

3.3.1 可视化流程介绍

从 DEM 到地形的三维可视化显示，需要经过以下几个步骤：

（1）DEM 的三角形分割。

（2）透视投影变换。即建立地面点与三维图像点之间的透视关系，由视点、视角、三维图形大小等参数确定。

（3）光照模型。建立一种能逼真反映地形表面明暗、彩色变化的数学模型，逐个计算每个像素的灰度和颜色。

（4）消隐和裁剪。消去三维图形不可见部分，裁剪掉三维图形范围之外的部分。

（5）图形绘制和存储。依据各种相应的算法绘制并显示各种类型的三维地形图，若需要则按标准的图形图像文件存储。

（6）纹理映射。在三维地形图上，叠加各种地物符号、注记，并进行颜色、亮度、对比度等处理。

基于视点的细节层次（Level-of-Detail，LOD）控制技术和基于内外存调度（Out-of-Core）的数据控制策略在大规模数据处理和实时交互浏览中得到了广泛应用。就海量点云实时交互绘制系统而言，其一般框架主要由两个基本部分组成：预处理和实时绘制。在预处理阶段，首先需要对场景中的大规模点云数据进行空间划分，生成多分辨率层次模型，然后将其存入磁盘。在实时绘制阶段，根据场景情况（视点位置、视场角大小以及绘制帧速等），将需要绘制的点云数据动态调入到内存中，并对场景进行可见性裁剪，快速剔除掉必然不可见的元素；然后根据当前的显示要求选择适当的 LOD 模型，将其送入图形绘制管线进行绘制。具体如图 3-3 所示。

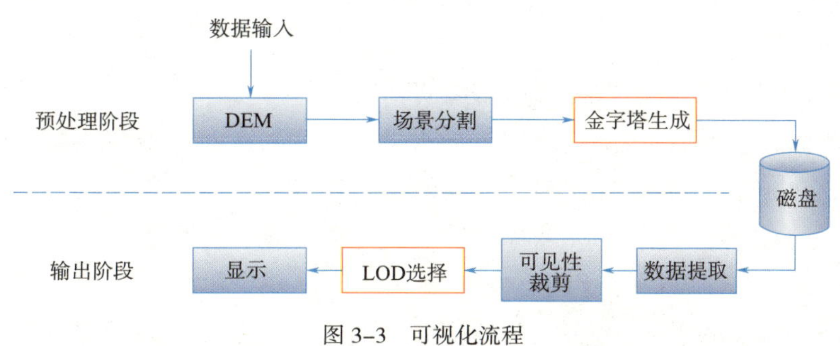

图 3-3　可视化流程

3.3.2　透视投影变换

利用计算机恢复地形三维表面，需要将 DEM 从其坐标系变换到屏幕坐标系，这其中涉及一系列坐标系的转换。假设 DEM 中任意一点 M 在地面坐标系中的坐标为（X_M，Y_M，Z_M），M 在投影平面上 P 点的像点坐标为 m，视点 S 在地面坐标系中的坐标

(X_S, Y_S, Z_S)，投影平面与地面坐标系的平面间的夹角 α，地面坐标系中的坐标轴 X 轴与投影坐标系的 X 轴之间的夹角为 θ，则 m 点在投影坐标系中的坐标 (x_m, y_m) 的计算公式为：

$$\left.\begin{aligned} x_m &= \frac{(X_M - X_S)\cos\theta - (Y_M - Y_S)\sin\theta}{-(X_M - X_S)\sin\theta\sin\alpha - (Y_M - Y_S)\cos\theta\sin\alpha + (Z_M - Z_S)\cos\alpha} \\ y_m &= \frac{(X_M - X_S)\cos\alpha\sin\theta + (Y_M - Y_S)\cos\theta\cos\alpha + (Z_M - Z_S)\sin\alpha}{-(X_M - X_S)\sin\theta\sin\alpha - (Y_M - Y_S)\cos\theta\sin\alpha + (Z_M - Z_S)\cos\alpha} \end{aligned}\right\} \tag{3-2}$$

考虑到屏幕坐标系的特点和值域，还要将像点 m 的坐标 (x_m, y_m) 进行平面相似变换，最后转换为屏幕坐标：

$$\begin{bmatrix} x_c \\ y_c \end{bmatrix} = \begin{bmatrix} \lambda_x & 0 \\ 0 & \lambda_y \end{bmatrix} \begin{bmatrix} x_m \\ y_m \end{bmatrix} + \begin{bmatrix} x_0 \\ y_0 \end{bmatrix} \tag{3-3}$$

式中，(λ_x, λ_y) 和 (x_0, y_0) 是依屏幕尺寸和坐标系计算出来的比例系数和平移量。

一般情况下，在三维环境下进行显示，可通过对可视化参数的调整来获取不同条件下的观察效果，以全方位地观察研究对象。这些参数包括：

（1）观察方位角：即观察方向，是观察者对地面的方向，变化范围是从北方向开始按顺时针旋转，值域从 0°~360°。

（2）观察高度角：是观察者所在高度与地平面的夹角，值域在 0°~90° 之间。观察角度为 90° 时，意味着从正上方观察地面，而观察角度为 0° 时，意味着从正前方观察地面。因此，当观察角度为 0° 时的三维效果达到最好，而观察角度为 90° 时的三维效果最差。

（3）观察距离：是观察者与地形表面的距离。

（4）垂直放大因子：当垂直比例尺与水平比例尺一致时，微观地貌很难显现。为了突现小地形特征，一般要将高程放大一定的倍数。

3.3.3 消隐和裁剪处理

消隐和裁剪问题是三维可视化构建道路与地面无缝接合模型的重要问题。下面将具体介绍。

1）消隐

为增强模型的真实感，消除多义性，在显示过程中一般要消除三维模型中被遮挡的部分，如图 3-4 所示，这个过程就叫做消隐。消隐技术包括线的消隐和面的消隐两类。

下面介绍常见的消隐算法。消隐算法按其实现方式可分为图像空间消隐算法和景物空间消隐算法两大类。图像空间（屏幕坐标系）消隐算法以屏幕像素为采样单位，确定投影于每一像素的可见景物表面区域，并将其颜色作为该像素的显示颜色。景物空间消隐算法直接在景物空间（观察坐标系）中确定视点不可见的表面区域，并将它们表达成同原表面一致的数据结构。图像空间消隐算法有深度缓存器算法、A缓存器算法、区间扫描线算法等；景物空间消隐算法则包含BSP算法、多边形区域排序算法等；介于二者之间的有深度排序算法、区域细分算法、光线投射算法等。

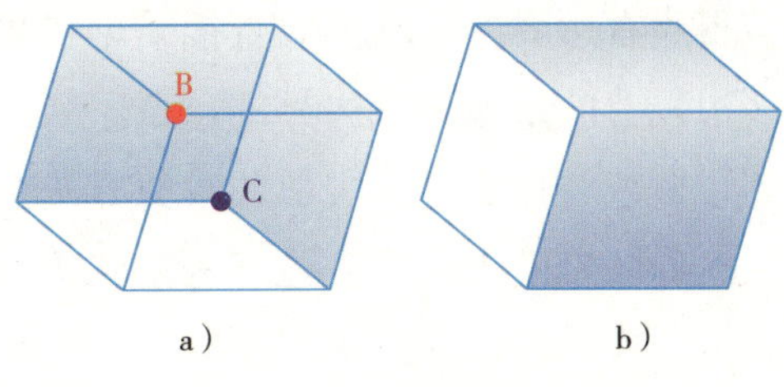

图3-4　三维图形消隐

2）裁剪

在三维场景可视化时，往往计算机存储的全部图形比较大，但是屏幕显示的只是图形的一部分，或者需要通过缩放技术来实现图形的全部显示，但是这时候，图形中的一些细节看不到。所以，在三维可视化时，必须实时计算哪部分细节需要显示，哪部分细节可以忽略，即哪些部分落在显示区外，哪些部分落在显示区内，这个选择的过程就叫做裁剪。

裁剪技术是计算机图形处理的基本问题之一，其核心问题是通过裁剪边界和被裁剪对象进行求交，裁剪掉位于裁剪边界外的图形，而保留位于裁剪边界内的图形。裁剪边界通常是矩形窗口，也可以是任意的多边形。被裁剪的对象包括点、线段、多边形、字符等。裁剪算法是计算机图形处理中一个非常活跃的分支，不断有新的算法出现。裁剪的实质是判断一个图形元素是否落在窗口区域之内，如落在区域之内，则进一步求出位于区域内的部分。因此，裁剪算法应包含两个方面：一是图形元素在窗口区域内外的判别；二是图形元素与窗口的求交。在以下介绍的裁剪算法中，除特殊说明外，均假设窗口是标准矩形，即边与坐标轴平行的矩形，由上下左右四条边描述。

裁剪的目的是判断图形细节元素是否在所要求的区域内，如在区域内，则进一步求出线段在区域内的哪一部分。因此，点在区域外的判断以及图形细节元素与区域边界的求交计算是裁剪的两个基础。

对点的裁剪通过判断其可见性，即是否在窗口内来实现。

直线段裁剪算法是复杂图元裁剪的基础。复杂的曲线可以通过折线段来近似，从而裁剪问题也可以化为直线段的裁剪问题。因此，对于直线段的裁剪算法，尽管直线段与窗口的关系相对来说比较简单，但却十分重要。要确定一条直线段上位于窗口内的可见段，只需求出它的两个位于窗口内的可见端点即可。对线段的裁剪，常采用编码裁剪算法、矢量裁剪算法和中点分割裁剪算法等。

多边形的裁剪算法，假定直接用上述介绍的直线段裁剪算法对多边形的每条边进行裁剪，会得到下面的情况：①裁剪前即得到一系列不连续的直线段。而实际上，应该得到有边界的区域。②直接采用直线段多边形裁剪算法的输出应该是定义裁剪后的多边裁剪的结果形成边界的顶点序列。于是，需要构造能产生一个或多个封闭区域的多边形裁剪算法。多边形的裁剪方法主要有逐边裁剪法、双边裁剪法、凸包矩形判别法、分区判断求交法、边界分割法等。常见的裁剪算法有 Sutherland–Hodgeman 算法、Weiler–Atherton 算法等。

Sutherland–Hodgeman 算法的基本思想是：将多边形边界作为一个整体，每次用窗口的一条边界对要裁剪的多边形进行裁剪。每次裁剪时把落在窗口外部区域（不可见侧）的图形去掉，只保留落在窗口内部区域（可见侧）的图形，并把它作为下一次裁剪的多边形。依次用窗口的四条边界（按任何顺序均可，这里采用左、下、右、上的顺序）对要裁剪的多边形进行裁剪，则原始多边形即被裁剪完毕。

当多边形一个顶点 P_i 相对于窗口某条边界及其延长线进行剪裁时，不外乎下列四种情况（即裁剪规则）：

（1）顶点 P_i 在内侧，前一顶点 P_{i-1} 也在内侧，则将 P_i 纳入新的顶点序列。

（2）顶点 P_i 在内侧，前一顶点 P_{i-1} 在外侧，则先求交点 Q，再将 Q、P_i 依次纳入新的顶点序列。

（3）顶点 P_i 在外侧，前一顶点 P_{i-1} 在内侧，则先求交点 Q，再将 Q 纳入新的顶点序列。

（4）顶点 P_i 与前一顶点 P_{i-1} 均在外侧，则顶点序列中不增加新的顶点。

Sutherland–Hodgman 多边形裁剪算法步骤：

（1）从主函数得到待裁剪多边形的顶点序列、顶点序列数、窗口一条边界参数 x_1（假如为矩形窗口的左边界）。

（2）赋初值：将顶点序列中的最后一个顶点赋给前一顶点 S；设置初始标志 flag，如果 S 在边界内侧，则 flag=0，否则，flag=1。设新的顶点序列数 j=0。

（3）对多边形各顶点进行裁剪规则处理，结果放入新的多边形顶点序列 Q[][2] 中，对第一个顶点直到最后一个顶点，逐一处理。

（4）做返回准备：将新的多边形顶点序列 Q 又逐一放回原多边形顶点序列 P 中：P=Q；将新的多边形顶点数 j 放回原多边形顶点数 n 中：n=j。

Weiler-Atherton 任意多边形裁剪算法的基本思想是：假设被裁剪多边形和裁剪窗口的顶点序列都按顺时针方向排列。当两个多边形相交时，交点必然成对出现，其中一个是从被裁剪多边形进入裁剪窗口的交点，称为“入点”，另一个是从被裁剪多边形离开裁剪窗口的交点，称为“出点”。算法从被裁剪多边形的一个入点开始，碰到入点，沿着被裁剪多边形按顺时针方向搜集顶点序列；而当遇到出点时，则沿着裁剪窗口按顺时针方向搜集顶点序列。

按上述规则，如此交替地沿着两个多边形的边线行进，直到回到起始点。这时，收集到的全部顶点序列就是裁剪所得的一个多边形。由于可能存在分裂的多边形，因此算法要考虑：将搜集过的入点的入点记号删去，以免重复跟踪。将所有的入点搜集完毕后，算法结束。

Weiler-Atherton 任意多边形裁剪算法步骤：

（1）顺时针输入被裁剪多边形顶点序列Ⅰ，放入数组 1 中。

（2）顺时针输入裁剪窗口顶点序列Ⅱ，放入数组 2 中。

（3）求出被裁剪多边形和裁剪窗口相交的所有交点，并给每个交点打上“入”、“出”标记，然后将交点按顺序插入序列Ⅰ，得到新的顶点序列Ⅲ，并放入数组 3 中；同样也将交点按顺序插入序列Ⅱ，得到新的顶点序列Ⅳ，放入数组 4 中。

（4）初始化输出数组 Q，令数组 Q 为空。接着从数组 3 中寻找“入”点。如果“入”点没找到，程序结束。

（5）如果找到“入”点，则将“入”点放入 S 中暂存。

（6）将“入”点录入到输出数组 Q 中，并从数组 3 中将该“入”点的“入”点标记删去。

（7）沿数组 3 顺序取顶点，如果顶点不是“出点”，则将顶点录入到输出数组 Q 中，流程转第（4）步。否则，流程转第（8）步。

（8）沿数组 4 顺序取顶点，如果顶点不是“入点”，则将顶点录入到输出数组 Q 中，流程转第（5）步。否则，流程转第（9）步。

（9）如果顶点不等于起始点 S，流程转第（6）步，继续跟踪数组 3。否则，将数组 Q 输出。

流程转第（4）步，寻找可能存在的分裂多边形。

算法在第（4）步：满足“入”点没找到的条件时，算法结束。

Weiler-Atherton 多边形裁剪算法与 Sutherland-Hodgeman 算法相比，Sutherland-Hodgeman 算法解决了裁剪窗口为凸多边形区域的问题，但一些应用需要涉及任意多

边形窗口的裁剪，而 Weiler-Atherton 多边形裁剪算法可以实现裁剪窗口、被裁剪多边形是任意多边形：凸的、凹的（内角大于 180° ）、甚至是带有内环的（子区）多边形；Weiler-Atherton 多边形裁剪算法可实现被裁剪多边形相对裁剪窗口的内裁或外裁，即保留窗口内的图形或保留窗口外的图形，因此在三维消隐中可以用来解决物体表面间的相互遮挡关系；Weiler-Atherton 多边形裁剪算法，裁剪思想新颖，方法简洁，裁剪一次完成，与裁剪窗口的边数无关。

3.3.4 纹理映射

3.3.4.1 纹理映射概述

纹理映射（Texture Mapping）是将纹理空间中的纹理像素映射到屏幕空间中的像素的过程。在三维图形中，纹理映射（Texture Mapping）的方法运用得最广，尤其适于描述具有真实感的物体。比如绘制一面砖墙，就可以使用一幅具有真实感的图像或者照片作为纹理贴到一个矩形上，这样，一面逼真的砖墙就画好了。如果不用纹理映射的方法，这面墙上的每一块砖都要作为一个独立的多边形来绘制。另外，纹理映射能够保证在变换多边形时，多边形上的纹理也会随之变化。例如，用透视投影模式观察墙面时，离视点远的墙壁的砖块的尺寸就会缩小，而离视点近的就会大些，这些是符合视觉规律的。此外，纹理映射也被用在其他一些领域。如飞行仿真中常把一大片植被的图像映射到一些大多边形上用以表示地面，或者用大理石、木材等自然物质的图像作为纹理映射到多边形上表示相应的物体。

纹理映射是真实感图像制作的一个重要部分，运用它可以方便地制作出极具真实感的图形，而不必花过多时间来考虑物体的表面细节。然而，纹理加载的过程可能会影响程序运行速度，当纹理图像非常大时，这种情况尤为明显。如何妥善地管理纹理，减少不必要的开销，是系统优化时必须考虑的一个问题。OpenGL 提供了纹理对象管理技术来解决上述问题。与显示列表一样，纹理对象通过一个单独的数字来标识。这允许 OpenGL 硬件能够在内存中保存多个纹理，而不是每次使用的时候再加载它们，从而减少了运算量，提高了速度。

使用纹理对象的步骤如下：

第一步：定义纹理对象；

第二步：生成纹理对象数组；

第三步：通过使用 glBindTexture 选择纹理对象，来完成该纹理对象的定义；

第四步：在绘制景物之前，通过 glBindTexture 为该景物加载相应的纹理；

第五步：在程序结束之前调用 glDeleteTextures 删除纹理对象。

这样就完成了全部纹理对象的管理和使用。

根据纹理空间和屏幕空间之间的映射方式，将纹理映射分为三类，即正向纹理映射、反向纹理映射和两步纹理映射。

1）正向纹理映射

正向纹理映射是从纹理空间到屏幕空间方向的映射，即将在纹理空间中预先定义的二维纹理映射到屏幕的像素上。正向纹理映射也称纹理扫描方法，实际上是将纹理空间中定义的二维纹理函数，经映射函数映射到物体空间中的三维物体表面，再经投影变换投影到图像空间。

从数学的观点来看，映射可用公式来描述：

$$\begin{aligned} &F: R^2 \rightarrow R^3 \\ &(x,\ y,\ z) = F(u,\ v) \end{aligned} \tag{3-4}$$

从上式可知，在正向纹理映射中，对纹理空间中的每条扫描线经过二维到三维的变换和三维到二维的投影后，不能保证纹理像素和屏幕像素间的一一对应关系，故屏幕上有些像素可能因为没有纹理与之对应而产生空洞，或者多条纹理在一处重叠而造成混叠，使图形呈现严重扭曲。因此，正向纹理映射很少被采用。但是，在正向纹理映射算法中，对纹理元素的处理是按顺序进行的，因而可以将纹理图像文件存储在外部设备上，在使用时按顺序读取，可节省存储空间。由于按顺序的访问纹理缓存而使速度较快。如采用的是仿射参数化方法并用平行投影，则纹理像素与屏幕像素是一一对应关系，这时采用正向纹理映射方法可充分利用内存中顺序存储的纹理像素来加快图形生成速度。

2）反向纹理映射

在反向纹理映射中，按屏幕扫描线顺序访问图像元素，对纹理图案进行随机采样，需要动态地存储图案，以提高纹理采样速度。

反向纹理映射的算法可表示为：

$$\begin{aligned} &F: R^2 \rightarrow R^3 \\ &(u,\ v) = F^{-1}(x,\ y,\ z) \\ &S: (u,\ v) \rightarrow (x',\ y',\ z') \\ &O: (x',\ y',\ z') \rightarrow (x,\ y,\ z) \end{aligned} \tag{3-5}$$

式中，$(u,\ v)$，$(x,\ y,\ z)$ 分别为纹理空间和物体空间中对应点的坐标值。

反向纹理映射的映射函数是正向纹理映射函数的反函数，这种方法是纹理映射中最常用的方法。由于反向纹理映射是按屏幕扫描线顺序进行处理的，容易采用传统的

显示算法（如扫描线算法、光线跟踪算法等），并且能有效地实现图形混淆，因此已被广泛采用。

3）两步纹理映射

两步纹理映射将图案映射到一个形状比较简单的中间曲面上，然后通过一定的映射方式找到中间曲面和物体表面上点的对应关系，将纹理图案由中间曲面映射到物体表面。

首先，将二维纹理映射到一个简单的三维物体表面，如平面、球面、圆柱面和立方体表面，采用不同的中间映射媒体生成的纹理效果是不同的，要根据目标物体表面来选择，这个过程叫 *S*– 映射。

$$S:(u, v) \rightarrow (x', y', z') \tag{3-6}$$

然后将上一步三维物体表面上的纹理映射到目标物体表面，叫做 *O*– 映射。

$$O:(x', y', z') \rightarrow (x, y, z) \tag{3-7}$$

O– 映射有 4 种，其中应用最广的就是，取视线在物体表面可见点（x，y，z）处的反射与中间映射媒体表面上的交点（x'，y'，z'）作为（x，y，z）的映射点。这样就能建立从纹理空间到物体空间的映射关系。

3.3.4.2 基于纹理映射算法的地形三维景观

为了弥补灰度图像和伪彩色图像表示地形起伏情况图像真实感的不足，需要表现出地表的各要素之间的特征，将反向纹理映射技术添加到原有的三维地形重构系统中来，实现了一种新的基于纹理映射技术的三维地形重构系统。首先在空间上的三维模型顶点和纹理图像中的像素之间定义了一种映射关系，这样，利用顶点的空间坐标就能够求得对应纹理图像中的纹理坐标，并将纹理图像逐步地映射到三维立体模型的各个网格上，实现整体模型的纹理映射。

纹理映射技术是把纹理图像“粘贴”到物体表面而产生真实感。对于现实世界和数字高程模型来说，纹理细节精致而复杂，仅用几何模型、颜色及光照模型很难准确地表达这些细节特征。如果把一些图像映射在数字高程模型的表面，可以获得比颜色以及光照渲染更加真实的效果。为了使纹理与地形吻合，纹理通常采用正射影像，对于一些非正射影像，需要预先处理成正射影像。然而，地形表面是由大量多边形（一般是三角形）平面构成的不规则面，纹理图像却是平面，所以要采用一定的算法来将两者配准进行纹理映射，纹理的映射方式直接影响最终生成的三维地形的真实性。

纹理映射的基本思路是把纹理影像“贴”到由 DEM 数据所构成的三维模型上。纹理映射的关键是实现影像与 DEM 之间的正确套合，使每个 DEM 网格点与其所在的影像位置一一对应，保证纹理在变换时与所附着的曲面保持适当的关系。对于原始影像，可以根据成像时的几何关系，利用共线方程解算出每一个 DEM 网格点所对应的坐标，作为纹理映射时的纹理坐标依据。

在纹理映射处理方面，OpenGL 采用的是一种矩形光栅图像二维纹理映射技术，纹理映射定义在沿纹理坐标系中 u 和 v 两个坐标轴上从 0.0~1.0 之间的一个函数。因此，在绘制景观对象的表面纹理的时候，针对不同的情况，要作相应的技术处理。

如果待贴纹理的景观对象表面同样也是平面形状，实现起来较为容易，可以将景观对象的正面影像位图文件的角点与待贴纹理的物体表面几个顶点相对应起来，直接将图像绘制到物体的表面。如果待贴纹理的景观对象表面为曲面时，可以根据曲面的特征采用下面的技术来实现纹理映射。

1）分割技术

对于一类由空间离散点集构成、无法通过函数表达，通常用（Grid 或 TIN）网格逼近生成的一类曲面（如地形表面）的纹理绘制，可以在映射过程中，按该曲面在投影平面上网格的几何构建规则，对纹理图像数据按对应面积比例大小进行相应的分割，从而建立起两者之间的映射关系。通过将曲面上网格点坐标和相应的影像的纹理坐标一一对应起来，最后将分割得到的纹理面片绘制到曲面上对应的面片上，从而完成对曲面的纹理绘制。

2）仿射变换技术

对于一些简单的二次参数曲面，当通过一定的仿射变换，使其纹理映射函数可解析地表达出来，则这时可将参数空间和纹理空间等同起来，而纹理映射就等价于参数曲面自身定义的映射。

对于道路勘察所获取的数据，要重构的是具有高程起伏的地形，显然应该采用的是分割技术，生成一个由三角形网格逼近的地形表面，然后在映射过程中，对每一个三角形网格进行纹理映射。

对地形模型而言，可将遥感图像、航空相片、分层设色图（数据格式为 bmp、GIF、JPEG 等形式）作为纹理贴到三维空间模型上，以使地形模型具有更加丰富的信息和真实感。本书根据实际情况，采用与现实情况相近的纹理图像对地形三角网格模型进行纹理映射，这种纹理映射属于颜色纹理映射。

根据之前对于纹理映射技术的研究与分析可以知道，在正向、反向和两步纹理映射三种映射算法中，虽然正向纹理映射的影射速度快，但是容易产生空洞，而两部纹理映射实现算法复杂、计算量大，相对而言，反向纹理映射在纹理映射算法中优势明显，应用范围广，因此本书采用的是反向纹理映射。

本书所采用反向纹理映射在OpenGL平台上的具体实现方法有以下几个基本步骤：

（1）载入纹理

将纹理贴图应用到几何图形的一个必要步骤就是将纹理载入到内存中。一经载入后，这个纹理就成为当前的纹理状态的一部分。当需要从一个内存缓冲区载入纹理数据时，就需要调用函数，其中包括纹理数据的指针、纹理的大小、纹理的类别等。需要注意的是，纹理图像宽、高必须是2的整数次幂，否则，用gluscaleImage（）函数来进行缩放成2的整数次幂。本书采用glTexImageZD（）函数说明所映射的纹理内容。

（2）纹理环境模式控制

在纹理映射过程中，可以用纹理来调整三维模型的颜色或者将纹理与三维模型原来的颜色进行融合，其调用函数为glTexEnv（）。使用函数“glTexEnvi（tyPe，GLJEXTIJRE_ENV--MoDE，GL--MoDULATE）”设定使得纹理单元的颜色和几何图形颜色相乘（在计算光照之后）。这样，人眼看到的地形效果图中的纹理看上去像是被着色了一样。

（3）纹理的映射方式

说明纹理以何种方式映射到三维模型表面上，OpenGL提供了多种映射方式，其中包括纹理滤波、重复与缩限，其函数为glTexParameter（）。根据拉伸或收缩的纹理贴图计算颜色片断的过程称为纹理过滤（Texture Filtering）。在正常的情况下，要在0.0~1.0范围内指定纹理坐标，使它与纹理贴图中的纹理单元形成映射关系。如果纹理坐标落在这个范围之外，OpenGL会根据当前的纹理环绕模式处理这个问题。

（4）定义三维地形模型顶点的纹理坐标和空间几何坐标并绘制场景

几何坐标决定了顶点在三维空间的位置，纹理坐标决定纹理图像中哪一个纹理单元赋予该顶点，其调用函数为glTexCoord（）。顶点纹理坐标的取得需要实时配准方案，及通过同名控制点来建立坐标匹配方程，也就是前面所示的纹理影像函数。把数字地形由三维空间坐标系转到二维纹理图像坐标系，或把二维纹理图像经过几何变换重采样等处理获得和数字地形空间坐标系相应的新影像。

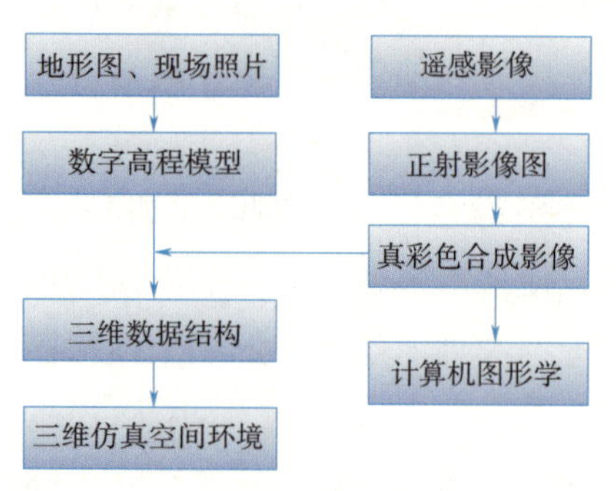

图3-5　技术路线图

3.3.4.3　基于RS影像的地形三维景观

1）技术路线（图3-5）

2）技术实现

（1）数字高程模型（Digital Elevation Model，DEM）的建立

为构造研究区域的实际地表，必须建立精确的数字高程模型，数字高程模型的获取有多种方法，较为常用的有如下三种：

①地形图件数字化提取 DEM；

②以摄影测量方式处理立体像对（航空相片、航天遥感相片）提取 DEM；

③野外数字地形测量记录（数字高程）生成 DEM。

（2）遥感影像处理

由于遥感图像不可避免地存在畸变，所以对它进行相应的几何校正处理以实现地理坐标的精确定位便显得十分重要。遥感图像与数字地图之间需要配准，以实现空间坐标的相关联，用数学拟合的方法算出图像的变形，然后进行几何纠正，实现图像的变形改正，同时对图像的色差、色饱和度、对比度进行调整，以提高图像质量。最后选取适当波段进行假彩色合成，生成正射植被真彩色的合成影像。

（3）三维地形表面的生成

它是在 DEM 上叠加正射的遥感影像，生成真三维地形地面的过程（图 3-6）。遥感图像与 DEM 图像的配准是制作三维景观图的基础。地面模型处理后生成的图形是一个代表真实地形起伏的三维曲面，但没有真实感需要的地表各要素的特征，所以，必须添加有关纹理来对三维曲面进行颜色赋值。正射遥感影像具有丰富的地表特征，是真三维景观图中理想的地理环境信息源。由于地物景观的空间位置确定性，其纹理的映射还必须考虑地理坐标的匹配。

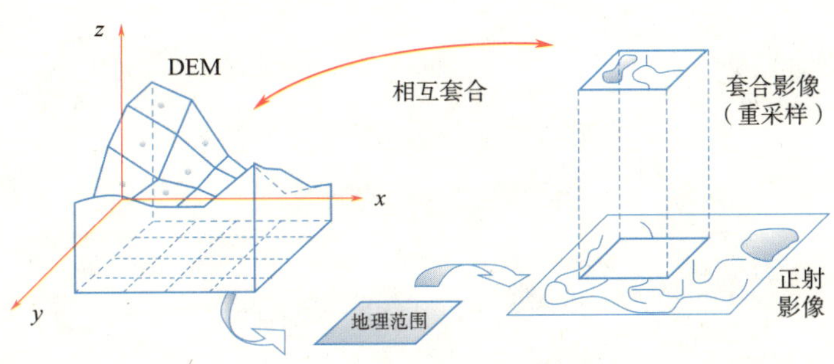

图 3-6　正射影像与 DEM 叠加

3.3.5　场景漫游

3.3.5.1　概述

现实世界在空间上是三维延伸的，过去人们由于受认识能力、技术手段和硬件能力的限制，对现实世界的描述基本上是基于一种二维的形式。由于传统的二维描述形

式与现实世界差别太大，很多情况下无法有效地表现现实世界中的物体和现象，从而大大制约了人们认识世界、改造世界能力的发挥。近年来，真实感计算机图形显示技术的发展和硬件的快速发展，为人们描述现实中的三维世界提供了很大的方便和可能性。三维可视化在医学、机械设计、地质、矿山、环境、海洋等很多领域的应用研究及实践早已展开。

三维可视化过程通过构造出有关可视化对象的虚拟场景，并提供良好的人机交互能力，使观察者从不同角度和详略程度观察这些可视化对象，辅助人们分析、综合信息及其之间的关系，减少理解和认知它们的困难。而在所有交互手段中，交互式漫游是一种重要的虚拟观测手段。

1）交互漫游系统框架

图 3–7 描述的是一个交互漫游系统的框架，其中渲染引擎是用来渲染三维场景的一个系统模块，可接受视点控制的输出结果即视点运动参数（包括视点位置、视线方向等）并渲染场景。另外，渲染引擎还可输出场景视频（图像），以供录制场景动画文件。视点控制用来控制漫游系统中视点的运动，在视点运动的过程中将根据视点运动参数完成碰撞检测与响应。外部输入是指键盘、鼠标、游戏杆等输入设备的输入，经输入解释后将变成一系列控制命令。引起视点运动的动因除了外部输入以外，还包括由用户指定漫游路径来进行漫游。历史记录文件中存放的是有关键盘漫游过程的历史记录，通过重播可再现漫游过程。

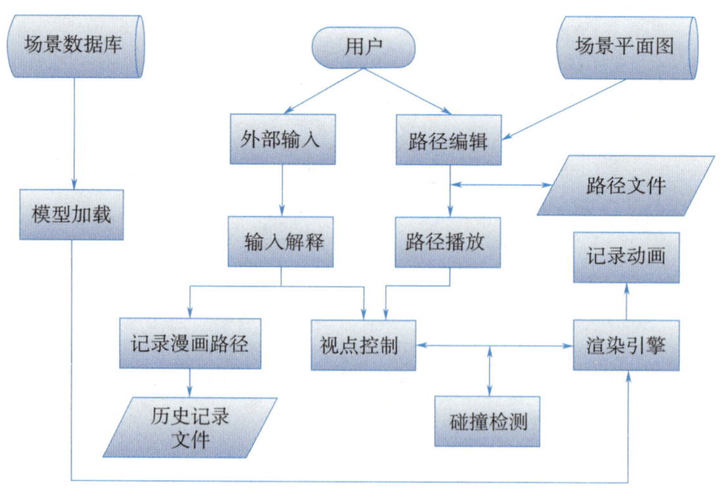

图 3–7　交互漫游系统框架

2）三维漫游功能设计与实现

漫游系统中，视点即为人眼的“化身”，其功能与现实世界的照相机类似。漫游过程其实就是一种通过不断移动视点或改变视线方向而产生的三维动画过程，视线方向可由观察点（也称参考点）位置确定（观察点位置减去视点位置得到视线方向向量），因此，实际上系统是通过不断改变视点和观察点的位置来实现这种动画的。下面介绍两种常用的漫游方式，其他漫游方式可参照这两种方式实现。

（1）键盘漫游

键盘漫游就是用户通过操纵键盘来实现在三维场景中的任意漫游。通过键盘漫游，用户可以灵活、准确地对场景进行全方位观察。键盘漫游的过程就是一个根据键盘漫游命令连续不断改变视点位置或视线方向并渲染场景的过程。

①漫游命令处理。

通常，键盘漫游命令包括：左转、右转、前进、后退、上升、下降、仰视、俯视、左移、右移。若系统使用的是 *Z* 轴朝上的左手坐标系，*Z* 值代表场景的高度，则响应左转、右转、仰视、俯视命令时视点均保持不变，只改变视线方向，对左转、右转视线分别绕 *Z* 轴逆、顺时针旋转一定角度，对仰视、俯视则增、减视线与 *XY* 平面的夹角（仰角）；前进、后退时将视点分别沿视线方向、视线反方向移动一定距离（行进速度）；上升、下降时则只增、减视点高度值（*Z* 坐标值）；左移、右移时将视点进行平移，视线方向保持不变。

按照这种响应方法，通过空间向量分解运算，即可计算出新的视点、观察点坐标。例如，当响应前进（后退）命令时，视点与观察点坐标的计算公式为：

视点坐标（SPEED 表示行进速度，ang*Z* 表示视线绕 *Z* 轴旋转的角度）：

vEyePt.*X*=vEyePt.*X*+（–5SPEED）· sin（ang*Z*）

vEyePt.*Y*=vEyePt.*Y*+（–5SPEED）· cos（ang*Z*）

vEyePt.*Z*=vEyePt*Z*

观察点坐标（updown ang 表示视线与 *XY* 平面的夹角，即仰角）：

vLookAtPt.*X*=vEyePt.*X*+100 · sin（ang*Z*）

vLookAtPt.*Y*=vEyePt.*Y*+100 · cos（ang*Z*）

vLookAtPt.*Z*=vEyePt.*Z*+100 · sin（updown ang）；

上式中，常数 100 是为了使视点和观察点之间保持一定距离而设置的。

②记录漫游路径。

通过键盘操作实现对三维场景实时漫游虽然灵活、方便，但用户必须不断地按下键盘，显得有些烦琐。特别是当用户需要重复前一漫游过程时更是如此。为此，系统可设计一种对键盘漫游过程进行记录的功能（记录漫游路径）。所记录的键盘漫游过程称作历史记录，通过重新播放这种历史记录便可实现对键盘漫游过程的再现。

记录键盘漫游过程的处理如下（坐标系同上）：首先，记录下初始的视点、观察点、视线绕 Z 轴旋转的角度、仰角。接下来对每种连续的键盘操作命令按“动作类型，执行次数”的格式进行记录，其中动作类型为上述的 10 种键盘漫游命令之一。总之，就是将键盘漫游的整个过程解释为漫游命令的序列。至于这种历史记录的播放，则是一个相反的过程，需从文件中读取上述初始化参数，并按照这些参数对系统进行设置，然后读取键盘操作命令的序列，并调用相应的命令处理函数进行处理。

（2）路径漫游

路径漫游就是通过预先设置漫游路径，然后再播放漫游路径的方式来实现在三维场景中的任意漫游。关于漫游路径的设置可以有很多种方式，这里介绍的是基于场景平面图通过鼠标点取控制点进行设置的方式。路径设置过程如下：首先将场景的平面图显示在一个窗口中，然后由用户使用鼠标在平面图上点取一系列控制点，并指定每个控制点的高程（相对于平面）及飞行速度（平面图逻辑坐标值 /s），然后通过设备坐标到逻辑坐标的转换将鼠标在窗口中的设备坐标转换成平面图上的逻辑坐标。这样便得到了一个逻辑坐标空间中的控制点序列。最后，如果逻辑坐标与场景坐标不一致，还需将控制点的逻辑坐标转换成与场景一致的坐标。

一条漫游路径就是三维空间中的一条曲线，这条曲线由控制点按一定的插值方式进行确定。曲线有许多类型，可以根据其数学和几何特性进行分类，如线性样条、基本样条、B 样条等。一个线性样条看起来就像一系列连接控制点的直线段组成的折线；一个基本样条看起来就像一条穿过所有控制点的曲线；B 样条看起来就像一条很少通过控制点的曲线。这里仅介绍线性样条路径，因为其他样条曲线表示的路径通过插值能转化为折线表示的路径，可以采用与线性样条路径类似的处理方式。

①线性样条路径漫游。

图 3–8 表示的就是一条线性样条曲线。线性样条路径可以看作是由控制点连接起来的一条折线，相邻两控制点之间的插值点都位于两点之间的连线上。实现线性样条路径播放的过程如下：从第一个控制点开始，依次在当前控制点和其下一个控制点之间进行等间隔线性插值。每计算出一个插值点就将该点作为新的视点，而总是将当前直线段的第 2 个控制点作为观察点，并渲染场景。如此处理直到处理完所有控制点为止，则整个路径播放完毕。

②转角平滑处理。

采用线性样条表示路径的好处是：用户可以设置任意直线路径到达场景的任何位置；路径可以由控制点准确、直观地加以确定；插值点计算简单。但这种路径表示也有一个缺点，就是当播放路径时，在转角处视线会按转角大小突然偏转，反映到漫游动画中就是在转角处相临的两帧很不连续，以至观察者会感觉到画面有明显的抖动。不消除转角处产生的抖动问题势必影响动画的质量，以下提出了一种消除转角处抖动的方法。

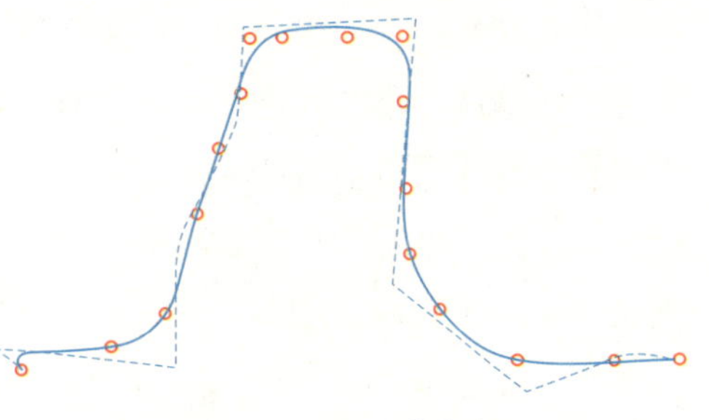

图 3-8　线性样条曲线

这种方法的基本思想就是将转角按一定大小进行平分，视线每转一个平分角度就根据当前视点和视线方向插入一个动画帧，使视线平滑过渡到下一视线方向，与人眼扫过某一场景类似，从而使得观察者看到的动画很平滑。

如图 3-9 所示，P_1，P_2，P_3 表示路径上的 3 个控制点，当前视点位置在 P_2 点处，视线方向沿空间向量 P_1，P_2 所指方向。视线欲从当前方向 P_1P_2 转到 P_2P_3，转角大小 θ=180- ∠ P_1，P_2，P_3。实现视线从 P_1P_2 方向平滑过渡到 P_2P_3 方向的计算过程为：

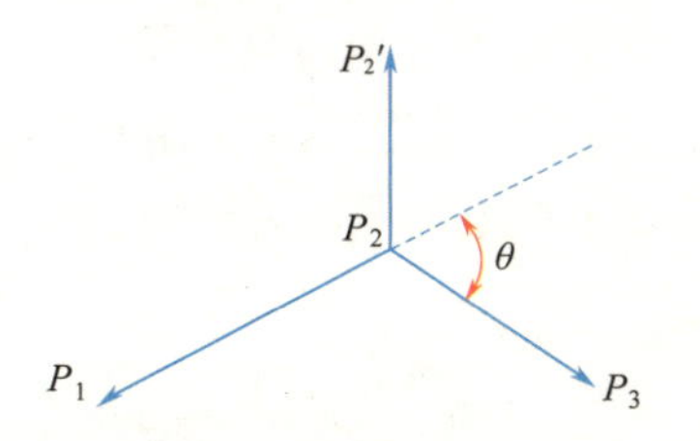

图 3-9　视点在 P_2，视线从 P_1P_2 转向 P_2P_3

a. 根据 P_1，P_2，P_3 三点确定一个空间中的平面；

b. 确定过 P_2 点的平面法线 P_2P_2'；

c. 确定转角平分的度数：若将转角 θ 平分为 n 份，则平分后每份度数为 θ/n；

d. 旋转观察点：由于视线方向是由观察点来确定的，问题就归结为观察点绕平面法线 P_2P_2' 旋转的问题，旋转角度依次为 $i \cdot \theta/n$（i=0，1，…，n）。而三维空间中的点绕任意轴旋转可以通过一系列坐标变换实现，由于篇幅所限，这里不再列出有关计算方法。

（3）碰撞检测

三维场景中有些物体可以穿越，而有些物体却是不能穿越的，例如在虚拟环境漫游系统中山和草地就不能穿越。在漫游时，对那些不能穿越的物体需进行碰撞检测。碰撞检测是指对漫游视点与物体之间的几何位置关系进行限制，即检测视点与物体的距离，一旦小于某个阈值，则认为发生了碰撞，此时需要给出合理的碰撞响应，如可使视点略微后退、改变视线方向、使视点与物体保持一定的距离或使视点向左或右平移而视线方向不变等。常用的碰撞检测算法为基于包围盒的碰撞检测算法。

（4）记录场景动画

上述实时漫游过程其实就是一种场景动画过程，这种场景动画是通过不断改变 3D 环境的视点和视线方向并重新渲染场景来实现的。但由于每次渲染场景时系统都要进行大量的计算和处理，要做到实时快速动画就取决于场景数据规模和机器配置。有时用户也许只是想将浏览场景的结果记录下来，然后进行演示，而无须启动三维可视化系统进行重放。为此，系统可提供将场景动画输出为视频文件的功能，这样的视频文件包括位图文件、AVI 文件、MPG 文件等。方法是先设置或选择漫游路径或历史记录，然后进行播放，在播放过程中，每次场景渲染完毕后，就将位于系统渲染表面缓冲区中的每帧画面保存为位图文件或直接保存到 AVI 文件、MPG 文件中。动画文件 *.avi、*.mpg 等可在 Windows 系统中快速播放，还可将需要的每个画面进行打印输出。

3.3.5.2 LOD 细节层次

1）LOD 技术

1976 年，Clark 在其论文“Hierarchical Geometric Modelsfor Visible Surface Algorithms”中提出用不同的分辨率或细节层次 LOD（Levels of Detail）表示场景中不同的物体。这一思想彻底改变了“模型越精细图像质量越好”的片面观点，其倡导用一定的算法为各物体选择适当的细节模型，从而使三维场景在满足最低帧速度的前提下最大程度地提高视觉效果。从 LOD 提出到现在，其研究发展大致经历了三个阶段：离散 LOD（DLOD：DiscreteLOD）、连续 LOD（CLOD：ContinuousLOD）和多分辨率 LOD（MRLOD：Multi-ResolutionLOD）。

LiDAR 数据量非常巨大，一般每 10km 的路线长度就有 3GB 的数据量，而每个项目路线长度至少在 200km 以上，再加上影像和更高分辨率的数据，其数据量可想而知。为了降低计算机内存的消耗，加快计算机处理时间和节省网络传输时间，通常将数据进行纵向分层组织，这就是金字塔模型。从某种意义上讲，金字塔模型主要是完成海量地形数据的纵向分层工作。而层与层之间的联系是否密切，是否能实现连续平滑过渡，需要交给 LOD 完成。通常约定：金字塔模型中的每一层，分别对应一个 LOD 级别，即金字塔的第 k 层表示 LOD=k（$k \geq 0$），k 值越小，模型的分辨率越低，LOD 级别也就越低。显然，DLOD（离散 LOD）不能用于构建多分辨率虚拟地形环境，因为模型间缺乏连续性，不能解决“视觉跳跃”问题；CLOD（连续 LOD）虽然优于 DLOD，但也不能纳入选择，因为其不符合人在观察三维场景时的生理机制（近详远略），且很多算法过于复杂，难以达到实时，不符合目前“解放 CPU”的主流思路。基于上述考虑，选择 MRLOD（多分辨率 LOD）作为本书中使用的 LOD。MRLOD 有两个关键点：一是要确保相邻级别的模型具有连续性，目的是最大限度地降低“视觉跳跃”感；二是要实现实时渲染时，模型的 LOD 级别与视点相关，目的是减少参与渲染的模型数量，且符合人在观看现实三维场景时的真实感受。

2）细节层次模型浏览方案

尽管近年来计算机的硬件发展很快，CPU 的频率越来越高、内存的价格不再是高不可攀、图形硬件加速器也在不断的发展，但人们同时也会发现实际应用中所需要的数据往往比硬件可以显示的数据量大一个或多个数量级，而且应用模型的复杂程度往往超过当前图形工作站的实际处理能力，更不用说一台普通的 PC 机。当数据集大到不能一次装入内存时，再简单的模型也无济于事，更何况模型不能无限制地随意简化。解决该问题的唯一途径就是对每一层进行横向分块，实时渲染时根据需要调度相应层的相应块。

四叉树是一种每个非叶子节点最多只有四个分支的树型结构，也是一种层次数据结构，其特性是能够实现空间递归分解。图 3-10 是瓦片金字塔模型的四叉树结构示意图。

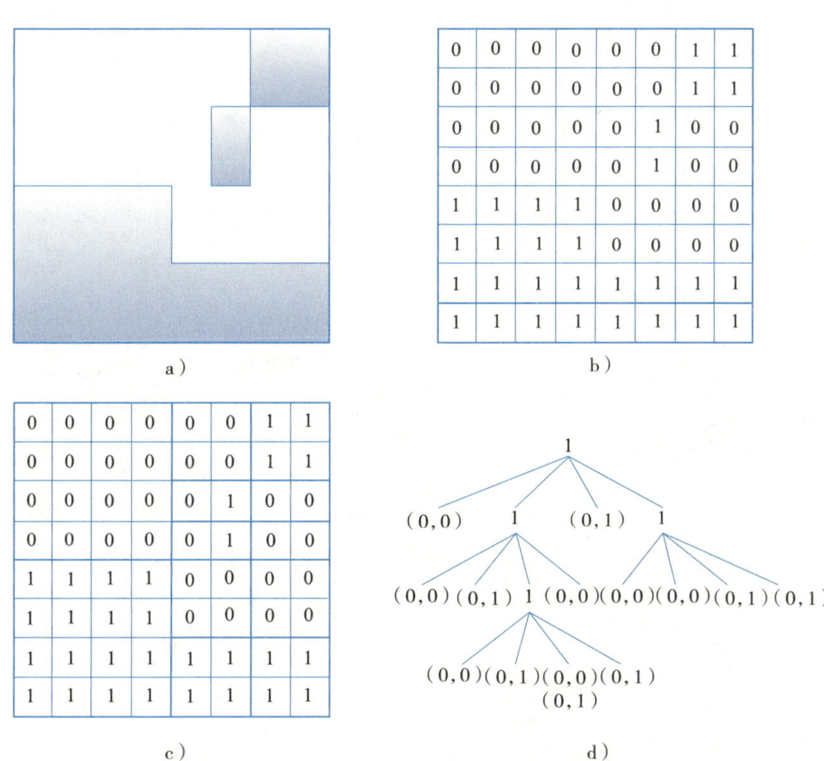

图 3-10　瓦片金字塔模型的四叉树结构

该项目采用四叉树来构建瓦片索引和管理瓦片数据。在瓦片金字塔基础上构建线性四叉树瓦片索引分三步，即逻辑分块、节点编码和物理分块。

（1）逻辑分块

与构建瓦片金字塔对应，规定块划分从点云数据左下角开始，从左至右、从下到上，依次进行。同时规定四叉树的层编码与金字塔的层编码保持一致，即四叉树的底层对应金字塔的底层。

（2）节点编码

假定用一维数组来存储瓦片索引，瓦片排序从底层开始，按从左至右、从下到上的顺序依次进行，瓦片在数组中的偏移量即为节点编码。为了提取瓦片（tx，ty，1），必须计算出其偏移量。我们采用一个一维数组来存储每层瓦片的起始偏移量，设为 os_1。若第 1 层瓦片矩阵的列数为 tc_1，则瓦片（tx，ty，1）的偏移量 offset 为：

$$\text{offset} = ty \times tc_1 + tx + os_1 \tag{3-8}$$

（3）物理分块

在逻辑分块的基础上，对点云数据进行物理分块，生成地形数据子块。对上边界和右边界瓦片中的多余部分用无效值填充。物理分块完毕，按瓦片编号顺序存储。

上述瓦片索引分块完成后，即可按一定的算法实现对海量数据的浏览。虽然已将海量的数据装入数据库中，但在数据浏览的时候，显示在视野范围内的数据量是很小的。视野内的数据分辨率也会根据视距的不同而有所不同。这就涉及视野范围内可见区域及最佳地形分辨率计算。

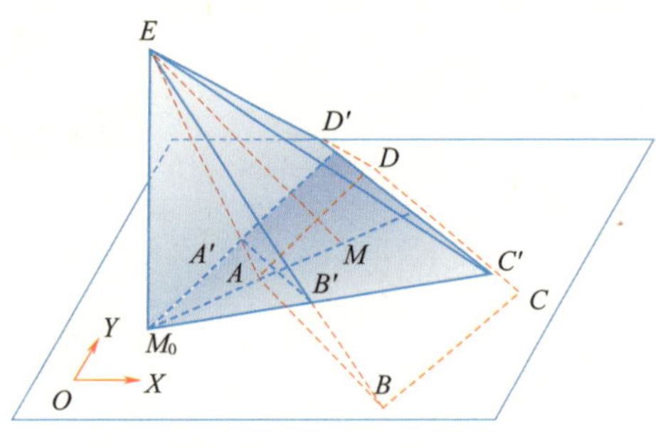

图 3-11　可见区域表示

根据视点的坐标和视线的方向，就可以计算出视景体与地形平均水平面相交的平面区域范围，即地形可见区域范围。图 3-11 为地形可见区域示意图，图中 XOY 为地形平均水平面，E 为视点，视线 EM 与地形平均水平面的交点为 M，视点在 XOY 上的投影为 M_0。视景体 E_ABCD 与平面 XOY 的四个交点分别为 A'、B'、C' 和 D'，则地形可见区域范围即为四边形 $A'B'C'D'$。有关点 A'、B'、C' 和 D' 的坐标可根据空间立体几何的知识求得。

若用于地形显示的屏幕窗口宽和高分别为 X_w 和 Y_w（以像素为单位），视景体的水平视场角和垂直视场角分别为 Fov$X$ 和 Fov$Y$。设当可见区域 A'、B'、C'、D' 恰好充满显示窗口时，窗口水平方向和垂直方向平均每个像素所对应的地面距离分别为 D_x 和 D_y，则有：

$$D_x = EM \times \tan(\text{Fov}X/2) \times 2.0/X_w \quad (3\text{-}9)$$

$$D_y = EM \times \tan(\text{Fov}Y/2) \times 2.0/Y_w \quad (3\text{-}10)$$

即当地形分辨率 X 方向低于 D_x 或 Y 方向低于 D_y 时，地形显示的精度将会降低；反之，将会产生不必要的数据冗余，影响绘制效率。也就是说，此时的 D_x 和 D_y 即为理论上地形绘制所需的最佳分辨率。由于通常地形 X 方向和 Y 方向的采样间距相同，因此，在实际应用中，一般取 D_x 和 D_y 中的小值作为最佳地形分辨率，用作后续瓦片搜索的重要依据。需要指出的是，通常该最佳分辨率被用作窗口中心瓦片所对应的分辨率，而窗口其他位置所对应的瓦片分辨率则应根据瓦片中心到视点的距离作适当的降低调整，因为这不仅符合人眼的视觉规律，而且还可以减少用于地形绘制的三角形数量。

（4）目标瓦片快速搜索算法

对于采用视点相关 LOD 技术的地形可视化系统，要求不同的区域对应不同金字塔层的地形数据，因此，在瓦片搜索过程中需要进行层次测试，图 3–12 为地形金字塔需求示意图，图中 E 为视点，白色矩形表示与视景体相交且需要参与地形绘制的瓦片数据。矩形越小，表示层次越低。

LOD 技术在进行数据检索时，依据视线的主方向、视线在景物表面的停留时间、景物离视点的远近和景物在画面上投影区域的大小等因素来决定景物所在金字塔的层次细节，以达到实时可视化的目的，如图 3–13 所示是视距和层级细节的关系。

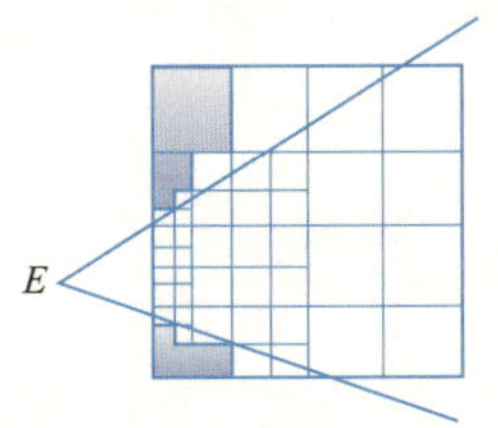

图 3–12　金字塔层次需求示意图

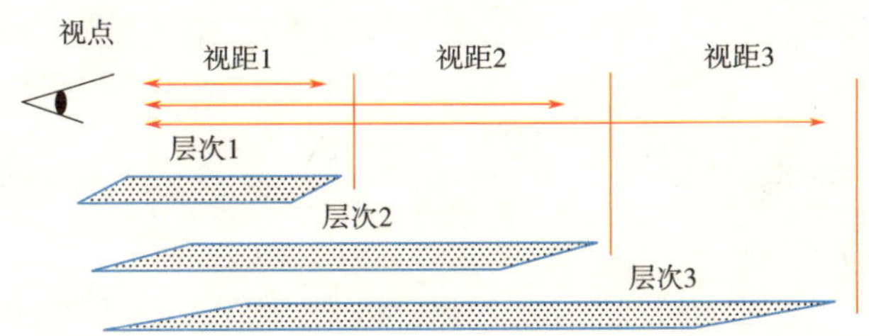

图 3–13　视距与层次的关系

（5）瓦片数据的请求预测

合适的数据缓冲机制可以提高系统的性能，海量点云实时可视化也不例外。当场景连续运动时，如果应用程序能够提前预测系统即将需要的数据，并能提前从磁盘把这些数据读到缓冲区，那么当应用程序真正需要这些数据的时候，便可以直接从缓冲区读取，从而省去了从磁盘读取这些数据的时间。由于在海量地形漫游时，数据预测调度和场景绘制需要同时进行，因此，可利用操作系统的多线程能力，将数据预测调度和场景绘制分别采用两个独立的线程来完成。

数据缓冲通过预测瓦片请求来实现。一般将瓦片请求划分为高、中、低三种优先级。高优先级瓦片请求被立即处理并参与地形绘制；中优先级瓦片请求在没有高优先级瓦片请求的情况下被读取到缓冲区，但不参与地形绘制，即所谓数据缓冲；低优先级瓦片请求只是在系统“空闲”时才被读取到缓冲区，并且也不参与地形绘制，同样是数据缓冲。瓦片请求优先级的确定方法如下：

为表述方便，假设连续的三个场景窗口分别为窗口 1、窗口 2 和窗口 3。为了实现瓦片数据缓冲，系统在发送窗口 1 的瓦片请求时应附带发送窗口 2 和窗口 3 的瓦片请求，只是瓦片请求的优先级有所不同，这便是瓦片请求预测。显然，窗口 1 中的瓦片请求应该设为高优先级，而窗口 2 中的瓦片请求除窗口 1 的公共部分外被设为中优先级，窗口 3 中的瓦片请求除与窗口 1 及窗口 2 的公共部分外被设为低优先级。这样，当场景运动到窗口 2 时，系统在发送窗口 2 的瓦片请求后，数据预测调度线程就可以直接从缓冲区提取数据参与地形绘制，而无需即时从磁盘读取数据。

第4章 道路路基及设施建模方法

4.1 概述

目前，许多路线辅助设计系统具有绘制公路透视图的功能，但这些软件所绘制的透视图是平面的线条或线框，不容易更换视角和方位，制作动画困难。原因是平面的线框只有二维坐标，它产生的不是三维模型。公路三维建模是根据公路的平纵横基本数据以及地形数据等建立公路及其周围地形地物的三维空间模型，公路在空间上的立体形状，公路与周围地形以及地物的位置关系，为从视觉上、运动感觉上和时间变化上对公路设计评价提供直观模型的一种方法。在计算机中，一般用线框、表面和实体三种表示模型对几何形体进行描述，将形体模型化后，形成定量描述，再将这些信息以数字方式输入给计算机，由计算机处理后生成图形。在建模时，只对几何形体进行数字化，然后用相应的软件来处理。

线框模型是用顶点及其斜边来表示形体，即用平面的二维线条来表示形体在某个视点视角方向上的轮廓线。轮廓线的生成、消隐处理需要用户自己计算处理，特别对于不规则的形体，这种处理将更复杂，无法利用现有的三维处理，用户需要花费很大精力在消隐上。如果需要变换角度来观察形体，则必须重新生成轮廓线和消隐。而且用线框模型生成的透视图不能进行渲染（即得不到效果图）。

表面模型是用有向棱边围成的部分（区域）来定义物体表面，即用若干空间平面或曲面来模拟物体的表面特征。在建模时，用户只需确定用以模拟物体表面的每个小平面的空间位置，就能完成三维建模。对于不规则形体，可以通过增加模拟的小平面的个数来实现模拟物体的表面特征（即逼近的方法）。至于要生成形体在某个方向上的透视图以及对透视图进行消隐，则可以交给对三维模型具有处理功能的计算机软件来完成。

实体模型是在表面模型的基础上，明确定义实体存在于表面的哪一侧，既描述形体的外部特征，又描述形体的内部特征。这是一种较先进的几何造型方法，描述形体的能力最强，但存在着数据量大、需要的存储空间大的缺点，而且对不规则形体的描述也存在困难，仍有一些理论和实际问题有待进一步去研究解决。

对于公路三维建模来讲，只要把公路及其地形各部分的表面形状描述出来，不需要每部分的内部结构特征。而且公路及其周围的地形是不规则的形体，数据量大。虽然采用线框模型数据量要减少许多，但需要变换角度来观察形体，则必须重新生成轮廓线和消隐，且对生成的透视图不能进行渲染。从某种意义上讲，线框模型所建立的不是三维模型，是形体的透视投影平面图。采用实体模型虽然能较好地描述形体，但它的数据量很大，对计算机的硬件要求很高，一般无法在普通计算机上实现；且公路是不规则形体，对它的描述存在一定困难。综上所述，通过比较分析，再结合公路三维建模数据量大、不规则的特点，用表面模型来建立公路的三维模型是合适的，易于在计算机上实现。

公路三维模型大体上可以分为公路实体和其周围的带状地形两部分。根据表面模型的原理，无论是公路实体，还是周围地形，均要一定数量的小空间平面来“拼接”成公路三维模型。公路模型用空间四边形平面来模拟，只要确定每个四边形平面的 4 个顶点的三维坐标，就能完成三维模型的建立。每个四边形平面顶点的平面坐标（X，Y）可由路线平面坐标计算完成（包括要计算出任意桩号处的中线，以及离中线任意距离边线上点的坐标），而高程坐标可由路线纵断面计算以及超高计算完成。另外，还需构建地面三维模型，一般空间平面的模拟是利用三角网数模，而地面三维模型用空间三角面来模拟。沿路线方向采集地面散点，然后利用这些散点数据进行三角形联网（即散点的三角化），形成许多三角形，最后用这些三角面“拼接”三维地面。

4.2 道路路基三维建模方法

路基是指按照路线位置和一定技术要求修筑的作为路面基础的带状构造物，路基是用土或石料修筑而成的线形结构物。它承受着本身的岩土自重和路面重力，以及由路面传递而来的行车荷载，是整个道路构造的重要组成部分。如图 4–1 所示，道路路基包括：中央分隔带、行车道、路肩、边坡、边沟、截水沟、排水沟、护坡道等。

道路路基模型是整个道路模型的主体部分，是由相邻横断面线上的断面特征点组成的长方形面片相连接而成。

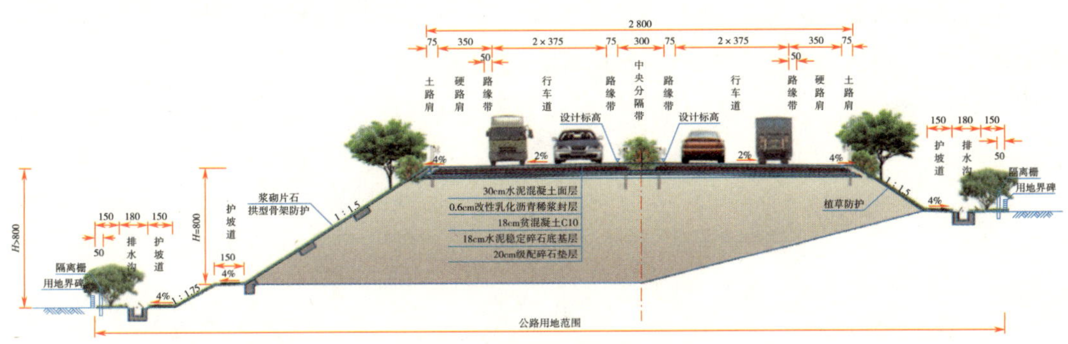

图 4–1 道路路基组成示意图

在平面线形的基础上增加纵断面设计高程信息，可以生成带高程的道路中心线。道路横断面数据经过道路中心线上具有大地坐标的道路中心点的平移改正后归化到大地坐标系下，利用横断面上各特征点相对于路中桩点的平距和高差，得到其三维大地坐标，形成道路的断面特征点数据。

路面，是指用筑路材料铺在路基顶面，供车辆直接在其表面行驶的一层或多层的道路结构层。路面按设计要求和取材的原则，可用不同材料分层铺筑。低、中级路面一般结构层次较少，通常包括面层、基层、垫层等层次；高级路面结构层次较多，一般包括面层、联结层、基层、底基层、垫层等层次。但一般直接同大气和行车相接触的层次只有面层。

道路路面模型的构建主要是用模型来模拟面层，达到可视化效果。

4.2.1 道路路基三维建模

在道路横断面设计线上，断面特征点将道路横断面设计线划分为中间分隔带线、行车道线、硬路肩线、土路肩线等线段。由于在实际的道路上，中间分隔带、行车道、硬路肩、土路肩等道路要素的面层所使用的材质是不同的，所以，在道路路面模型的构建过程中，不同类型的道路要素模型要映射不同的纹理图片。因此，每两个相邻横断面之间的道路路面模型上，不同的道路要素要用不同的多边形表示，如图 4–2

所示，$E'E$ 是道路的中心线，A、B、C、D、E、F、G、H、I 是道路路面一个横断面上的断面特征点，A'、B'、C'、D'、E'、F'、G'、H'、I' 是道路路面另一个相邻横断面上的断面特征点，其中 $DEE'D'$、$EFF'E'$ 分别是道路路面的左右中间分隔带，$CDD'C'$、$FGG'F'$ 分别是道路路面的左右行车道，$BCC'B'$、$GHH'G'$ 分别是道路路面的左右硬路肩，$ABB'A'$、$HII'H'$ 分别是道路路面的左右土路肩。

以上断面特征点可按不同的道路要素划分为不同的类，并将所有断面特征点存储在这些类中，以方便程序自动调度使用和进行纹理映射。

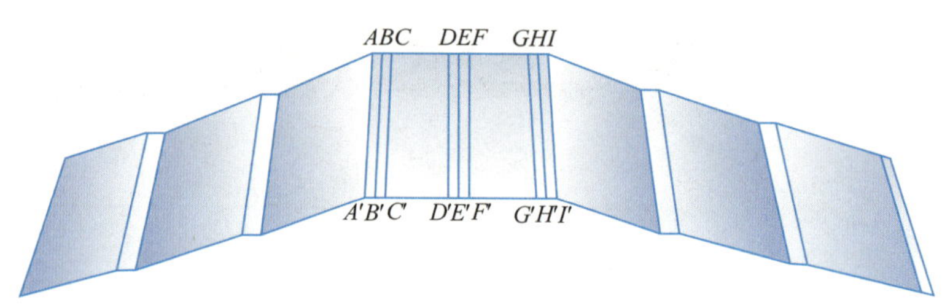

图 4–2　相邻横断面要素模型

1）一个路基段落中，路基模板起作用的桩号区间划分

对于一个路基段落而言，不同桩号区间及其左、右两侧的路幅以外部分（边坡、挡土墙等），因地形、地质、水文及填挖等情况，而表现为不同的形式，即需要定义和使用不同的路基模板来进行相应的路基横断面设计。这些路基模板集合在一起构成了路基模板库，每个模板都有自己的编号或名称，以便检索、查询和使用。

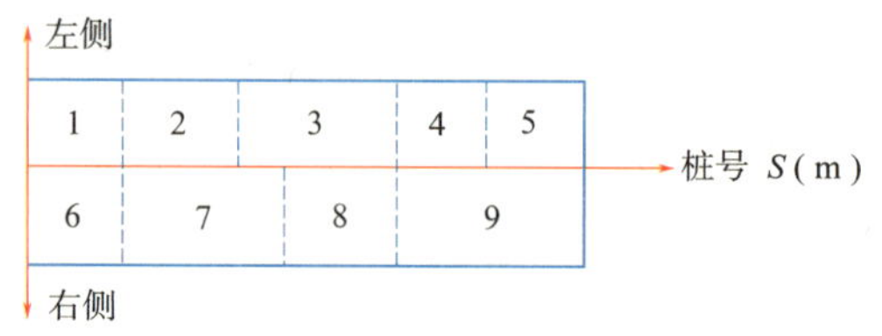

图 4–3　路基模板的沿线设置

图 4–3 为某路基段落的路基模板沿线设置示意图，图中数字为路基模板编号。由图 4–3 可知，路基左、右两侧在不同的桩号区间使用了不同的路基模板。

2）桩距的沿线桩号区间划分

路基三维建模时，需以一定的桩距逐桩进行路基横断面设计；桥梁三维建模时，需以一定的桩距逐桩计算主梁横断面或桥梁某一构件沿桥纵向的拉伸路径（或称放样路径），这些情况也同样存在于隧道、涵洞、交通安全设施（标志、标线、护栏）等的三维建模中。显然，在直线路段桩距可大些，而在曲线路段桩距则应小些，为此需进行桩距的沿线桩号划分，即在不同的桩号之间采用不同的桩距。当然也可全线采用同一个桩距，这是最简单的情况。这里定义的桩距可用于路基、桥梁、隧道、涵洞及交通安全设施等各类工程实体的三维建模。

3）“一给定点相应于某平面线形的桩号及偏距”计算

如图 4–4 所示，过某给定点 Q 沿平面线形的法线方向所作直线与该平面线形相交于 P 点，P 点处桩号 S 及 P、Q 间距 W 即为所求的给定点 Q 相应于该平面线形的桩号和偏距。这里规定 Q 在平面线形右侧时 W 为正，反之为负。由 P 点处坐标 $X_P(S)$、$Y_P(S)$ 和方位角 $\theta_P(S)$，则 Q 点坐标（X_Q，Y_Q）为：

$$\begin{cases} X_Q=X_P(S)+W\cos\left[\theta_P(S)+\pi/2\right] \\ Y_Q=Y_P(S)+W\sin\left[\theta_P(S)+\pi/2\right] \end{cases} \tag{4-1}$$

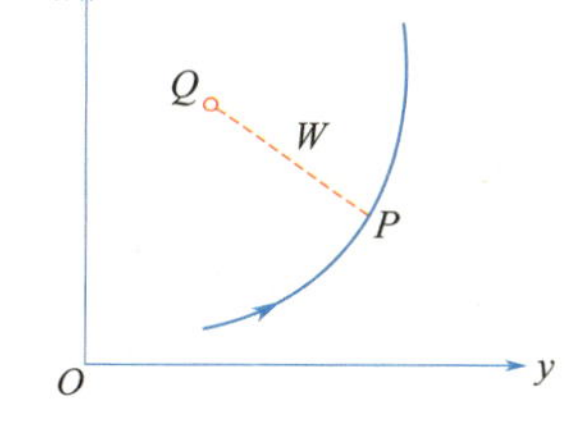

图 4–4　Q 与平面线形

Q 点坐标（X_Q，Y_Q）已知，而 S 和 W 未知，则由公式（4–2）可构造如下非线性方程组求得 S 和 W：

$$\begin{cases} X_P(S)+W\cos\left[\theta_P(S)+\pi/2\right]-X_Q=0 \\ Y_P(S)+W\sin\left[\theta_P(S)+\pi/2\right]-Y_Q=0 \end{cases} \tag{4-2}$$

对于非线性方程组的求解，可以利用牛顿迭代法和正割迭代法。

4）填挖零点计算

道路边坡即道路路基的路堤和路堑，需要根据道路路基的横断面组成和设计规范、原则要求来确定道路路堤和路堑组成，其中路堑还需要设置水沟。道路边坡模型的构建是道路路基建模的一部分，要根据道路横断面设计的边坡脚线和地面线的交点，确定填挖边界。

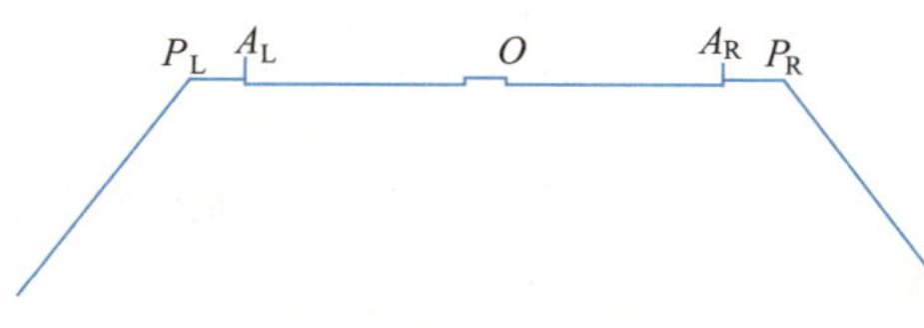

图 4–5　横断面坐标点示意图

图 4–5 中的 P_L 和 P_R 点为道路路面左右侧的边界点，通过边界点的高程与垂直方向地面点的高程之间的关系来确定路基两侧的填挖情况，即可确定是路堤还是路堑。

以路基左侧 P_L 点为例，设其高程为 Z_{PL}，通过获取地面点高程，设为 Z_{GL}。则：$Z_{PL}<Z_{GL}$，为挖方，即为路堑或隧道；$Z_{PL}>Z_{GL}$，为填方，即为路堤或桥梁；$Z_{PL}=Z_{GL}$，路基边缘正好与地面相交，没有填挖情况，即为路面与地面相平。

确定好填挖以后，利用第 2 章横断面设计的标准边坡样式逐里程桩进行计算，采用迭代的方法，判断代表边坡的线段与地面线的相交情况，直到与地面线相交为止。以填方为例，迭代算法具体步骤如下：

计算第 1 级边坡，设最大高度为 H_1，路基边界点高程为 Z_P，计算对应地面点高

程 Z_G。如 $Z_P-H_1=Z_G$，则只需要设置第 1 级边坡，边坡高度为 H_1；如 $Z_P-H_1<Z_G$，则只需要设置第 1 级边坡，边坡高度为 Z_P-Z_G；如 $Z_P-H_1>Z_G$，则计算出第 1 级边坡点位置，高程 Z_{P1}，相应地面点高程 Z_{G1}，并依据第 2 级边坡最大高度 H_2，根据以上方法计算，直至 $Z_{Pi}-H_{i+1} \leqslant Z_{Gi}$。边坡最终级数为 i+1。

以上确定了边坡的级数和边坡的范围，即可建立道路的边坡模型。通过将相邻两个横断面间的边坡点相连为多边形，并根据地理位置、周围环境等映射边坡相应的纹理，从而构建完整的道路边坡模型。

5）路基边坡相交计算

在公路主线分岔处、互通式立交中各个出入口 n 处（即分合流点处），交汇路线相邻一侧的路基边坡交接在一起，另外靠得很近的上、下行路线相邻一侧的路基边坡也可能交接在一起。如图 4-6 所示，路线 1 的右侧边坡与路线 2 的左侧边坡相交在一起，首先按上述方法分别建立路线 1 和路线 2 的路基设计表面模型，然后再解决边坡面的相交问题，方法如下：

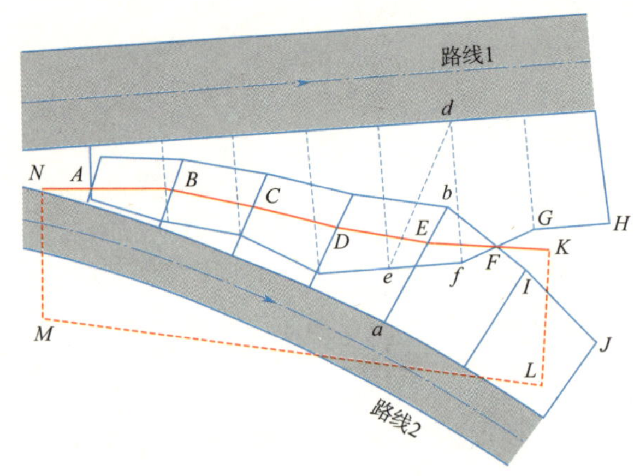

图 4-6　路基边坡相交

（1）计算边坡面的相交线，如图 4-6 中的 *ABCDEF* 所示。以交点 *E* 为例，它是路线 2 的边坡线 *ab* 与路线 1 的边坡面三角形 *def* 的交点，可由上述空间直线与空间平面的相交计算方法求得，由此可计算出各交点 *A*、*E*。然后计算路线 1 右侧的坡脚坡顶线与路线 2 左侧的坡脚坡顶线的交点 *F*，则相应的坡脚坡顶线分别修改为 *FGH* 和 *FIJ*。

（2）以边坡面的相交线 *ABCDEF* 为基准，去除掉边坡面的多余部分。以路线 1 为例，要去除掉其边坡面在 *ABCDEF* 右侧的多余部分，方法如下：

①将 *BA*、*EF* 延伸一段距离（如 20m）至 *N*、*K*，分别作 *AN*、*FK* 的垂线 *NM*、*KL*，构成封闭多边形 *ABCDEFKIMN*。*NM*、*KL* 的长度可取为某一较大数值（如 200m），但不得使 *NM* 和 *KL* 相交。将该多边形各顶点高程置为 -10000m，再沿竖向拉伸一定高度（如 20000m）以创建一个三维拉伸实体即柱体，记作 S_1，如图 4-7 所示。

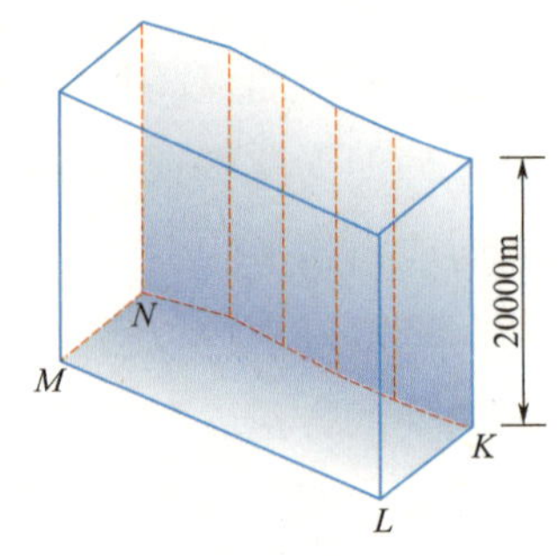

图 4-7　柱体

创建柱体 S_1 的程序示例如下：

②以图 4-6 中三角面 *def* 为例，创建如图 4-8 所示的三维拉伸实体即三棱柱体，记作 S_2。

③将 S_1 与 S_2 进行差运算（Subtract），即 S_2–S_1，如图 4-9 所示，再将其炸开（Explode），取其上表面 *djkm*（即图 4-9 中阴影部分）即可。

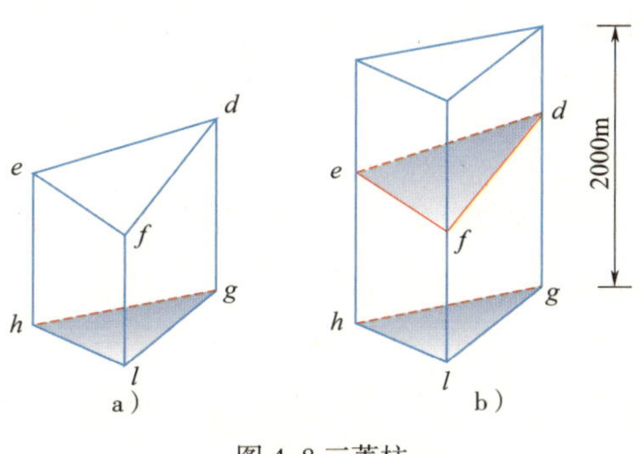

图 4-8 三菱柱

a）方法一；b）方法二

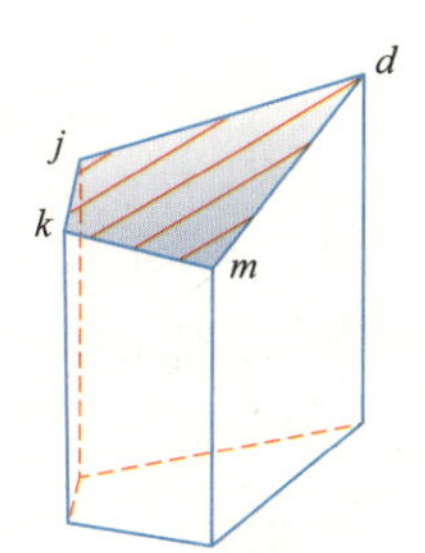

图 4-9　差运算结果（S_2–S_1）

4.2.2　锥坡三维建模方法

锥坡（Conical Slope）是指为保护路堤边坡不受冲刷，在桥涵与路基相接处修筑的锥形护坡，又称锥体护坡，在采用埋置式、桩式、柱式桥台或桥台布置不能完全挡土时，为保护桥头路堤的稳定，防止冲刷，应在两侧设置锥坡。横桥方向的坡度应与路堤边坡一致，顺桥向坡度应根据高度、土质情况，结合淹水情况和铺砌与否来决定。

锥坡三维建模方法如图 4-10 所示，在需设置锥坡处一次选择锥坡顶点 *D* 及底面的起点 *B*、中间点 *M* 和终点 *E*，规定 *B* 到 *E* 的走向为绕 *D* 逆时针旋转。图 4-10b）中 *b*、*m*、*e*、*d* 分别为图 4-10a）中 *B*、*M*、*E*、*D* 在平面图上的投影，*b*、*m*、*e* 三点不共线，以确定锥坡点圆弧 *bme*，*c* 为其圆心。将该圆弧若干等分，各等分点的第三维 *Z* 坐标是在 *B* 和 *E* 的 *Z* 坐标之间按弧长线形内插而得，然后将各等分点依次与顶点 *D* 连成三维面，即可绘制出锥坡的三维模型。

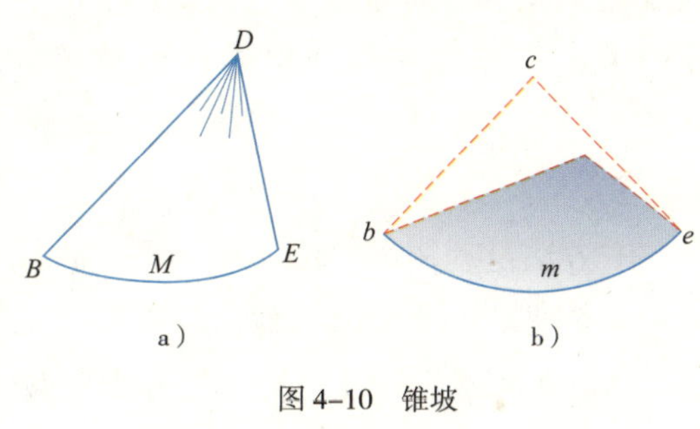

图 4-10　锥坡

a）立体图；b）平面图

4.3 桥梁三维建模方法

4.3.1 桥梁建模常用方法

桥梁立体模型常用的建立方法主要有两种，一种是转化法，另一种是导入法。

1）转化法

该方法是先建立桥梁的二维图形，再利用图形转换器将其转化为三维模型。在建立桥梁的二维图形时，常用的是参数化建模和交互式建模两种方法。

（1）参数化建模

桥梁通常可以看作是由一些标准的构件组合而成，而每个构件可被描述成由一些关键的参数来控制，参数化建模就是基于这一点来建立桥梁模型的。这种方法把桥梁的主要构件作为桥梁建模的基本元素，预先对其进行定义并存储在系统中。当对桥梁建模时，只需从系统中提取出构成该桥梁模型的构件元素，并定义这些构件元素的参数，即可建立该桥梁的三维模型。

（2）交互式建模

交互式建模是以人机交互的面向对象图形系统为基础，通过自定义的一些基本几何图素，构造出桥梁的几何模型。交互式建模可分为两个阶段：式样识别阶段和关系识别阶段。式样识别阶段主要负责确定采用何种基本几何图素，如：线、圆、截面、塔、桥面、桥台等；关系识别阶段主要处理这些几何图形之间的关系，如：平行、同轴、相交、垂直等。在建立了桥梁的二维图形后，通过建立一组描述空间几何约束关系的方程来描述二维图形中各个实体间复杂的几何关系，以便在后面根据构成桥梁的各实体的投影变换关系建立桥梁的三维模型。

2）导入法

该方法是利用大型的三维建模软件，如 3DMax 等，利用其灵活的建模工具交互地建立桥梁的三维模型，然后将其转化为 3ds 文件格式，导入到建立的三维场景中。由于 3ds 文件格式是公开的，现有的大型软件都提供了 3ds 格式文件的接口，以便于数据的导入，即便要独立开发构建三维场景的软件，也可利用 3ds 公开的文件格式读取桥梁的三维数据。

4.3.2 “桥梁—结构物—构件”三级建模体系

1）结构物类型

桥梁三维建模采用“桥梁—结构物—构件”三级建模体系。一座桥梁是由若干结构物组成，如上部结构、下部结构、桥面等；每一个结构物又由若干构件组成，如一个桥墩可由墩帽、墩身、基础等组成。这里的一个构件是指便于三维几何定义和建模的一个绘图单元，这样一个结构物就是若干绘图单元的集合体。在梁、墩、台、塔、杆件、拉索等各类结构物中，桁架中的杆件、斜拉桥中的斜拉索、悬索桥中的吊杆（索）等有自己的特点和规律性，为便于定义和建模，将它们合称为杆（索）系，即是指其一端或两端被约束在给定的路径（或称导轨）上并按一定规律排列的杆件、拉索系列，以示区别于梁、墩、台、塔等一般结构物。为此，根据结构物在设计计算上的特点和规律性，本着便于定义和建模的原则，将桥梁中的结构物分为如下三种类型：

（1）杆（索）系 1

杆（索）系 1 是指其两端分别被约束在各自给定的路径（或称导轨）上并按一定规律排列的杆件、拉索系列。

（2）杆（索）系 2

杆（索）系 2 是指其一端被约束在给定的路径（或称导轨）上并按一定规律排列的杆件、拉索系列。

（3）一般

除杆（索）系以外的任何结构物，如梁、墩、台、塔等。

2）三级坐标系

如图 4-11 所示，与“桥梁—结构物—构件”二级建模体系对应的便于三维几何定义和描述的三级坐标系为：

（1）全局坐标系 $OXYZ$

X 轴指向正东，Y 轴指向正北，Z 轴竖直向上。

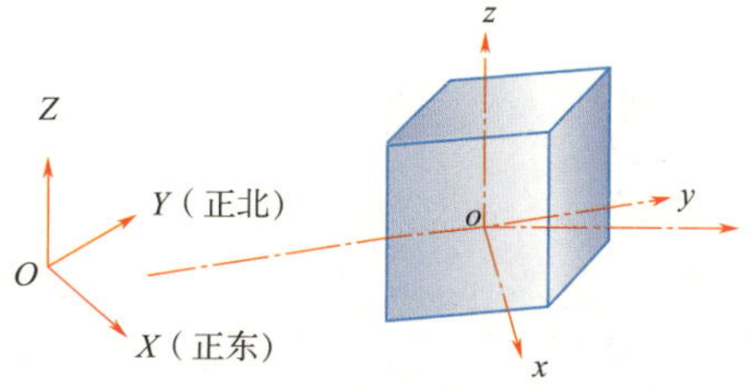

图 4-11 桥梁三维建模中的坐标系

（2）结构物局部坐标系 $oxyz$

原点 o 可根据建模的方便性自由选取；x 轴正向大致为路线右法向，二者之间的夹角正负规定是：在平面图上看，x 轴正向逆时针旋转到路线右法向时为正，反之为负；y 轴正向大致为路线前进方向，当然要随 x 轴正向与路线右法向的夹角而变化，xy 平面平行于 XY 平面；z 轴正向与 Z 轴正向相同，即竖直向上。

（3）构件表面坐标系 $oc_1c_2c_3$

为便于描述构件的上、下、左、右、前、后六个表面，由 $oxyz$ 坐标旋转变换而得到构件表面坐标系 $oc_1c_2c_3$，c_1、c_2、c_3 分别为三个坐标轴，相应的构件表面为（c_1，c_2）平面或其平行面，六个表面坐标系与 $oxyz$ 的对应关系为：

上、下表面：（c_1，c_2，c_3）=>（x，y，z）

左、右表面：（c_1，c_2，c_3）=>（y，x，z）

前、后表面：（c_1，c_2，c_3）=>（z，x，y）

以上三级坐标系都遵照右手法则。

3）定位点

定位点是指结构物局部坐标系的坐标原点 o，需要确定该点在全局坐标系 $oxyz$ 中的坐标，从而确定该整个结构物在 $oxyz$ 中的空间位置。定位点类型（或称定位点的描述方法）有如下两种。

（1）桩号、偏距和高程

给出定位点的桩号、偏距和高程，可计算出定位点在 $oxyz$ 中的空间位置，从而确定结构物在 $oxyz$ 中的空间位置。可给出多个定位点，表明该结构物在多个位置被重复使用和绘制，如桥梁中多个一样的桥墩。在这里，偏距是指某点到设计线的垂直距离，该点在设计线右侧时，其偏距为正，反之为负。以下同。左、右侧是以设计线前进方向（即桩号增大方向）为准。

（2）在横断面上从设计线位置到定位点的计算路径

如图 4–12 所示，这里定义的计算路径是一路径点序列 P_i（i=1，…，n），并以"设计线"位置 P_0 为计算起点。利用高程计算类型、偏距计算类型以及相应的高程值（高差值、横坡）、偏距值（偏距增量）等信息，由 P_0 可计算出第一个路径点 P_1 在 $oxyz$ 中的空间位置，再由 P_1 算出第二个路径点 P_2 的位置，依此类推，直至最后一个路径点，即"定位点"位置。

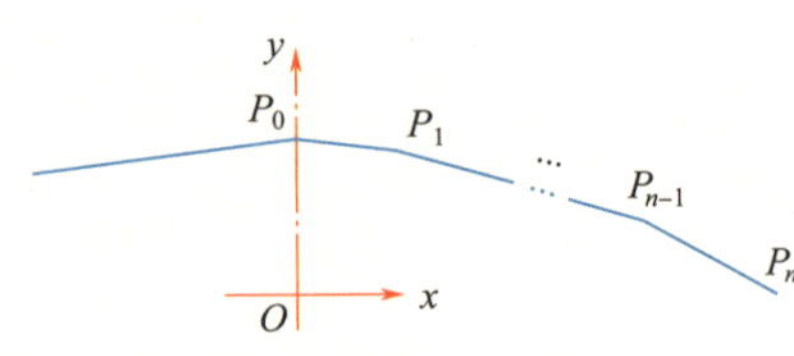

图 4–12　某桩号处横断面上的计算路径

4）一条直线与某路线某边线的交点计算方法

设图 4–13 中交点 D 相应于交汇路线的桩号为 S，则 D 相应于交汇路线设计线的偏距为 W（S），W（S）可由交汇路线的路幅中各部分的宽度变化图线求得。设直线 CD 的方程为 $y=ax+b$（或 $y=c$，或 $x=c$），a，b 或 c 为方程系数，由式（4–1）可求得 D 点坐标（X_d（S），Y_d（S）），而 D 点应在直线 CD 上，于是可建立如下非线性方程

以求得 S：

$$\begin{cases} f(S)=a\cdot X_d(S)+b-Y_d(S) \\ 或 f(S)=Y_d(S)-c=0 \\ 或 f(S)=X_d(S)-c=0 \end{cases} \tag{4-3}$$

可由正割迭代法或其他方法求解式（4-3）。求得桩号 S 后即可确定 D 点坐标。

5）坐标变换

上述三级坐标系方便了三维几何定义和描述，但在局部坐标系中创建的图形实体需经过坐标变换，以便确定其在全局坐标系 $OXYZ$ 中的空间位置。

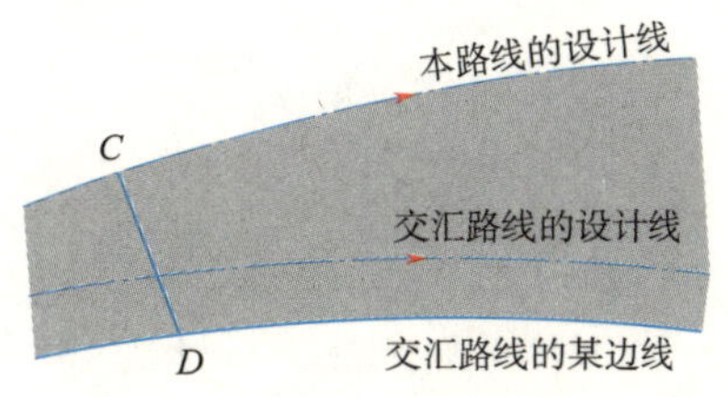

图 4-13　沿法向到某交汇路线某边线的偏距

4.3.3 "一般"结构物的构件三维建模方法

常用的构件三维模型的类型有如下几种。

1）实体模型

常用的实体模型是圆环、球、拉伸实体等，可同时定义多个实体，其中第一个实体为主实体，其余为子实体，主、子实体之间进行布尔运算而形成一个整体（即组合实体），从而可由简单实体创建复杂的实体。

拉伸实体有如下两种：

（1）沿表面的法向拉伸。给定沿表面法向拉伸的长度 H、沿表面法向拉伸的锥形（taper）渐变坡度 $1:M$，所得拉伸实体如图 4-14 所示。

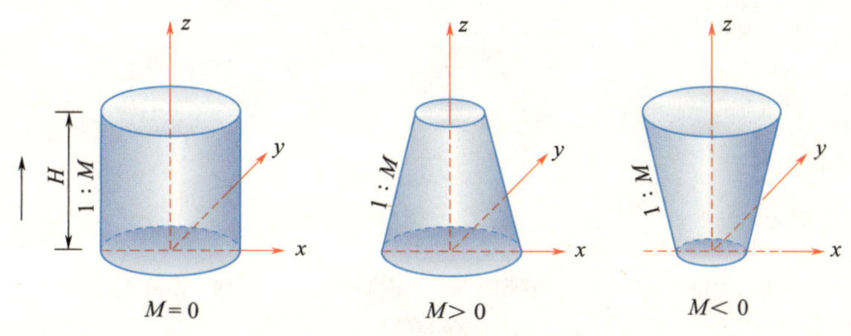

图 4-14　沿表面的法向拉伸

在桥梁构件三维建模中，被拉伸的构件表面一般常位于某个坐标平面上，即 xy 平面、yz 平面或 zx 平面上，或平行于某个坐标平面，第三维坐标轴就是该表面的法向，$H>0$ 表示沿该坐标轴正向（即正法向）拉伸，反之则沿该坐标轴负向（即负法向）拉伸。

M=0 表示在拉伸过程中不收缩或放大；M>0 表示在拉伸过程中收缩；M<0 表示在拉伸过程放大。

（2）沿一路径拉伸。如图 4–15 所示，*abcd* 为拉伸路径，将构件端表面沿该路径拉伸即可得相应的拉伸实体。这种方法适用于大多数桥梁构件的三维建模，如主梁、拱、杆、索等。

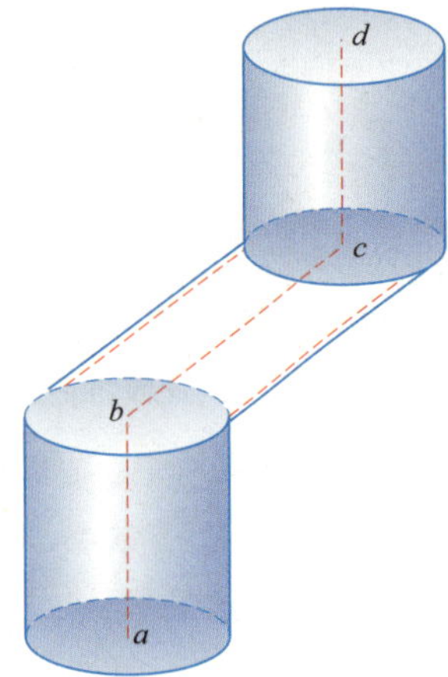

图 4–15　沿一路径拉伸

2）与桩号有关的面模型

对于弯桥上部结构，如主梁，因超高、加宽设置或梁高变化，其横断面随桩号而变化，需要采用面模型方法来建模：根据横断面定义，在给定的桩号区间 [S_b，S_e] 内以一定桩距逐桩计算横断面，再把相邻两横断面设计线按点序用三维面（3DFace）依次连接起来。建立该面模型过程中，对面进行“切割”，如图 4–16 所示。计算每个将要绘制的三维面的四条边与竖剖面（“切割”面 *ab*、*cd* 的交点，如 *i*、*j*、*k*、*m* 等，如无交点，则该三维面直接绘制即可，如图 4–16 中的 *ghpq* 所示；如有交点，则绘制“切割”后的剩余部分。剩余部分的顶点总数为 3、4、5 或 6，分别如图 4–16 中的 *cjk*、*bcha*、*ghcji* 和图 4–17 中的 *defghi* 所示，若顶点总数不超过 4，则绘制成一个三维面（3DFace），反之，则绘制成两个三维面（3DFace）。

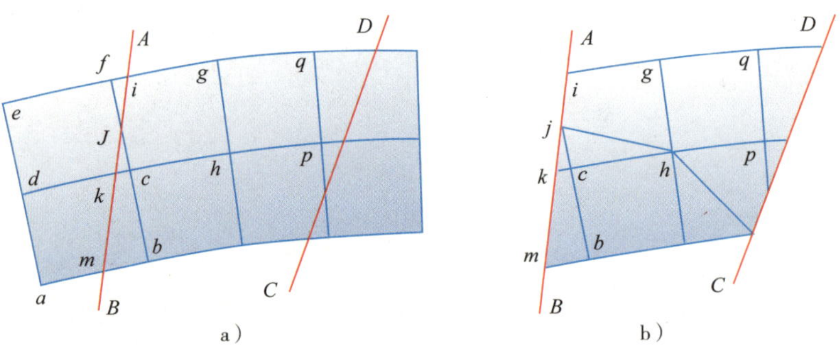

图 4–16　某两桩号处沿竖剖面对面模型进行“切割”示意图一

a）切割前平面图；b）切割后平面图

3）与桩号无关的面模型

只需定义构件的两个相对应的表面，如上、下表面，这两个表面一般为空间平面，可绘制成面域（AcDbRegion）。按两表面的顶点顺序用三维面（3DFace）依次连接起来，即可绘出该构件的侧面模型，如图 4–18 所示。两对应表面的顶点总数一般相等，如图 4–18a）所示；也可能不相等，如图 4–18b）所示，这时采用重复记录顶点的方法使两表面的顶点总数变得相等；一个表面实际只是一个顶点，如图 4–18c）所示，这时可绘制锥体，如锥坡。这里“与桩号无关”是相对于上述“与桩号有关”而言的，即不需要根据桩号进行断面计算。

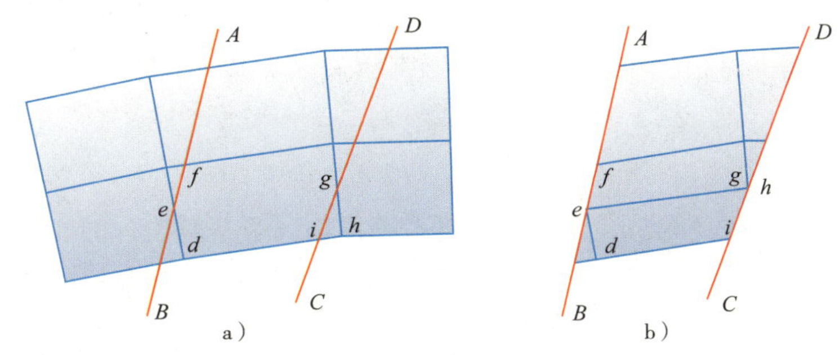

图 4–17　某两桩号处沿竖剖面对面模型进行“切割”示意图二

a）切割前平面图；b）切割后平面图

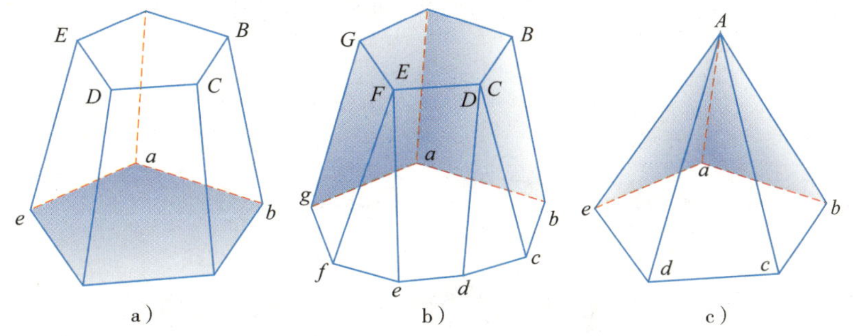

图 4–18　与桩号无关的面模型

4.3.4　栏杆三维建模方法

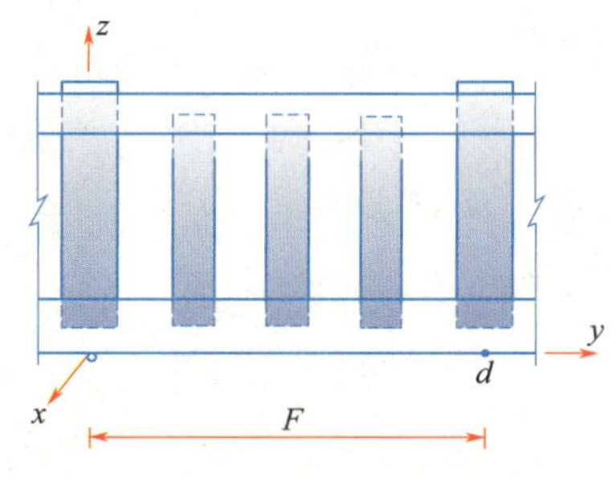

图 4–19　一跨栏杆（立面图）

栏杆是一种特殊的“一般”结构物，在应用上述三维建模方法的同时还要考虑栏杆的如下特殊性：当在弯桥、坡桥上时，栏杆的三维建模要考虑平面弯曲及纵坡的影响，如图 4–19 和图 4–20 所示。图 4–19 定义了标准的“一跨栏杆”，F 为跨长，即第一节中所述的定位点间距。F 是在给定的桩号区间 $[S_b, S_e]$ 沿路线设计线量取的，对于直线路段，一跨栏杆的实际跨长就等于 F。但对于曲线路段，一跨栏杆的实际跨长在曲线外侧、内侧有所增、减，如图 4–20a）所示，一跨栏杆 od

在曲线左、右侧的实际跨长分别调整为 F_L 和 F_R，这样才能连续地设置一跨栏杆。为此，在创建图 4–19 所示一跨栏杆中每一构件的三维模型时，其 y 坐标分量应首先按下式调整为：

$$y'=y\cdot F_L（或 F_R）/F \tag{4–4}$$

如图 4–20b）所示，当在纵坡路段时，计算出 o、d 两点的实际高程，得到连线的纵坡 i，在创建一跨栏杆中每一构件的三维模型时，其 z 坐标分量应首先按下式调整为 z' ：

$$z'=y'\cdot i+z \tag{4–5}$$

由式（4–4）和式（4–5），可实现在任意路段情况下一跨栏杆的连续设置。

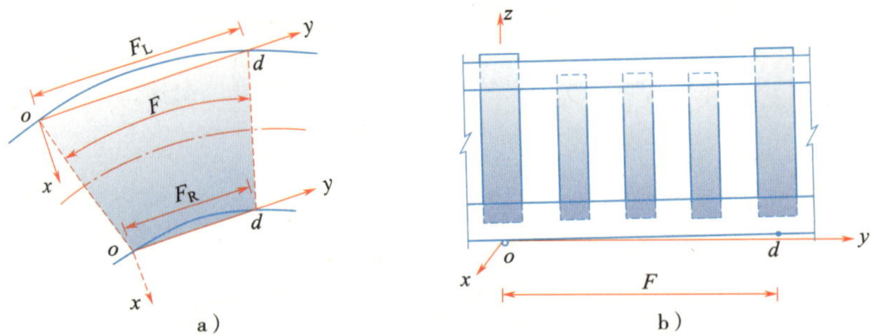

图 4–20　一跨栏杆设置

a）曲线路段；b）纵坡路段

4.3.5　杆（索）系三维建模方法

杆（索）系是指其一端或两端被约束在给定的路径（或称导轨）上并按一定规律排列的杆件、拉索系列。在杆（索）系中，每一个杆（索）的几何形状一般都是相同的，只是其长短、位置取决于所给的约束条件。因此，杆（索）系建模步骤是：首先定义一个杆（索）的三维模型，然后再给定杆（索）的起、终点所在的路径及杆（索）的排列规律，据此就可绘制出一系列杆（索）来。

1）一个杆（索）的三维模型

对于“杆（索）系 1”中的一个杆（索），应按图 4–21 所示定义为实体模型，其长度 L 应足够长，以大于实际采用长度为原则进行设置，而且可同时定义多个实体，其中第一个实体为主实体，其余为子实体，主、子实体之间进行布尔运算而形成一个整体（即组合实体），从而可由简单实体创建复杂的杆（索）实体。对于“杆（索）系 2”中的一个杆（索），可定义为实体模型、面模型或二者的混合模型。另外，一个杆（索）的三维模型也可以是现有的“块”，由“块”插入方法来实现三维建模。因此，一个杆（索）的三维模型定义方法与 4.3.3 所述的构件三维模型相同。

2）杆（索）的起、终点所在的路径

起、终点所在的路径是分别定义的，其定义方式与上节拉伸实体的拉伸路径的定义方式相似，但为方便三维建模，杆（索）起、终点所在路径的定位点可以不同，该定位点就是结构物局部坐标系的 *oxyz* 坐标原点，即可采用不同的局部坐标系 *oxyz*，当然只是坐标原点 *O* 不同。如图 4–22 所示，悬索桥（吊桥）的吊杆系列即为“杆（索）系 1”，上面的悬索 *AB* 和桥面上的直线 *CD* 分别为吊杆的起、终点所在的路径。对于“杆（索）系 2”，则只定义起点所在的路径。

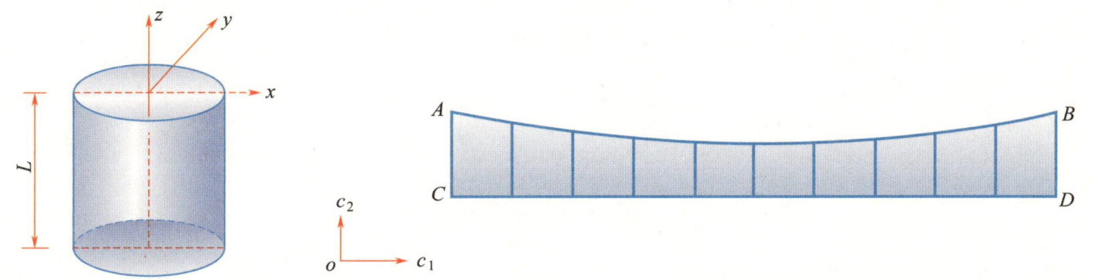

图 4–21　杆（索）实体定义　　　　图 4–22　吊杆系列的起、终点所在路径

3）第一个杆（索）的起、终点的第一维（c_1）坐标

第一个杆（索）的起、终点的第一维（c_1）坐标与起、终点所在路径的位置类别有关，对应关系如下：

路径位置类别为“在 *yz* 平面”：c_1 为 *y* 轴；

路径位置类别为“在 *zx* 平面”：c_1 为 *z* 轴；

路径位置类别为“在 *xy* 平面”：c_1 为 *x* 轴；

路径位置类别为“在三维自由空间”：c_1 为 *y* 轴。

给定第一个杆（索）的起、终点的第一维（c_1）坐标，根据起、终点所在路径，计算其第二维（c_2）及第三维（c_3）坐标，再由所给杆（索）间距类型和间距增量类型（见下述），依次计算各个杆（索）的坐标。

4）杆（索）间距类型

杆（索）间距类型有如下三种：

（1）沿第一维（c_1）轴向，c_1 的规定同上。

（2）沿路径走向。也可称为“沿路径弧长方向”。若给定的杆（索）间距大于 0，则沿路径正走向设置杆（索），反之则沿路径反走向设置杆（索）。

（3）直接取自路径顶点。当杆（索）起、终点所在路径是一条由路径点序列构成的折线时，杆（索）起、终点可直接取为路径顶点（即给定的路径点）。

5）杆（索）间距增量类型

对于上述前两种杆（索）间距类，杆（索）间距可按“等差”或“等比”方式逐渐变化，需给定相应的杆（索）间距差或间距比。显然，若间距差为0或间距比为1，则按等间距设置杆（索）。

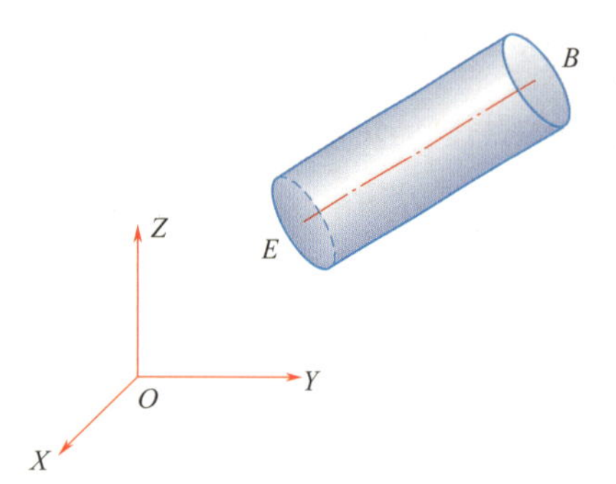

图4-23 “杆（索）系1”的一根杆（索）

6）“杆（索）系1”中的一根杆（索）的绘制方法

对于“杆（索）系1”，由上述定义数据可计算出其中的每一根杆（索）的起、终点在全局坐标系中的坐标，然后以起、终点连线为轴线可绘制出该根杆（索），如图4-23所示。

4.4 隧道三维建模方法

随着公路向山区的延伸，隧道修建越来越多。公路隧道的设计不仅要充分考虑复杂地形的影响，而且涉及道路、隧洞、交通、照明、绿化等多个专业，是一项复杂的系统工程。传统的二维设计采用三视图的方法来反映整体工程的三个侧面，不能明确体现出工程各部分在空间上的逻辑关系，往往不能表达设计者的最终意图。而公路隧道的三维效果设计可以清楚地反映出工程各部位的高程信息，能使用户和决策者对建成后的工程形象有直观、全面的感受，对公路隧道方案的选择有重要意义。

在公路隧道中，隧道构造物主要包括隧道、路面、边墙、排水沟等工程建筑物。这些地物实体模型属静态空间数据模型，包括空间位置、形状和空间拓扑关系等信息，静态空间实体之间的空间关系是通过GIS内建的拓扑结构来维护的。针对不同类型的建筑物，分别采用有针对性的建模技术建立三维可视化数字模型。

（1）特征建模方法

特征建模方法主要用于隧道与路面模型的建立。特征建模是基于一组预定义特征，在系统内部预先形成特征库和特征分类，并组织成层次化的结构，在设计过程中，用户可根据需要交互输入特征类型，然后通过定义尺寸约束，添加位置约束，完成特征约束模型的建立和求解。以隧道模型为例，根据其横断面类型以及沿中轴线各段的形状特征，定义了形状特征库，如圆形、城门洞形、马蹄形、高拱形以及直段、转弯段、渐变段等。各种基本特征几何模型，可根据几何约束与拓扑关系，由相应的计算模块得到。对于直段，以城门洞型隧道为例，其外表面可根据两端面有关尺寸参数（如宽度、高度、顶拱圆弧直径）、中轴线布置参数及进出口底板高程，用许多小多边形来近似表示。顶拱圆弧用均匀划分的一系列直线段逼近（具体划分段数视精度要求而定）。若用 n 边形来近似表示直段两端面，则该直段可近似地看作一个 n 棱柱，将 n 边形的顶点按一定的顺序（逆时针或顺时针）编号。利用这 $2n$ 个点，将其按一定的方式对应相连，就可构成由平面组成的近似曲面。对于转弯段，已知曲率半径、中心角、坡度及弯曲段拟合精度，可将转弯弧段均匀划分，各小段按近似直段处理。对于渐变段，一般采用半径渐变的圆弧连接，使内表面顺隧道方向平顺渐变。根据进口断面高度 H 和宽度 W、出口断面圆半径 R、渐变段长度 L，以及进出口断面底部高程等基本参数，结合渐变段的几何形状，可建立渐变段特征几何模型。

在绘制某一类型隧道时，根据对象基本形状特征，输入尺寸参数，调用相应特征库中的建模子程序，建立各段实体模型，然后组合相关特征几何模型构建整个隧道实体模型。路面模型的建立可以采用同样的办法，只需要根据路面的断面类型及形状特征建立各路面直段、弯段等的子程序，然后根据上述方法建立路面三维模型即可。

（2）参数化实体建模方法

参数化实体建模主要用于边墙、排水沟等其他构造物模型的建立。参数化实体建模的思想是根据一定的几何参数及几何关系建立一系列约束方程，然后由这些方程求解图素的形状、位置以及相互间的组合关系。参数化设计中，将表现设计对象所有图素的尺寸及位置与一定的约束条件相关联，当某一图素的尺寸和位置发生改变时，系统依据它与周围图素之间的约束条件，自动修改这些图素的尺寸和位置来更新整个图形。采用参数化实体建模技术建立三维数字模型时，首先定义全局变量和局部变量，全局变量作用于整个实体，每一部分都响应它的变化，局部变量只控制指定的部分，编写程序调用属性数据确定构造物的主要控制点以及形体参数（包括各部分、各方向几何尺寸及拓扑信息），通过使用绘图函数绘出三维数字模型。例如，建立排水沟三维数字模型时，以排水沟中心线底面点为控制点，根据排水沟各组成部分的关键点（这些关键点是指绘制该部分时绘图函数需要使用的控制点）距中心点的距离、旋转角度，以全局变量的形式定义定位尺寸以确定其具体位置，根据各部分设计尺寸，以局部变量的形式定义形状尺寸，输入这些变量，通过 GIS 自带的绘图对象如 Polygon，

Multipatch 等，并调用各自的绘图函数将排水沟各组成部分绘制出来，然后将各部分按照其相互拓扑关系组合在一起，组合时遵循按固定点组合的原则，固定点是构造物绘制的起始点，无论构造物的大小是否改变，固定点的坐标位置始终不变，组装完毕后就得到了整个排水沟的三维数字模型。当设计方案变化时，只需改变相应的全局变量或局部变量重新生成数字模型即可。

以端墙式洞门为例，洞门模型的构建可按以下步骤进行：首先按照横断面模板编辑时设计的隧道内部轮廓，提取隧道入口（和出口）桩号处的隧道内部轮廓控制点；然后利用这些轮廓点，依次连接成多边形面；最后沿隧道前进方向的反方向将绘制的多边形面拉伸出一定厚度，由面构成体，为了美观，应符合当地山体地形、环境，进行相应的纹理映射，最终形成隧道洞门模型。

以上隧道洞门模型的构建是系统自动完成的，除此之外，还可以用 3DMax 等三维建模工具建好隧道洞门模型，然后利用系统的道路美化功能将模型直接插入相应的隧道洞口。

隧道洞门仰坡是从隧道顶（明暗交界里程）沿掘进方向按照一定坡度开始直至地面线的坡面，是为加固隧道洞门顶部地形而设置的。对于隧道洞门仰坡的三维模型，其具体做法是顺线路纵向沿线路中线及路基边缘戴帽子，得到仰坡上缘的三点，如图 4–24 中的 *B*、*C*、*D* 三点，再沿隧道左右侧边坡面与仰坡面的交线 *AF* 和 *EG* 戴帽子。得到仰坡与边坡上缘的交点 *A*、*E* 两点，连接 *A*、*B*、*C*、*D*、*E* 五点即得隧道仰坡的边缘线，由此边缘线即可构成仰坡多边形，再映射相应的纹理即可得到洞门仰坡模型。

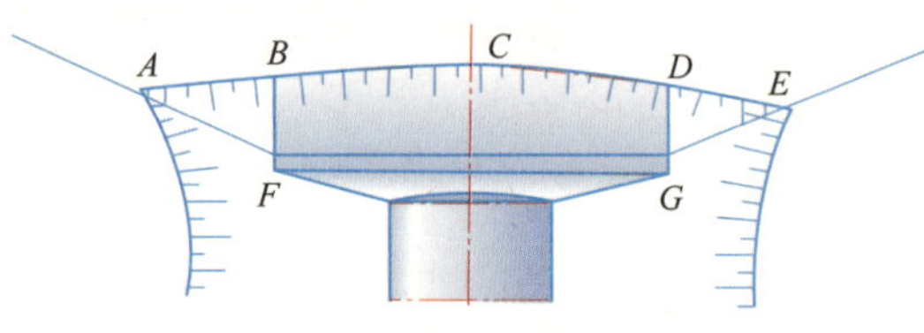

图 4–24　洞口仰坡示意图

洞口边坡是指明洞段路面两侧做成的具有一定坡度的坡面，是为加固洞口两侧地形而设置的。洞口边坡模型的构建步骤同道路边坡模型的构建。

4.5　涵洞三维建模方法

4.5.1　涵洞定位计算方法

隧道是位于路线上的，上述隧道三维模型及定位都是根据路线平、纵、横资料进行计算的。为利用上述隧道建模方法来建立涵洞三维模型，需定义涵洞中心设计线的平、纵线形，其形式与一般路线的平、纵线形相同，简述如下：

平面线形一般由两种线性单元（即直线段和圆曲线段）组成。当然，直涵的平面线形只是一段直线。图 4–25 为某曲涵的平面线形，是由直线段 L_1、圆曲线段 L_2 和直线段 L_3 组成，L_1、L_2、L_3 分别为其长度。对其中圆曲线半径 R 的规定是：$R>0$ 表示右偏转的圆曲线段，$R<0$ 表示左偏转的圆曲线段。平面线形起点 B 处定义数据有：起始桩号 S_b、起点大地坐标（x_b，y_b）及起点处切向方位角 θ_b。起始桩号一般取为 0。由此可知，涵洞中心设计线的平面线形，在形式上与一般路线的平面线形相同，只是一般没有回旋曲线。

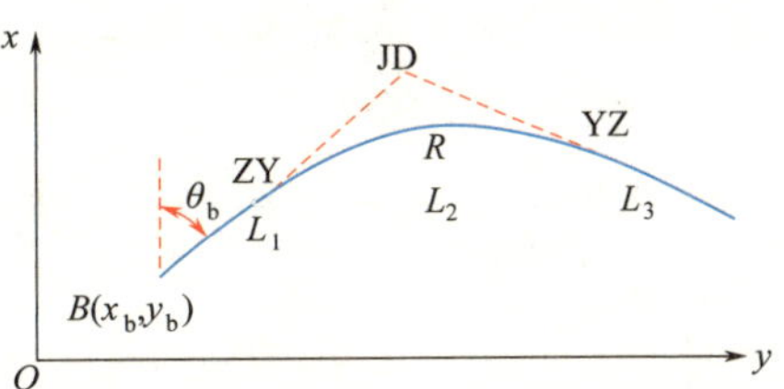

图 4–25　涵洞中心设计线的平面线形

纵面线形也与一般路线相同，即由直线坡段和竖曲线组成，如图 4–26 所示，可由一转坡点序列 P_i（S，Z，R）（i=0，1，…，n–1）来定义，其中，S、Z、R 分别表示转坡点的桩号、高程和插入的竖曲线半径，为总数。显然，P_0 和 P_{n-1} 分别表示纵面线形的起、终点。

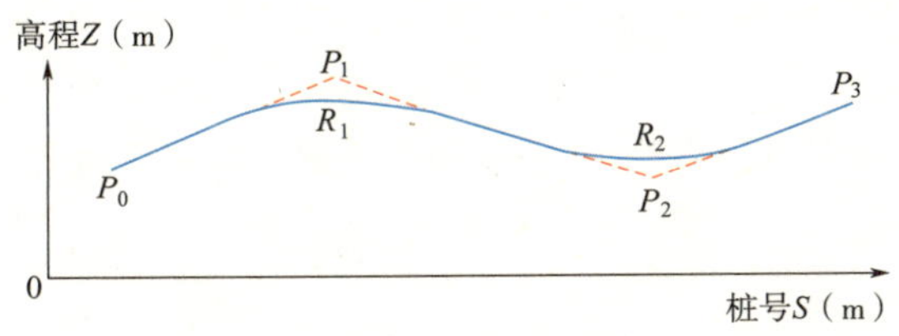

图 4–26　涵洞中心设计线的纵面线形

根据以上定义的涵洞中心设计线的平、纵线形，即可计算出涵洞上任一桩号处的三维坐标，从而可确定涵洞洞身、洞门等各部分的空间位置，以实现涵洞三维建模。

4.5.2　涵洞洞身、洞门三维建模方法

涵洞洞身、洞门三维建模方法详述如下：

（1）建立洞身实体

涵洞洞身横断面的定义与隧道洞身横断面相同，但可同时定义多个洞身横断面，以便于多孔（跨）涵洞建模。图 4–27 所示涵洞有两个孔，每孔涵身横断面的定义都与隧道相同。将图 4–27 所示洞身横断面自涵洞起点到终点沿涵洞中心设计线拉伸（或称扫描），即可得到洞身拉伸实体。

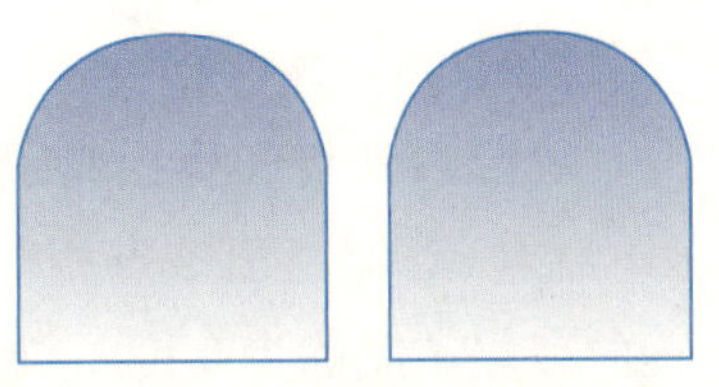
图 4–27　涵洞洞身横断面

（2）建立端墙实体

涵洞洞口形式要比隧道复杂，特别是对于斜涵，其洞口有斜口正做、斜口斜做等形式，相应的端墙形状要比隧道端墙丰富，因此，涵洞端墙实体的定义方式也要多

样化。端墙三维建模的基本方法是将端墙的某一截（剖）面沿拉伸路径拉伸（或称扫描），而得到该端墙的拉伸实体模型。为适应端墙实体及下述洞口开挖实体的建模要求，采用如下建模步骤和方法：

①三级坐标系。

如图 4–28 所示，采用如下便于三维几何定义和描述的三级坐标系：

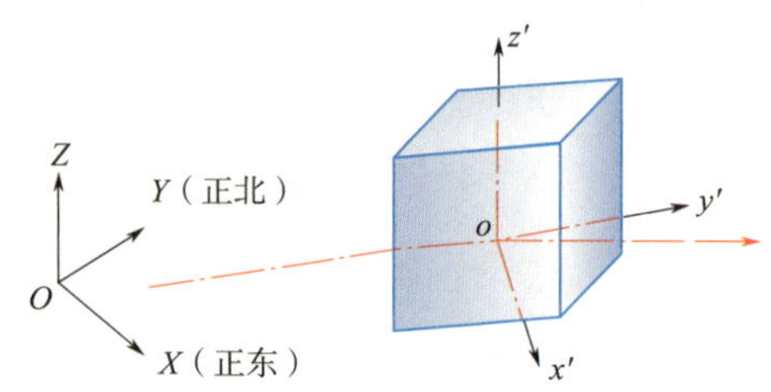

图 4–28 实体模型坐标系

a. 全局坐标系 *OXYZ*。

X 轴指向正东，*Y* 轴指向正北，*Z* 轴竖直向上。

b. 实体模型局部坐标系 $ox'y'z'$。

原点 *o* 可根据建模的方便性自由选取；x' 轴正向大致为涵洞设计线右法向，二者之间的夹角正负规定是：在平面图上看，x' 轴正向逆时针旋转到设计线右法向时为正，反之为负；y' 轴正向大致为设计线前进方向，且随 x' 轴正向与设计线右法向的夹角而变化，$x'y'$ 平面平行于 *XY* 平面；z' 轴正向与 *Z* 轴正向相同，即竖直向上。

c. 实体模型的截（剖）面坐标系 *oxy*。

为便于实体模型构建，截（剖）面位置可在“平面”、“纵面”或“横面”，相应的截（剖）面坐标系 *oxy* 与 $ox'y'z'$ 的对应关系为：

“平面”坐标系 *oxy*：$(x, y) \rightarrow (x', y')$；

“纵面”坐标系 *oxy*：$(x, y) \rightarrow (y', z')$；

“横面”坐标系 *oxy*：$(x, y) \rightarrow (x', z')$；

在截（剖）面坐标系 *oxy* 中，相应的截（剖）面为 (x, y) 平面。

②定位点。

定位点是指实体模型局部坐标系 $ox'y'z'$ 的坐标原点 *o*，亦即截（剖）面坐标系 *oxy* 原点 *o*，需给出该点相对于涵洞设计线的桩号和偏距以及相对于该桩号处设计高程的高差（简称为高度），以便计算该定位点在 *OXYZ* 中的空间位置，从而确定实体模型在 *OXYZ* 中的空间位置。其中偏距是相对涵洞的设计线而言，当定位点在设计线右侧时，偏距为正，反之为负；偏距为 0 时，则定位点恰好在设计线上。

③截（剖）面。

如图 4–29 所示，截（剖）面一般为多边形，以截（剖）面坐标系原点 *o* 为计算起点，即截（剖）面多边形的第一边 *oa* 的起点。每边的定义方式有两种：

a. 直接给定边的终点坐标（x，y）；

b. 给定边的坡度 1 ∶ M 和宽（高）度 WH。

若 M=0 则为竖直边，如图 4–29 中 ab 边，此时 WH 表示其高度；若 M= ∞ 则为水平边，以图 4–29 所示坐标系为准，由此可计算边的终点坐标。以 oa 边为例，由其起点 o 的坐标（x_o，y_o）计算其终点坐标（x_a，y_a）：

$$\left\{\begin{aligned} x_a &= \begin{cases} x_o + WH, & M \neq 0 \\ x_o, & M = 0 \end{cases} \\ y_o &= \begin{cases} y_o, & M = \infty \\ y_o + WH/M, & M \neq 0 \\ y_o + WH, & M = 0 \end{cases} \end{aligned}\right. \qquad (4\text{–}6)$$

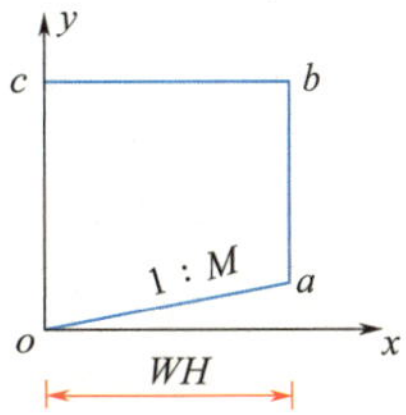

图 4–29

由式（4–6）可一次计算出 a、b、c 的坐标，从而得到截（剖）面多边形 $oabc$。

④拉伸路径。

拉伸路径是由路径点序列来定义的。每个路径点的定义方式有两种：

a. 在实体模型局部坐标系 $ox'y'z'$ 中给定路径点的三维坐标（x'，y'，z'），通过坐标变换得到在全局坐标系 $OXYZ$ 中的坐标。

b. 给定每一路径点相对于涵洞设计线的桩号和偏距，以及相对于该桩号处设计高程的高差，以便计算该点在全局坐标系 $OXYZ$ 中的空间位置。

⑤建立拉伸实体模型。

由以上定义的端墙截（剖）面和拉伸路径可建立端墙的拉伸实体模型，利用端墙实体减去洞身实体，则可在端墙上开挖出涵洞端口，即涵洞两端的出入口。

（3）建立洞口开挖实体

隧道洞口是在原始地表面上开挖出来的，而涵洞洞口是在路基边坡面（有时包括一部分地表面）上开挖出来的，因此应在路基三维建模工作完成后进行涵洞洞口开挖。首先要建立洞口开挖实体。洞口开挖实体的建模方法同上述端墙实体，是竖向（z' 轴方向）开挖实体、横向（x' 轴方向）开挖实体和纵向（y' 轴方向）开挖实体三者的交集，即可单独或同时进行竖向、横向和纵向开挖。

①竖向（z' 轴方向）开挖实体。截（剖）面位置在“平面”，即由“平面”上开挖轮廓多边形沿竖向（z' 轴方向）拉伸来创建竖向拉伸实体。

②横向（x' 轴方向）开挖实体。截（剖）面位置在“横面”，即由“横面”上开挖轮廓多边形沿竖向（x' 轴方向）拉伸来创建竖向拉伸实体。

③纵向（y' 轴方向）开挖实体。截（剖）面位置在“纵面”，即由“纵面”上开

挖轮廓多边形沿竖向（y' 轴方向）拉伸来创建竖向拉伸实体。

以上竖向开挖实体、横向开挖实体和纵向开挖实体三者的交集即为洞口开挖实体。洞身实体减去洞口开挖实体，就可以去掉洞身在洞口处多余部分。

（4）涵洞洞口开挖

如图 4-30 所示，路基三维建模后，得到了由路基设计表面模型和地表面模型交接而成的组合模型，其中包括三维面和面域，并保存在一个图形数据库中，遍历该数据库。若某个三维面或面域在涵洞洞口开挖范围内，则创建竖向拉伸实体，并与洞口开挖实体进行差运算，即可实现涵洞洞口开挖。

（5）翼墙、锥坡、扭坡等三维建模

涵洞洞口往往有翼墙、锥坡、扭坡等构造物，这些构造物不参与布尔运算，故其三维模型可为面模型或实体模型，实体模型的构建方法同上述端墙实体；面模型的构建方法与隧道翼墙类似，如图 4-31 所示，只要给出某构造物的两个对应表面的各个顶点三维坐标，则采用三维面模型很容易绘出这两个对应表面和各个侧面。表面顶点的坐标定义方式有两种：①直接给出某顶点的三维坐标（X，Y，Z）；②给出某顶点相对于涵洞设计线的桩号、偏距以及相对于该桩号处设计高程的高差，以便于计算该点的空间位置。其中偏距意义同上。

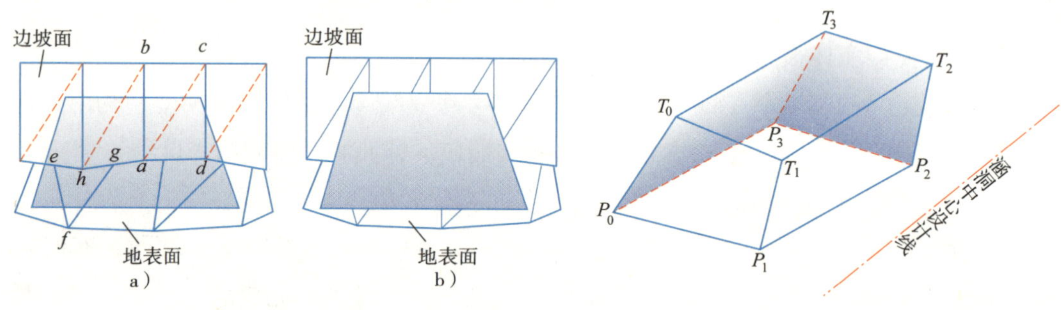

图 4-30　涵洞洞口开挖

图 4-31　翼墙、锥坡、扭坡等面模型

4.6　交通安全设施及附属设施三维建模方法

4.6.1　交通安全设施三维建模方法

道路交通安全设施主要包括标志、标线、护栏等，其他附属设施包括灯柱、隧道通风机及照明灯具等。其各自的建模内容及特点分析如下。

道路交通标志是用图形、符号、颜色和文字向交通参与者传递特定信息，用于管理交通的设施。交通标志分为主标志和辅助标志两大类，其中主标志包括警告标志、禁令标志、指示标志、指路标志、旅游区标志及道路施工安全标志等。交通标志的形状、图案、尺寸、构造等都有严格的标准规定，不得随意更改，因此可按标准规定，将各类标志预制成模型，然后在所需位置处插入相应的模型。道路交通标线是由标画于路面上的各种线条、箭头、文字、立面标记、突起路标和轮廓标等所构成的交通安全设施。它的作用是管制和引导交通，可与标志配合使用，也可单独使用。交通标线按形态可分为以下四类。

①线条是指标画于路面、缘石或立面上的实线或虚线，颜色有白色和黄色两种，例如路中线、行车道左右边缘线、车道分界线、立交出入口分合流处区域状标线、平面交叉口内导流线等。根据路线平、纵、横等设计数据计算出线条的空间位置，用面模型来绘制各个线条。

②字符标记是指标画于路面上的文字、数字及箭头等各种图形符。

③突起路标是指安装于路面上用于标示车道分界、边缘、分合流、弯道、危险路段、路宽变化、路面障碍物位置的发光或不发光体。

④路边线轮廓标是指安装于道路两侧，用以指示道路的方向、车行道边界轮廓的发光柱（或片）。

路侧护栏是指设置于道路横断面两侧土路肩上的护栏，用来防止失控车辆越出路外，保护路边构造物和其他设施。中央分隔带护栏是指设置于公路中间带内的护栏，用来防止失控车辆穿越中间分隔带闯入对向车道，保护中央分隔带内的构造物和其他设施。凡设置于桥梁上的护栏称为桥梁护栏，即使是采用与路段相同形式的护栏，也称为桥梁护栏。路上、桥上设置的护栏形式有波形梁护栏、混凝土护栏和缆索护栏等几种。波形梁护栏和缆索护栏的立柱有圆柱形和槽形两种。波形梁或缆索则根据其横截面形式来创建其面模型或拉伸实体模型。混凝土护栏的构造特征即行车道一侧的断面形式，常用的有基本型（NJ 型）、改进型（F 型）和组合式，根据所选用的横断面形式来创建其面模型或拉伸实体模型。

除上述标志、标线、护栏外，道路上还有防炫设施、防噪设施、通风设施及照明设施（灯柱、灯具）等其他各种附属设施。

4.6.2 附属设施三维建模方法

道路的设计不仅要满足交通的需要，还要考虑照明、绿化、美观各方面的影响，道路附属设施三维模型也是公路三维表达中很重要的组成部分。道路附属设施主要指和道路相关的排水设施、安全设施、防护设施、监控设施、通信设施、收费设施、绿化设施、服务设施、管理设施、照明设施、消防设施、通风设施、渡口码头、交叉道口、苗圃菜地、界桩、测桩、里程碑等。道路附属设施作为道路的重要组成部分，是不可缺少的一部分，也是构成道路的一道风景线。所以，道路附属设施模型的构建要综合考虑周边环境等自然要素。

这类模型的几何形状和表面材质与纹理特征具有一般性，并且可以重复使用，包括点状模型、线状模型、面状模型和纹理模型等。从三维可视化表现的真实感和建模方法上考虑，将这些附属实体模型分为以下几类，分别介绍其建模方法。

（1）连续带状实体模型，如路面标志线、人行道等对于连续带状实体的建模可在3DSMax中完成，选取三维放样实体造型功能（Loft Object），依次导入三维放样截面shape和放样路径loft，按截面和相应路径对应关系，生成相应的三维放样实体。由于放样路径是按实际的设计坐标和高程生成，而放样截面也是按实际的截面尺寸绘制的，因此，生成的三维放样实体自动按实际定位，避免了因为平、纵线形组合复杂而导致的难以定位问题。

（2）离散构筑物实体模型，如路灯、交通标志牌、栏杆等。公路中有大量的离散构筑物，正是由于它们的存在，才使公路的功能得以实现和完整，其中有的构筑物沿线路呈规律分布（如栏杆、路灯等），有的位置不太固定（如交通标志牌）。这些模型的建立，可用3DSMax软件来完成，充分利用该软件强大的三维基本造型功能，通过缩放变形、扭曲变形、倾斜变形、倒角变形、适配变形、调整器及布尔运算，可方便生成各种复杂的三维实体。生成单位实体后，集中组装前一类离散实体，利用离散实体与放样路径的关系，沿放样路径进行阵列复制，建立一系列沿主线或匝道布置的构筑物模型。最后通过移动、旋转等定位方法，将这些离散实体准确定位到公路隧道三维整体模型中。

（3）不规则模糊物体模型，如树木、云彩、烟雾等不规则物体。如云彩、山脉、树木等，一般采用随机的分形几何建模方法。分形几何建模方法，是先描述物体大致结构的形状，然后再利用随机仿射变换或光照将物体表现出来，适用于表现静止图像的精细结构。对模糊物体，如烟雾等，难以采用传统的建模工具来描述，目前一般采用粒子系统建模。粒子系统建模的基本思想是：采用大量的、具有一定大小和属性（如颜色、形状、大小、生存期、速度等）的、运动随机的微小粒子图元作为基本元素来描述不规则的模糊物体。

各种道路附属设施模型的添加过程是一样的。这里以路灯模型为例来说明，首先根据道路的平纵横三参数设计，可以得到各桩号点的坐标（X、Y、Z），此坐标正是道路中心线上点的坐标，通过设置平移参数即可将路灯模型平移到道路的边缘，呈现如图 4–32 所示效果。路灯模型插入点坐标的计算公式如下：

$$\begin{cases} x = x_1 \pm s\sqrt{\dfrac{1}{k^2+1}} \\ y = y_1 \pm k \cdot s\sqrt{\dfrac{1}{k^2+1}} \end{cases} \tag{4-7}$$

式中：（x_1，y_1）——道路中线上一点的坐标；

s——模型在道路上水平偏移的距离；

k——由（x_1，y_1）和（x，y）两点构成的直线的斜率：

$$k = -\frac{x_2 - x_1}{y_2 - y_1}$$

式中，（x_1，y_1）同上；（x_2，y_2）是沿着道路前进方向上与（x_1，y_1）相邻的另一道路中线点坐标。

计算出路灯模型插入点坐标之后，即可将已经做好的路灯模型插入到相应的坐标处。

图 4–32　道路增加路灯后的效果

由于道路附属设施模型较多，所以道路附属设施模型的管理也是真三维道路智能设计系统的一个重要组成部分。在该系统中构建道路附属设施模型数据库，统一对模型进行管理，可以实现对附属设施模型的入库保存、编辑、删除、查找、单个添加、批量添加等功能。

4.7 道路整体模型构建

道路三维建模分为设计线三维模型、构造物三维模型（如桥梁、隧道、涵洞等）和附属设施三维模型（如道路的护栏、里程路标、路灯等）等子实体。在完成各个子实体的三维建模后，将各个子实体按照其边界拼合成一个整体。建模流程如图 4-33 所示。

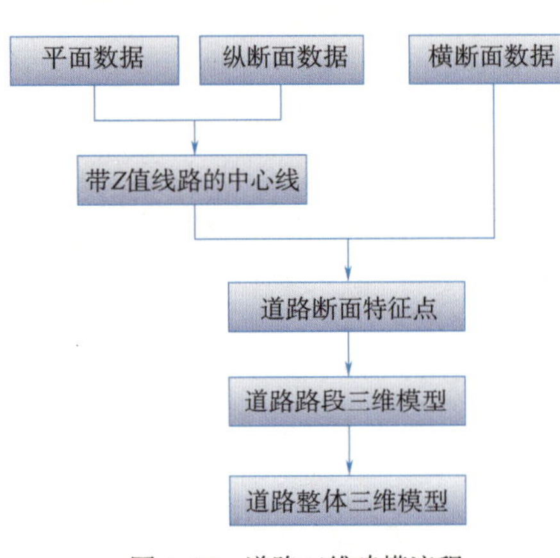

图 4-33　道路三维建模流程

4.7.1　弯道处理

利用上述路基建模的方法，已经将相邻横断面直接构建了多个路段的模型。在整体建模的时候，需要将这些路段相连接，构成一个整体。然而，道路中心线并非只有一条直线，还有一些具有一定曲率的平滑过度的曲线。所以，在道路拐弯处，曲线部分容易产生较大折角，如图 4-34 所示，A、B、C 为相邻的横断面模型，P_1 和 P_3 为 A、B 的交点，P_2 和 P_4 为 B、C 的交点，由于 P_1P_2 间为曲线段，所以 P_1、P_2 的折角较大。为了生成任意曲率的道路弯道，本书采用增加横断面要素多边形模型节点的方法拟合扇形 $P_1P_2P_3$，设 Vertices（ ）为横断面要素模型多边形的顶点数组，具体方法如下：

（1）将 P_1、P_2、P_3、P_4 点加入到 Vertices 数组中；

（2）判断相邻横断面的道路中心点是否在平面线形曲线段上，如果不在，转到第 5 步。如果在，则转入第 3 步；

（3）依据相邻横断面的道路中心点的平面线形切线方向，求出曲线段拐角方向，确定路基哪一侧为曲线，并计算出圆心角 α；

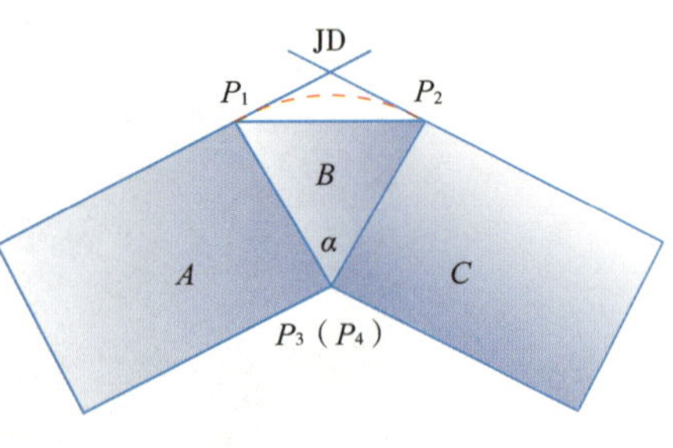

图 4-34　弯道处理

（4）依据 α 及横断面宽度（P_1P_3 长度），来计算拟合 P_1P_2 曲线的折线段数 n，并将计算出的各个拟合点加入到 Vertices 数组中；

（5）利用 Vertices 数组中的点创建横断面要素模型多边形。

4.7.2 对地形的修改

三维道路模型的特征表现为：道路的中心纵截面轴线随地形起伏，周围地形经过一定的填挖处理（路面位于地表以下则挖，路面位于地表以上则填）与道路无缝连接。所以将道路与地形两个三维模型进行无缝的拼合是建立地形与道路的整体三维模型的关键所在，也是道路三维建模的难点。这里将重点建立道路模型，整体构建对地形模型的修改。

建立整体三维模型实质上是线路三维模型和地形三维模型的叠加。这种叠加可以采用部分地形点重新构网的办法进行处理。

具体步骤如下：

（1）道路封闭区域的确定。

道路封闭区域是指从道路起点到线路终点左右两侧边坡的坡脚点之间的连线，构成一个封闭区域。但由于桥梁、隧道的存在，会打破这个封闭区域，使道路被分割成多个封闭区域，并包含以下两个不封闭的区域：①桥梁下方，除桥头下方护坡与地形有交点外，桥墩对地形的整体性不构成破坏。②隧道处，除隧道洞门处与地形有交点外，隧道内部与地形没有交点，对地形的整体性不构成破坏。

基于以上两点，道路封闭区域确定方法如下：

桥隧：即道路的起始端是桥隧，则继续前进，直到桥隧终点；与桥梁起点处下方的护坡线构成一个封闭区域，结束当前封闭区域的记录。与隧道进口洞门构成一个封闭区域，结束当前封闭区域的记录。

边坡：记录每段边坡左右两侧的边坡脚点（即边坡与地形的交点）作为封闭区域的数据点。

（2）确定道路封闭区域边界与地形的交点。

在构建道路整体模型之前，首先要计算出道路封闭区域边界与地形的交点。利用已构建好的三角网数字高程模型，可以方便地内插横断面地面线，正是在此基础上进行道路横断面设计的。因此，确定道路封闭区域边界与地形的交点，实际上是求道路横断面设计线与地形三角网的交点。需要注意的是，由于三角网地形变化是在三角形的边上，所以地面线的获取不应该按人工给定间距插值，而应该按横断面线与三角网的交点插值，首先给出内插宽度，按下式计算出最外侧地面点平面坐标：

$$\begin{cases} X_i^1 = X_i + \mathrm{WID} \cdot \sin(\beta_i + \pi/2) \\ Y_i^1 = Y_i + \mathrm{WID} \cdot \cos(\beta_i + \pi/2) \end{cases} \tag{4-8}$$

式中：X_i，Y_i——中桩平面坐标；

i——中桩处切线方位角；

WID——指定内插宽度，当计算右侧地面点时，WID>0，计算左侧时，WID<0。

然后，依据计算出的地面点坐标 X_i^1，Y_i^1 与中桩坐标 X_i，Y_i，可建立横断面线的直线方程，由该直线与三角网边的交点确定横断面地面线的测点位置和高程，此交点即为道路封闭边界与地形的交点。

如图 4–35a）所示，给定线路中心线上 O 点，OA 为线路法线方向，OA 长为给定地面线内插宽，则 OA 段地面线应内插出 OA 与三角网各三角形边的交点 b，c，d，e，f，g。图 4–35b）为横断面设计边界与地面线的交点示意，P 点即为所求。

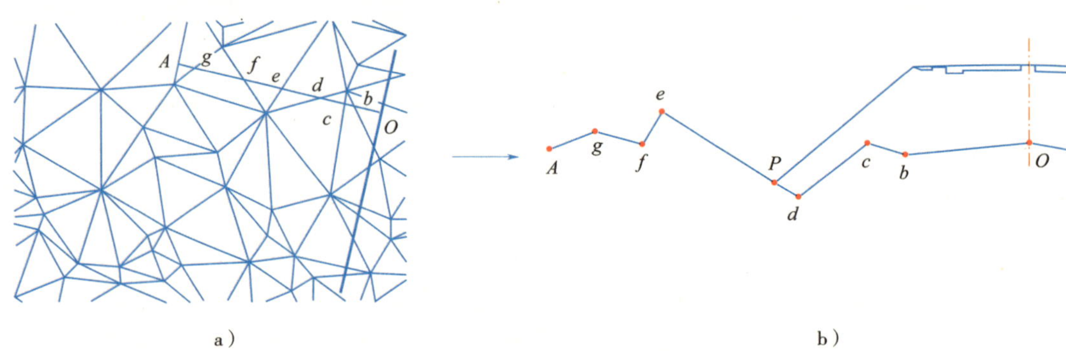

图 4–35　道路封闭区域与地形交点

a）获取地面线内插点；b）横断面设计边界与地面线的交点

（3）剔除道路封闭区域内的地形数据点，并将这些地形数据点存储在一个数组中，供地形恢复使用；同时记录道路所在区域的整个地形块三角网数据。

步骤（2）可找到道路封闭区域边界所有控制点，利用这些点，可以很方便地将区域内部的数据点剔除。为了实现对地形的动态修改，满足道路选线时，可能需要恢复地形的要求，还需要将剔除掉的这些地形点保存下来；当恢复地形时，直接将道路模型删除，并在这个区域用这些点重新参与构建三角网。

（4）重新构网，生成与道路无缝接合的地形场景模型。

所用到的地形块，采用 Delaunay（狄洛尼）的方法重新构建三角网。

该算法的核心在于对地形数据库中与路基有叠加的地形块重新构网，其他大部分区域无需修改。通过实际应用验证，该算法可以快速完成对地形数据库的修改，使地形模型和道路模型达到很好的融合，道路整体模型构建效果良好。如图 4–36、图 4–37 所示。

a）

b）

图 4-36　自动构建道路模型（桥、隧、路面）

图 4-37　道路三维整体模型

第5章 道路三维数据管理与组织

5.1 概述

计算机效率在很大程度上取决于数据的组织。由于计算机在处理数据的过程中经常会发生内、外存储器之间的数据交换，如果数据组织不合理，就会延缓处理过程，降低工作效率。在一般的地理信息系统中，数据的组织必须有利于对数据的查找，这种查找是以二维以上的方式进行的。真三维道路智能设计系统的基点却是真三维的，针对其内部各种复杂的三维空间数据，如实地形数据模型及道路等建筑设施模型，通过合理的数据组织方法将其有效地管理起来，并根据其地理分布建立统一的空间索引，进而可以快速调度场景中任意范围的数据，实现对整个三维场景区域的无缝漫游以及空间数据的操作。

5.1.1 三维数据管理方法

空间数据的管理离不开空间数据库，因而空间数据库是地理信息系统的核心。地理信息系统几次重大的技术革命都是与空间数据库管理系统的技术发展相关的。空间信息数据无论是三维亦或是二维数据，都具备海量的特性，普通数据库管理能力难以满足其管理要求。而正是空间数据库使海量数据的存储成为可能，以便多用户访问。此外，二维 GIS 空间数据已经走出了文件管理的模式；GIS 软件也从采用文件—数据库结合的管理方法，即以文件来管理矢量图形数据，关系数据库管理属性数据，发展到采用商业关系数据库同时管理图形和属性数据。然而，无论是 GIS 软件，还是对象关系数据库管理系统，目前大多还没有数字高程模型和影像数据库管理的专用模块。虽然利用关系数据库中的 BLOB 字段可以分块存储影像和 DEM 数据，但是对于多尺度 DME 数据，影像数据的空间索引、无缝拼接与漫游、多数据源集成等技术还没有一个完整的解决方案。我国的 GeoImageDB 和 GeoGrid 已较好地解决了上述问题，推出了矢量数据、影像数据、DME 数据、属性数据管理与集成的完整解决方案。

文件的管理方式在数据的安全性、多用户操作、一致性、网络共享及数据动态更新、数据的恢复方面已不能满足日益增长的需要。现有的对象关系型数据库管理系统（ORDBMS）虽然还不能直接支持三维空间对象，但其在保留关系数据库优点的同时，也采纳了面向对象数据库设计的某些原理，即具有将结构性的数据组织成某种特定数据类型的机制，这使得它不仅仅能够处理 3D 数据的复杂关系，也能将在逻辑上需要以整体对待的数据组织成一个对象，这为三维 GIS 的海量数据管理提供了一条切实可行的途径。

主要的数据库厂商根据 OpenGIS 规范，纷纷扩展了一些空间数据类型，虽然都是基本 2D 几何模型，如点、线、面等，并不支持三维基本元素的存储，但是已经支持三维坐标的存储，由多个二维多边形可以组成一个三维对象，这些多边形可以以一个记录或者多个记录存储。例如：OracleSpatial9i 已开始将几何模型中的拓扑数据也考虑进来，尽管目前的数据库管理系统（DBMS）可以存储 3D 坐标，但仍然不能支持 3D 目标，唯一可以获得的 3D 功能是计算长度和周长。然而，数据库不能支持真正的三维基本元素类型，将导致三个问题：

（1）由于不能直接支持三维元素，通过多个二维对象组成的三维对象，数据库不能将其作为一个实体直接识别。

（2）构成三维对象的多个二维对象存储于多条记录，对象与记录存在 1 ∶ n 的关系，导致数据库操作和管理这些对象较为麻烦。

（3）原本就很复杂的三维空间关系在数据库中更难以表达。

从已有的研究表明，总的来说，可以通过一定的措施在 DMBS 中实现 3D 目标的组织与管理。然而，DMBS 厂商仍然没有在他们的几何模型中增加 3D 对象类型，原因可能是 OGC 并没有颁布关于 3D 要素以及拓扑一致性模型的规范。

5.1.2 三维数据空间索引

随着空间信息基础设施建设和空间数据获取技术的快速发展，空间数据规模越来越大，对空间数据共享的要求越来越高，与此同时，空间数据仓库、空间数据挖掘等

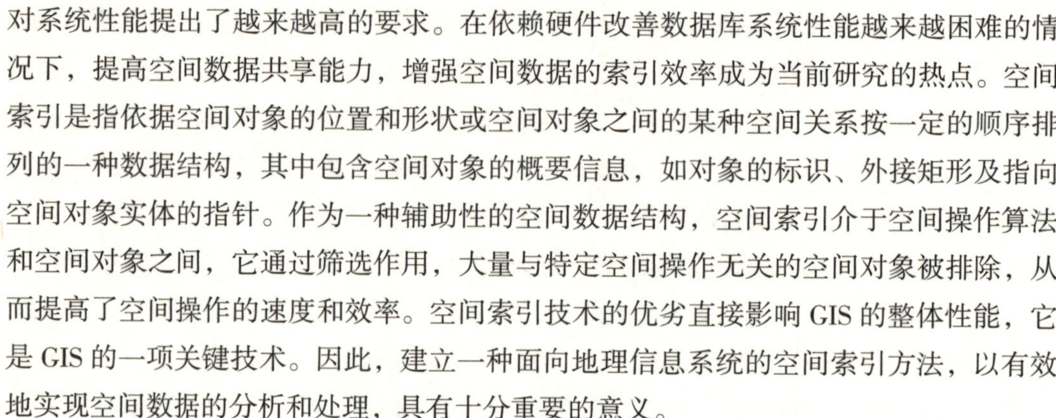

对系统性能提出了越来越高的要求。在依赖硬件改善数据库系统性能越来越困难的情况下，提高空间数据共享能力，增强空间数据的索引效率成为当前研究的热点。空间索引是指依据空间对象的位置和形状或空间对象之间的某种空间关系按一定的顺序排列的一种数据结构，其中包含空间对象的概要信息，如对象的标识、外接矩形及指向空间对象实体的指针。作为一种辅助性的空间数据结构，空间索引介于空间操作算法和空间对象之间，它通过筛选作用，大量与特定空间操作无关的空间对象被排除，从而提高了空间操作的速度和效率。空间索引技术的优劣直接影响 GIS 的整体性能，它是 GIS 的一项关键技术。因此，建立一种面向地理信息系统的空间索引方法，以有效地实现空间数据的分析和处理，具有十分重要的意义。

由于空间索引在整个空间数据库中的重要地位，在过去的 30 多年中一直都是研究的热点。迄今为止，人们已经提出了众多的索引方法：第一种方法是将矩形区域转换为高维空间中的点，如 BANG 索引等；第二种方法是利用空间填充曲线将多维空间映射到一维空间，如 Morton 码排列等，然后用一维数据的索引技术来组织数据和建立索引项；第三种方法是树结构法，如四叉树等。在众多的空间索引结构中，树索引是主流结构。目前，对象关系数据库采用的空间索引方法主要有四叉树方法和 R 树方法等。如 OracleSpatial 主要采用固定四叉树、混合四叉树和 R 树三种空间索引方法，Esri 的 SDE 主要采用网格、固定四叉树、混合四叉树和 R 树四种空间索引方法。

空间索引也可分为静态索引和动态索引两种类型。静态索引包括以位置码为关键字的一般顺序文件索引、粗网格索引；动态索引包括适合内存索引的点四叉树索引、K-D 树索引、MX-CIF 四叉树索引、Cell 树索引、F 树索引等，适合磁盘索引的基于 Morton 码的 B+ 树索引、K-D-B 树索引、B-D 树索引、R 树索引、BANG 索引、MOF 树索引等，这些方法在点目标索引、线目标索引和面目标索引中各有其应用特点。

应该说，每一种空间索引方法适合的几何类型不一样。因此，几何数据空间索引的建立应该根据几何类型的不同特点而选择不同的方法。比如四叉树对于零维和二维对象的索引效率较高，而 R 树对一维和二维空间对象的索引效率较高。

5.2 地形模型数据管理

5.2.1 地形模型数据结构

数字高程模型（DEM）正是一种按一定结构组织在一起的地形数据，需要通过数据库对其进行管理和调度才能达到将 DEM 显示在计算机屏幕上的效果。数据库的功能取决于数据结构。同时，为了快速调度数据库中任意范围内的数据，实现对整个区域 DEM 数据的无缝浏览和漫游，还要根据地形数据的地理分布建立统一的空间索引。这样，才能恰当而有效地设计数据库结构和管理策略，才能达到最优的数据存取、最少的存储空间和最短的处理过程，满足各种场合、各种规模的应用需求。DEM 数据结构一般有以下几种：规则格网、不规则三角网、规则格网与不规则三角网结构的混合结构。

5.2.1.1 规则格网（GRID）

规则格网是用规则排列的正方形、矩形网格来表示地形表面。GRID 在数据存储时，实际上是一个矩阵，存储的是点的高程值，而点的平面坐标可直接由原点坐标、格网间距及相应矩阵的行列号经过简单计算获得。因此，GRID 数据结构简单，数据存储量小，还可压缩存储，适合于大规模的使用和管理。由于格网间距一定，对于复杂的地形地貌，很难确定合适的网格尺寸逼真表示，因此，在平坦地形区域，会产生大量的冗余数据，但对于地形起伏变化明显的区域，又不能准确表示地形特征。

规则格网有以下几种编码方式：

（1）简单矩阵结构。一般来说，规则格网 DEM 的数据在水平和垂直两个方向上的间隔相等，格网点的平面坐标隐含在行列号中，故适宜用矩阵形式进行存储。如图 5-1 所示。

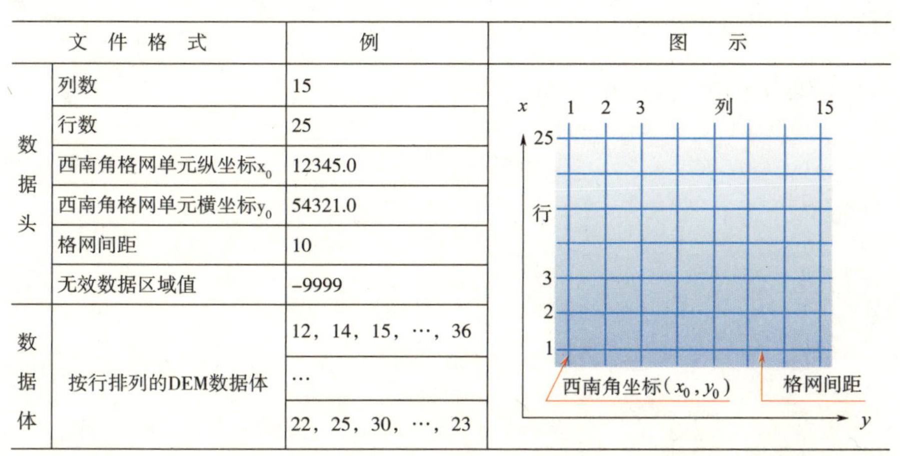

文件格式		例
数据头	列数	15
	行数	25
	西南角格网单元纵坐标x_0	12345.0
	西南角格网单元横坐标y_0	54321.0
	格网间距	10
	无效数据区域值	-9999
数据体	按行排列的DEM数据体	12，14，15，…，36
		…
		22，25，30，…，23

图 5-1 简单矩阵文件结构

（2）行程编码结构。其基本思路是，对于一幅 DEM，常常在行或列方向上相邻的若干点具有相等的高程值，因而从开始——在格网单元数值发生变化时，就依次记录该值及其重复的次数，应用时，按照次序还原 DEM 矩阵。如图 5-2 所示。

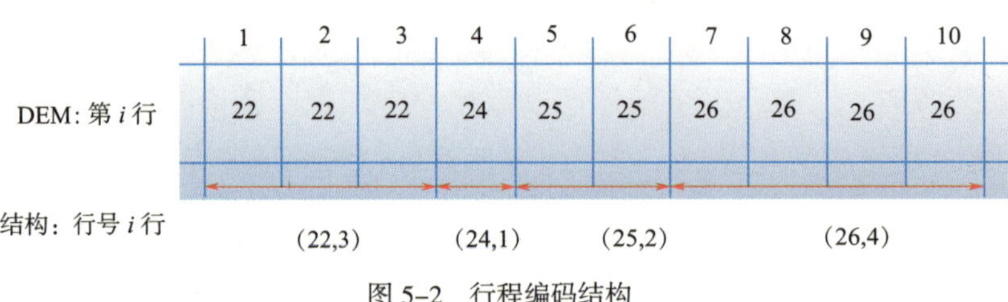

图 5-2 行程编码结构

（3）块状编码结构。该结构是行程编码结构从一维到二维的扩展，采用方形区域作为记录单元，每个单元包括相邻的若干网格。数据结构是由记录单元的初始位置（行列号）、格网单元的高程值和方形区域边长（采用格网间距倍数表示）所组成的单元组。整个 DEM 数据文件由该单元组组成，根据上述规则可还原 DEM 矩阵。如图 5-3 所示，其为块状编码结构示意图，其中各个单元组为（1，1，11，3），（1，4，12，3），（1，7，13，3），（4，1，12，6），（4，7，13，3），（7，7，14，3）。

	1	2	3	4	5	6	7	8	9
9	12	12	12	12	12	12	14	14	14
8	12	12	12	12	12	12	14	14	14
7	12	12	12	12	12	12	14	14	14
6	12	12	12	12	12	12	13	13	13
5	12	12	12	12	12	12	13	13	13
4	12	12	12	12	12	12	13	13	13
3	11	11	11	12	12	12	13	13	13
2	11	11	11	12	12	12	13	13	13
1	11	11	11	12	12	12	13	13	13

图 5-3 块状编码结构示意图

（4）四叉树数据结构。首先将一幅图像或栅格地图等分为 4 块，逐块检查栅格值，若每个区域中所有栅格都含有相同值，则停止分块，否则，将该区域继续等分为 4 块。如此，递归分割，直到将每块都包含相同值，如图 5-4 所示。

0	2	2	2	5	5	5	5
2	2	2	2	2	5	5	5
2	2	2	2	3	3	5	5
0	0	2	3	3	3	5	5
0	0	3	3	3	3	5	3
0	0	0	3	3	3	3	3
0	0	0	0	3	3	3	3
0	0	0	0	0	3	3	3

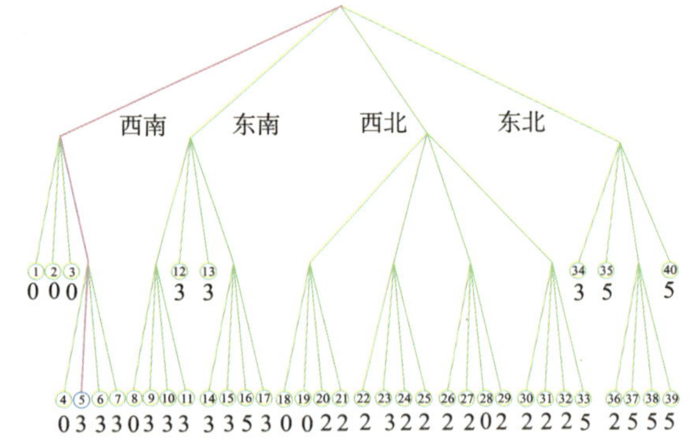

图 5-4 四叉树数据结构

这种常规的四叉树叫做常规四叉树，其所占内存空间比较大，不仅要记录每个节点值，还要记录其父节点和子节点，以反映节点之间的关系。对栅格数据进行运算时，要遍历所有节点，计算过程十分复杂。实际应用中，常采用线形四叉树，是用四叉树的方式组织数据，但不采用此方式存储数据。其实质是把原来大小相等的栅格集合转换为大小不等的正方形集合，并对不同尺寸和位置的正方形赋予一个位置码，从而不同的四叉树编码差异就体现在位置码的不同上。

5.2.1.2　不规则三角网（TIN）

不规则三角网是通过从不规则分布的数据点生成的连续三角面来逼近地形。TIN模型能以不同层次的分辨率来描述地形表面，因此，当地表粗糙或变化剧烈时，TIN能包含大量的数据点，特别是当地形包具有大量特征（如断裂线、构造线）时，TIN模型能更好地顾及这些特征，从而能更精确、合理地表达地表特征。而在地表相对单一、地势相对平坦地区，在同样大小的区域，TIN则只需最少的数据点，生成很少的三角形。

对于TIN，其基本要求为：

（1）TIN是唯一的；

（2）力求最佳的三角形几何形状，每个三角形尽量接近等边形状；

（3）保证最邻近的点构成三角形，即三角形的边长之和最小。

在所有可能的点构成的三角网中，狄洛尼（Delaunay）三角网在地形拟合方面表现最出色，常被用作生成TIN。

在TIN模型中，基本的结构元素有三角形顶点、边和面。它们之间存在着相互间的拓扑关系。理论上，通过组成三角形的三顶点可完整地表达这些拓扑关系。一般这种结构需要有两个文件，即三角形顶点坐标文件和组成三角形三顶点的序号文件。由于这种结构非常简单，三角形结构元素的拓扑关系是隐含的，这对于TIN模型检索造成很大困难。因此，围绕这些拓扑关系，产生了多种TIN的数据结构，如图5-5所示。

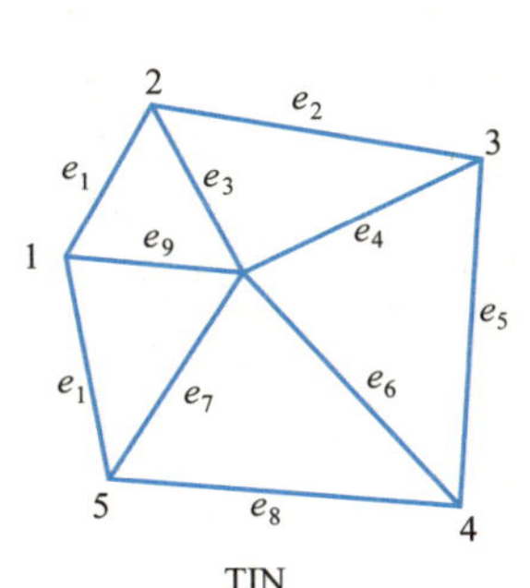

坐标表

序号	属性	X	Y	Z
1	…	…	…	…
2	…	…	…	…
3	…	…	…	…
4	…	…	…	…
5	…	…	…	…
6	…	…	…	…

三角形表

△号	顶点1	顶点2	顶点3
1	1	6	2
2	2	6	3
3	3	6	4
4	4	6	5
5	5	6	1

基本链表结构

图5-5　TIN及基本链表结构

TIN 的面结构，如图 5-6 所示，在基本链表结构的基础上，增加了用来描述三角形之间拓扑关系的数据，即面结构由三个表组成：坐标表、顶点表、邻接三角形表。每个三角形的组成都作为数据记录直接存储，并以坐标表中的编号定义，与三角形三边相邻的三角形也作为数据直接存储。这种结构虽然简化了 TIN 模型内插、分析等过程，但是存储量很大，在 TIN 模型编辑时要随时维护这种关系。

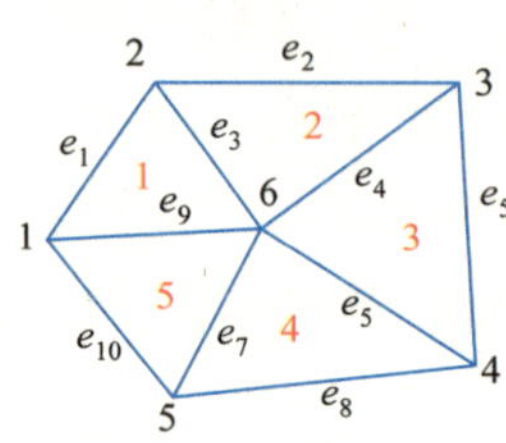

坐标表

No.	X Y Z
1	……
2	……
3	……
4	……
…	……

三角形表

No.	V_1 V_2 V_3
1	1 2 6
2	2 3 6
3	3 4 6
4	4 5 6
…	……

邻接三角形表

No.	T_1 T_2 T_3
1	2 5 –
2	3 1 –
3	4 2 –
4	5 3 –
…	……

图 5-6 TIN 的面结构

TIN 的点结构，如图 5-7 所示，由坐标文件和三角形顶点的邻接指针链组成。三角形顶点的邻接点是指共用该顶点的所有三角形其余顶点的不重复顶点的集合，可按顺序组成并由链表存储。这种结构使得存储量小，编辑方便，但三角形及其邻接关系需实时再生成，计算量比较大，不利于 TIN 的快速检索和显示。

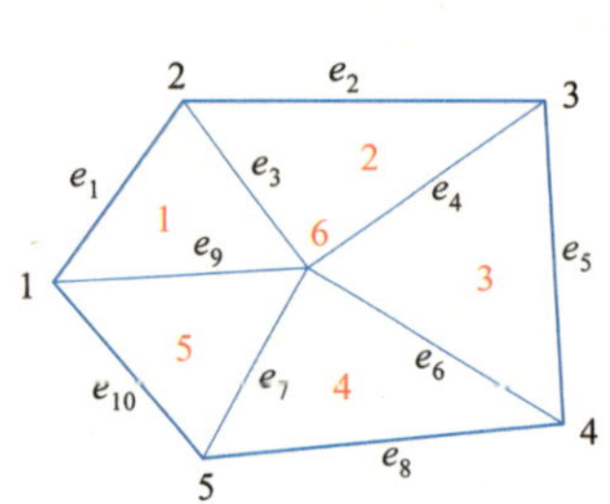

坐标表

No.	X Y Z	P
1	……	1
2	……	4
3	……	7
4	……	…
…	……	…

邻接三角形表

	1	2	3	4	5	6	7	8	9	10……		
No.	2	6	5	3	6	1	4	6	2	…	…	…

图 5-7 TIN 的点结构

TIN 的边结构，如图 5-8 所示，是从组成整个 TIN 的所有三角形中，抽取其不重复边集合所组成的，其数据结构由边的两个顶点以及与之关联的两条边表达。关联边的三个条件是：分布在当前边的两侧；关联边与当前的夹角最小；关联边顶点不重复。这种结构存储量比较小，但 TIN 编辑、内插、检索不方便。

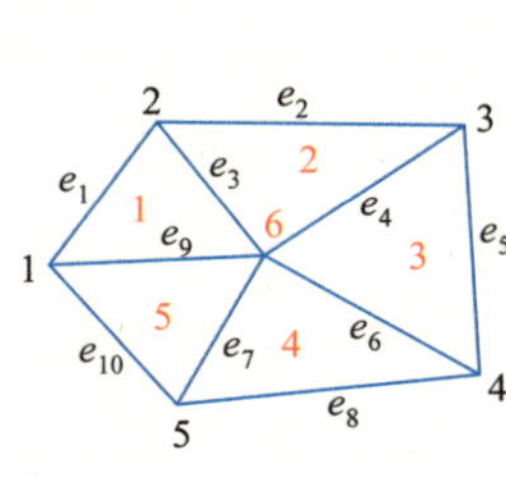

边表

No.	V_1	V_2	E_1	E_2
e_1	1	2	—	e_2
e_2	2	3	—	e_4
e_3	2	6	e_1	e_4
e_4	3	6	e_2	e_6
…	…	…	…	…

图 5-8　TIN 的边结构

TIN 的点面结构，如图 5-9 所示，在点结构的基础上，增加组成三角形三顶点的数表，这种结构存储量和面结构相当，TIN 检索和内插效率不高。

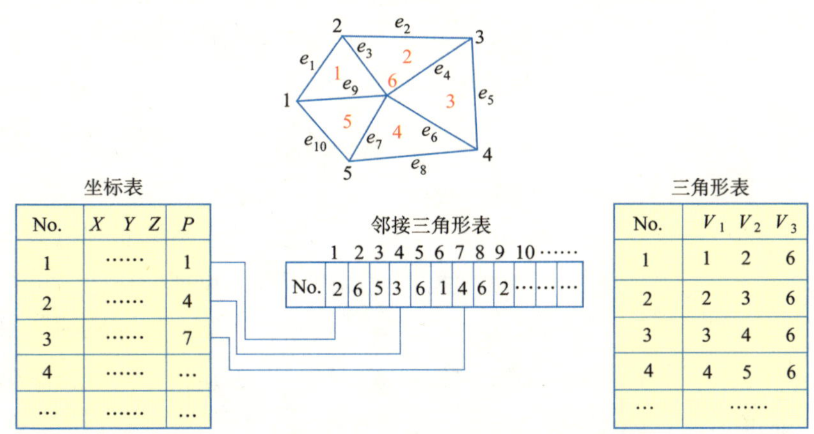

坐标表

No.	X　Y　Z	P
1	……	1
2	……	4
3	……	7
4	……	…
…	……	…

邻接三角形表

	1	2	3	4	5	6	7	8	9	10……
No.	2	6	5	3	6	1	4	6	2	……

三角形表

No.	V_1	V_2	V_3
1	1	2	6
2	2	3	6
3	3	4	6
4	4	5	6
…	……		

图 5-9　TIN 的点面结构

TIN 的边面结构，如图 5-10 所示，由边表和邻接三角形表组成。在边表中，定义该边的起点、终点和左右相邻的三角形，而邻接三角形表中则记录三角形之间的拓扑关系。边面结构存储量是最大的，不利于动态更新和维护，但是在 TIN 检索等方面较方便。

以上数据结构，各有优缺点。在使用时需要结合实际情况，进行选择使用。

5.2.1.3　混合结构

混合结构即规则格网与不规则三角网的混合结构。利用不规则三角网描述细节，使得对地形的描述更加准确。这种数据结构将导致数据管理复杂化，并降低数据检索的效率。

由于规则格网 DEM 和不规则三角网各有其优缺点，在实际应用中，在大范围内

一般采用规则格网附加地形特征数据，如地形特征点、山脊线、山谷线、断裂线等的形式，构成全局高效、局部完美的 DEM。

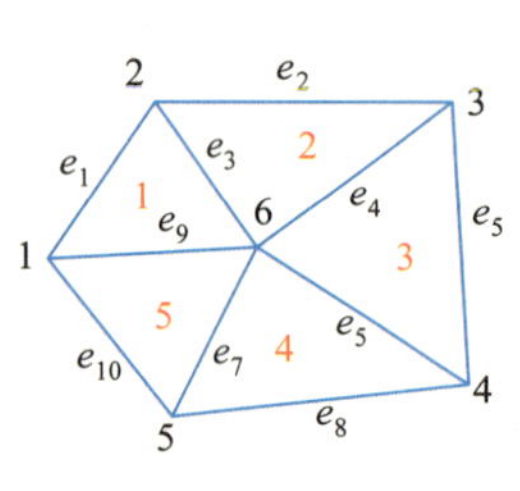

边表

No.	左△	右△	V_1	V_2
e_1	–	1	1	2
e_2	–	2	2	3
e_3	1	2	2	6
…	…	…	…	…

邻接三角形表

No.	T_1	T_2	T_3
1	–	5	2
2	–	3	1
3	–	4	2
…	…	…	…

图 5-10　TIN 的边面结构

规则格网常常剖分成三角形网络，以形成连续的线性面片，这有利于解决等高线跟踪的二义性和图形描绘的复杂性问题。反之，TIN 也可以通过内插生成 Grid 关于混合结构的研究，主要针对在已有的 Grid 基础上增加地形特征线和特殊范围线的情况。这时，规则的 Grid 格网被分割而形成一个局部的不规则三角网，如图 5-11 所示。但由于特性线作为矢量数据具有比 Grid 复杂得多的拓扑结构和属性内容，一般还是采用混合的数据结构分别进行处理。当然也可以设计一个一体化的数据结构同时组织这些不同类型的数据，比如将所有矢量都栅格化。再有，考虑到混合结构将导致数据管理复杂化并降低数据检索的效率，根据研究区域的大小和软件性能，应用时常常将其实时地完全转换为 TIN 的数据结构。

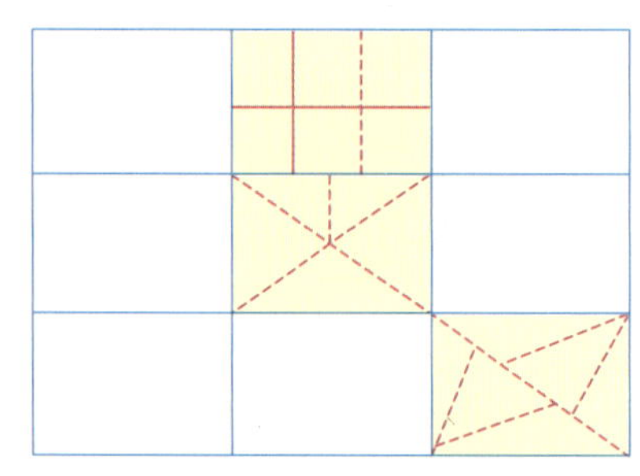

图 5-11　GRID 与 TIN 混合结构

由于公路设计中的地形具有呈狭长的条带状分布，跨越地理范围广的特点，这两个特点给矢量地形的构网方法选择带来了限制。由于公路模型边界的不规则，采用规则格网建立的地形会在公路三维模型与地形的接边处留下锯齿状的裂缝，而用不规则三角网方法建立的数字地面模型由于其边界可以表达任意不规则形状，从而能与三维公路表面模型无缝拼合。不仅如此，不规则三角网方法建立的数字地面模型还能很好地保持原始数据点的精度和顾及地形特征线。

5.2.2　地形模型数据库管理

目前空间数据的存储主要有文件方式、基于关系型数据库扩展方式和面向对象型数据库方式。从三种方式的比较来看，一般认为针对空间数据特点而设计的面向对象型数据库是发展的方向。DEM 数据属于空间数据的一种，因而 DEM 数据库本质上属于空间数据库。由于空间数据具备海量、多属性、关联性强等特点，传统的关系数据库在空间数据的表示、存储、管理、检索上存在许多缺陷，从而形成了空间数据库这一数据库研究领域。

从目前的发展趋势看，DEM 已成为 GIS 的核心数据库和地学分析的基础数据。各个领域要求从本地、远程层次上对 DEM 数据进行访问，而且能与遥感影像数据、矢量特征数据、多媒体数据等数据进行融合和信息复合处理，DEM 从单一的文件结构向复杂的信息系统发展已成为必然的趋势。表 5-1 所示即为近年 DEM 数据不同的发展层次，DEM 数据库按不同的发展层次，可分为：地形表面特征的几何模型，代表系统有 CAD 模型、DTM；信息系统和数据库管理系统，代表系统有二维、三维 GIS；对数据库的本地和远程存取，代表系统是地学服务器；与其他信息系统的连接，代表系统有数字地球等。

表 5-1　DEM 数据库不同发展层次

信息水平	系统
地形表面特征的几何描述	CAD 模型、DTM
信息系统和数据管理系统	二维、三维 GIS
对数据库的本地和远程存取	地学服务器
与其他信息系统的连接	CyberCity、数字地球

5.2.2.1　DEM 数据库特点

空间数据库的研究始于 20 世纪 70 年代的地图制图与遥感图像处理领域，其目的是为了有效地利用卫星遥感资源迅速绘制出各种经济专题地图。而传统数据库系统只针对简单对象，无法有效地支持复杂对象（如图形、图像）。DEM 数据库作为空间数据库的一种，也具备其相应特点。

1）数据量庞大

DEM 数据库面向的是地学信息及其相关对象，而在客观世界中，它们所涉及的往往都是地球表面信息等及其复杂的现象和信息，所以描述这些信息的数据容量很大，容量通常达到吉字节（GB）级。

2）具有高可访问性

一般空间信息系统要求具有强大的信息检索和分析能力，这是建立在 DEM 数据库基础上的，需要高效访问大量数据。

3）空间数据模型复杂

DEM 数据库存储的不是单一性质的数据，这些数据类型主要可以分为三类：

（1）属性数据：与通用数据库基本一致，主要用来描述地理空间信息的各种属性，一般包括数字、文本、日期类型。

（2）图形图像数据：与通用数据库不同，DEM 数据库系统中的大量数据借助于图形图像来描述。

（3）空间关系数据：存储拓扑关系的数据，通常与图形数据是合二为一的。

4）属性数据和空间数据联合管理

用 DEM 描述地面信息时，空间位置信息是与其属性信息相关联的，而非独立不相关的。因此，DEM 数据库必然要对属性数据和空间数据进行联合管理，以确保二者之间的相关性。

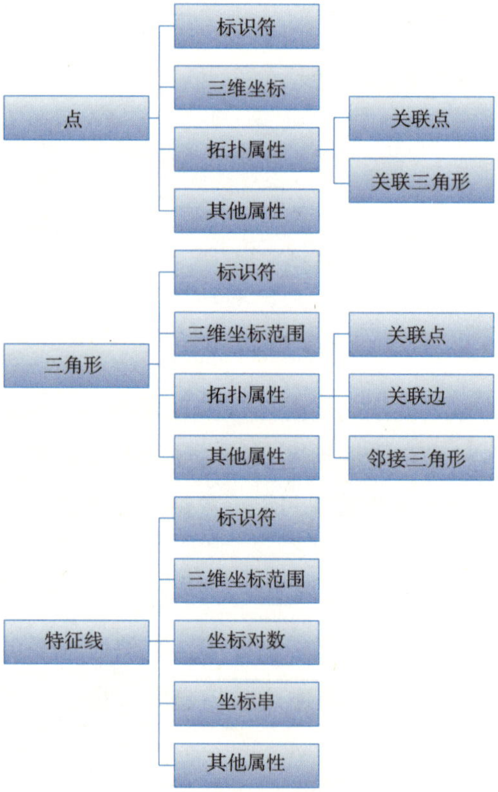

5）应用范围广

DEM 作为基础空间信息数据，在各行业有着广泛应用，是各种专业领域分析的支撑数据。如水利、国土、电力、交通、导航等领域，DEM 数据是其建设、管理中不可或缺的一环，DEM 数据库是行业信息建设管理系统的基本数据库之一。

5.2.2.2 DEM 数据库结构

DEM 数据结构没有统一的标准格式，常用的标准有美国地理 DEM 数据标准和日本 DEM 数据标准等多种，这类 DEM 数据定义的信息较多。DEM 数据库结构一般通过系列图表、矩阵以及计算机码的数据记录来说明。需要利用数据库对一定结构组织在一起的地形数据进行管理和调度，需根据地形数据的地理分布建立统一的空间索引，并设计恰当而有效的数据库结构和管理策略。DEM 数据库结构实质上就是 DEM 的数据结构。如图 5-12 所示。

- 点
  - 标识符
  - 三维坐标
  - 拓扑属性
    - 关联点
    - 关联三角形
  - 其他属性
- 三角形
  - 标识符
  - 三维坐标范围
  - 拓扑属性
    - 关联点
    - 关联边
    - 邻接三角形
  - 其他属性
- 特征线
  - 标识符
  - 三维坐标范围
  - 坐标对数
  - 坐标串
  - 其他属性

图 5-12　DEM 数据库结构图

DEM 数据库的实现方式分两种：基于文件系统和空间索引的方式，基于关系型数据库的方式。由于关系数据库对大数据量的 DEM 的访问要比文件系统经过更多的步骤，因此在同样的条件下，基于文件系统的数据库效率会高一些。由于 DEM 数据库的规则性比较强，一般采用文件系统和空间索引相结合的方式进行管理。基于文件系统的数据库管理系统在事务处理、多用户访问、网络协议与安全机制等方面的能力是十分有限的。

5.2.2.3　DEM 数据库数据组织

DEM 数据库数据组织是指 DEM 数据的管理和调度方式，根据 DEM 数据分辨率的不同，可分为两种层次的组织方式。一种是基础单一分辨率 DEM 数据组织方式，另一种是多分辨率情况下 DEM 数据组织方式。

1）单分辨率 DEM

当前 GIS 空间数据库数据组织的一种常用的方法：工程—工作区—图幅，如图 5-13 所示。工程是一个区域内的全部 DEM 数据的集合；图幅是按照一定规则对研究区域进行二维划分，是 DEM 数据采集、建立、操作和调度的基本单位，每一个图幅由若干行和若干列格网单元组成。工作区是当前感兴趣的研究区域，一般情况下工作区就是图幅，如果需要，也可将多个图幅定义在一个工作区内。图幅有范围，可以进行 DEM 数据的快速查询和无缝浏览。工作区是当前感兴趣的研究区域。

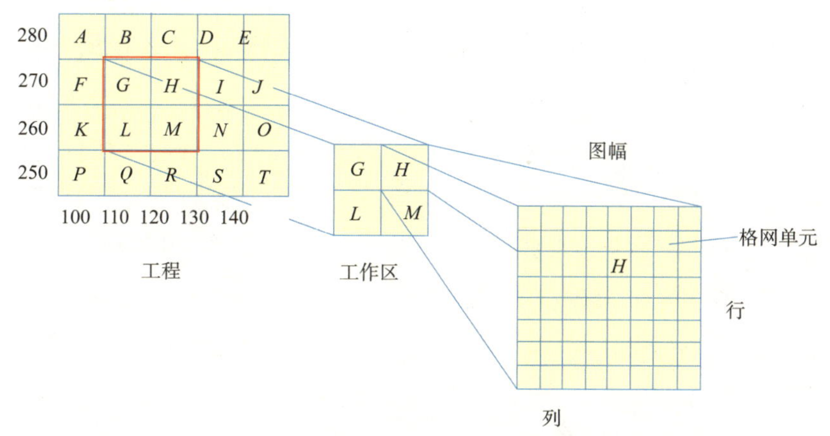

图 5-13　DEM 数据库分层示意图

由于 TIN 的每个图幅区域的边界不规则，为避免相邻图幅之间的接边问题，一般进行数据分幅时，各个图幅之间要有一定的重叠度。由于 TIN 的不规则性，为快速对点所在三角形进行定位，有必要在图幅内建立 TIN 的空间索引，常用的如链表＋头指

针、四叉树等。

2）多分辨率 DEM

当一个工程含有不同分辨率的 DEM 时，在地形场景绘制时，在保证显示精度的前提下，为提高显示速度，不同区域通常需要不同分辨率的数字高程模型数据和纹理影像数据，需构建不同层次的 DEM 数据组织形式，形成细节层次模型（Levels of Detail，简称 LOD）。

金字塔是一种多分辨率层次模型，是形成 LOD 的一种数据方案。数字高程模型金字塔和影像金字塔则可以实现多层次细节展示，直接提供各分辨率下的 DEM 和影像数据而无需进行实时重采样。金字塔的最底层分辨率最高，数据量也最大；由最底层开始，分辨率逐渐降低，数据量也随之减小。尽管金字塔模型增加了数据的存储空间，但能够减少完成地形绘制所需的总机时。分块的瓦片金字塔模型还能够进一步减少数据访问量，提高系统的输入输出执行效率，从而提升系统的整体性能。当地形显示窗口大小固定时，采用瓦片金字塔模型可以使数据访问量基本保持不变。瓦片金字塔模型的这一特性对海量地形实时可视化是非常重要的。

在构建地形金字塔时，首先把原始地形数据作为金字塔的底层，即第 0 层，并对其进行分块，形成第 0 层瓦片矩阵。在第 0 层的基础上，按照数据量的大小，将数据分成 $2n \times 2n$ 块，并按每 2×2 个地形块合成为一个块的方法生成第 1 层，形成第 1 层瓦片矩阵。如此下去，构成整个瓦片金字塔。图 5-14 为瓦片金字塔构建示意图。

第 2 层
第 1层
第0层

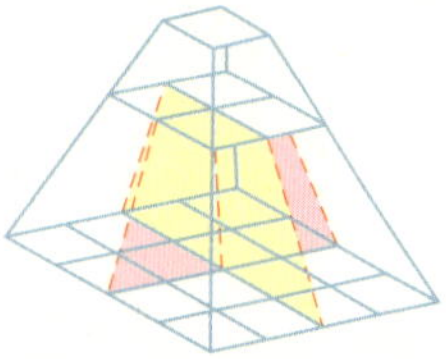

图 5-14　瓦片金字塔构建示意图

不失一般性，我们规定地形合成从地形块矩阵的左下角开始，从左至右、从下到上依次进行。同时规定瓦片分块也从左下角开始，从左至右、从下到上依次进行。金字塔数据结构模拟了人眼视觉由粗到精的结构，其中的关键问题在于不同分辨率 DEM 的自适应度和数据融合。

通过构建金字塔模型，可以为地形可视化提供不同分辨率的地形数据。换句话说，当应用系统绘制一帧地形场景时，为了实现细节层次，不同位置需要不同分辨率的地形子块和图像子块，地形数据金字塔和图像数据金字塔则可以直接提供这些数据而无需进行“实时”重采样。

5.2.2.4　DEM 数据库元数据

元数据是实现空间数据共享的重要基础，其最本质、最抽象的定义为：关于数据的数据（Data about Data）。这是对有关数据体、数据集合等在内容、性能、特征、规律等方面的解释和说明，帮助人们定位和理解数据。元数据的表达方式有很多种，包括数字和非数字的。对于 DEM 数据库而言，用户只有通过查询和浏览描述 DEM 有关特征的元数据信息才能了解究竟有哪些可用的数据，是否有他们感兴趣的数据，以及这些数据放在哪里等情况。

1）元数据的基本作用

元数据具有四个基本作用：

（1）可用性（Availability），用以确定是否存在关于某个地理位置的一组数据。

（2）适用性（Fitnessforuse），用以评估这组数据是否适用。

（3）存取（Access），用以确定获得验证过的数据的手段。

（4）变换（Transfer），用以成功地处理（如变换）和使用这组数据。

2）元数据的主要内容

一般而言，DEM 数据库元数据的主要内容有：

（1）基本标识信息：关于数据最基本的信息，如标题、地理覆盖范围、现势性、获取或使用规则等。

（2）质量信息：数据体的质量评价，如位置和属性精度、完整性、一致性、信息源、生产方式等。

（3）数据组织信息：数据集中用来表示空间信息的机制，如空间位置是用栅格、矢量还是街道地址编码或邮政编码来表示。

（4）空间参考信息：坐标系统包括投影方式、投影采用的参数、平面基准、高程基准、单位等。

（5）实体与属性信息：关于数据集内容的信息，如类型、属性、取值范围等。

（6）发行信息：关于得到数据集的信息，如发行人、发行人地址与联系方式、可得到的数据格式、数据获取方式、价格等。

（7）元数据参考信息：关于元数据本身的现势性、负责人、发行版本等描述信息。

3）元数据的数据库结构

由于元数据是 DEM 数据库的说明性文件，全部为文本和数字型数据，一般采用关系型数据库的形式建库，每一条记录对应一个 DEM 实体数据。

4）DEM 元数据范例

迄今为止，已经有许多机构或组织对元数据所描述的空间数据特征信息进行了规划和分类，从而指定出可供参考和遵循的标准，见表 5-2。

表 5-2 国际上几种著名的空间数据元数据标准

序号	名称	机构或组织
1	数字地理空间元数据内容标准 CSDGM	美国联邦地理数据委员会 FCDC
2	目录交换格式 DIF	美国宇航局 NASA 和全球变化数据管理国际工作组 IWGEMGC
3	政府信息定位服务 GILS	美国联邦政府
4	CEN 地理信息—数据描述—元数据	CEN/TC287
5	数据集描述方法 GDDDD	欧洲地图事务组织 MEGRIN
6	数字地理参考集的目录信息 CGSB	加拿大通用标准委员会 CGSB 地理信息专业委员会
7	ISO 地理信息元数据	ISO/TC211

5.3 三维道路数据管理

5.3.1 三维道路数据结构

5.3.1.1 CSG 模型结构

道路及其附属设施模型属于建筑模型结构的一种，建筑模型常用 CSG 模型结构进行表达。本书将简要介绍该结构的内容，以供参考。

CSG（Constructive Solid Geometry）构造实体几何表示法，是用计算机进行实体造型的一种构形方法，也是一种新的构形思维方式。这种构形方法的描述，既符合空间形体的构形过程，又能满足计算机实体造型的要求。构造实体几何表示法把复杂的实体，看成由若干较简单的最基本实体经过一些有序的布尔运算而构造出来的，这些简单的最基本的实体称为体素。

道路及其附属设施为人工建筑，其规则性相对较强，因而可以利用三维造型技术先抽取出建筑物基本形体，然后再利用这些基本形体的排列和组合对道路设施进行三维建模表达。通过对多种建筑形体进行分析，得出一组基本建筑 CSG 体素，并将这些体素分为基本 CSG 体素和扩充 CSG 体素两类。基本 CSG 体素包括圆柱、正方体、正四棱柱、长方体、圆锥、三棱柱六种（图 5-15）；扩充 CSG 体素包括三棱锥、球、球冠、圆台、三棱台、正六棱锥、正六棱台等形体（图 5-16）。利用这些建筑物的 CSG 体素，通过几何变换和布尔运算就可以“构建”建筑物的几何模型。

建筑物的 CSG 建模可以通过预定义体素的组合来表示建筑物，这些体素具有规则的形状。体素之间的关系包括空间几何变换和正则布尔运算。建筑物模型的 CSG 基本体素组合形态如图 5-17 所示。

图 5-15 基本 CSG 体素

图 5-16 扩充 CSG 体素

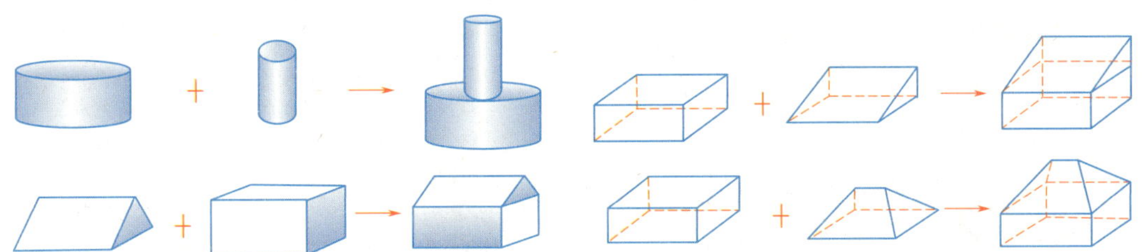

图 5-17 建筑物基本 CSG 体素组合形态

建筑物 CSG 建模方式可以分为两个过程：第一个过程是进行建筑物形态抽取及形体分解，其目的是分析得出建筑物三维模型的 CSG 体素；第二个过程是建筑物的 CSG 体素组建过程，这个过程是利用 CSG 体素进行空间变换和正则布尔运算构建建筑物的三维模型。举例如下（图 5-18）：图 5-18 中的虚线（自下到上）表示第一个过程，即建筑形态抽取及形体分解；图中的实线表示第二个过程，即 CSG 体素组建过程。处于第一层的是建筑的 CSG 体素，通过这些体素的组合，可以形成一定形状的建筑物局部形体，然后利用正则布尔运算和空间变换即可获得建筑物的三维模型，实现建筑物的三维建模。对于较为复杂的建筑物，需要先对其进行详细的分解，形成满足 CSG 体素条件的实体，然后再利用上述方法进行三维建模。

以上就道路建筑物的三维建模及其空间关系作了初步的探讨。CSG 模型在表示建筑物的外部几何形体方面具有精确、严格的优点；但一个几何体的 CSG 表示和描述方式不是唯一的，这增加了表达格式的混乱性。到目前为止，还没有任何一种方法能够完美地构建出所有空间实物模型，有待于进一步发展和完善。

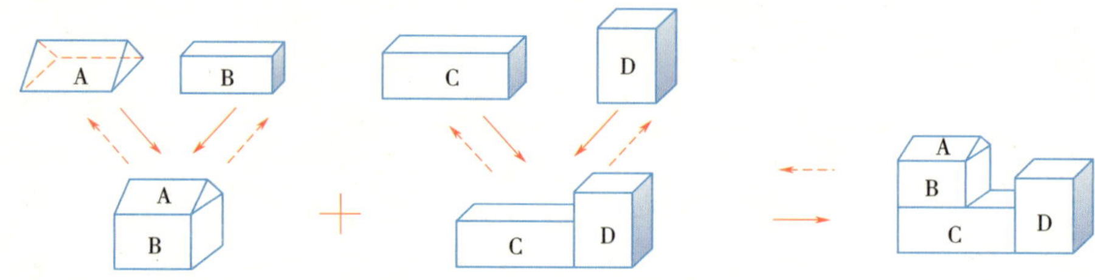

图 5-18　建筑物 CSG 分解组建过程

5.3.1.2　普通道路数据

普通道路三维数据主要包含以下全部或部分的几何数据：

（1）车道路面（不包括人行道，以 TIN 对象表达）；

（2）人行道路面（以 TIN 对象表达）；

（3）道路中心线（以线对象表达）；

（4）道路标线（包括车道转向标线、车道分割标线、斑马线等，以多边形表达，显示时将多边形进行三角形剖分）；

（5）绿化带边界线（以多边形表达）；

（6）道路隔离带边界线和高度（线对象加高度组成多边形，然后贴上纹理表达）；

（7）护栏边界线和高度（线对象加高度组成多边形，然后贴上纹理表达）。

此外还包含特殊的道路数据，如桥梁、道路附属设施等。

5.3.1.3　特殊道路数据

桥梁是道路交通中很重要的组成部分，包括跨越水面的单层或双层桥梁、主要干道上的单层或多层立交桥、人行天桥等，其几何数据包括：

（1）桥面正面（以 TIN 对象表达）；

（2）桥面反面（以 TIN 对象表达）；

（3）桥面中心线（以线对象表达）；

（4）桥面厚度；

（5）桥墩几何形状（以多边形表达）；

（6）道路标线（包括车道转向标线、车道分割标线、斑马线等，以多边形表达，显示时将多边形进行三角形剖分）；

（7）护栏边界线和高度（线对象加高度组成多边形，然后贴上纹理表达）。

附属设施是道路网络三维表达很重要的组成部分，包括绿化设施（行道树、隔离绿化带等），交通安全设施（防护栏、照明、隔离带等），道路沿线设施（路灯、管道、服务区、养护房屋、收费站等），交通工具（车等），建筑物等，这些设施在三维场景中被重复使用的频率很高，通常采用特定的模型来表达，而这些模型在这类模型的几何形状和表面材质与纹理特征具有一般性，并可以重复使用，包括点状模型、线状模型、面状模型和纹理模式等。从三维可视化表现的真实感与计算效率考虑，三维模型可分为以下三类：

（1）具有几何形态的不变性和表面材质纹理的相似性，具有重要的形状和位置特征，如路灯等。

（2）具有几何形态的随机性和表面材质纹理的相似性，具有大小和位置特征，通过纹理图像表现这些目标，如树木、护栏等。

（3）具有几何形态与表面材质纹理表示的随机性。可通过特定的随机函数模拟这些对象，如瀑布等。

这类模型一般事先在建模工具软件（如 3DMax）里把模型建好，然后导出为 3DS 格式的文件。从上面的叙述可以看出，三维模型其实是一个复合的对象，可以是点、线、面对象的任意组合。

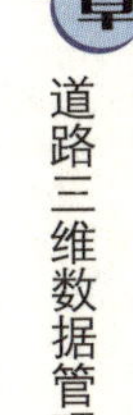

5.3.2 三维道路数据管理

5.3.2.1 道路几何数据的管理

1）路段数据结构

考虑到数据的分批调度，将道路几何数据进行分段表达。路段对象聚集了行车道、人行道、路面标线（包括交通标线、车道标线、斑马线等）等对象。行车道与人行道采用 TIN 结构进行表达，TIN 对象不仅仅在三维显示时需要进行 LOD 简化，也参与各种空间分析，为了能提供查询功能，还需要存储一些属性信息，如道路的名称、通车情况、路面状况等。为提高三维显示速度，道路在三维显示时不进行纹理贴图，用材质代替。三维路段通过关键字段与线性基准的逻辑道路相关联，并通过线性参照系统在线性基准上进行线性定位。

路面标线包括交通标线、车道标线、斑马线等，其中交通标线又包括左转、直行、右转或调头等行车指向箭头，以多边形表示，在显示时进行三角形剖分，而车道分割线和斑马线等可以四边形描述，为了统一管理，均采用多边形表达。

2）数据库结构设计

一条路段对应着数据库中的多条记录，数据从数据库传输到客户端软件，需要将一系列有关联的数据当成一个数据对象来处理，这就需要将这组关联的数据封装成客户端软件自定义的数据对象，并赋予对象一定的行为，使之便于显示和管理。被封装的数据对象仅仅包含显示和查询所必需的数据，例如索引号、颜色、顶点数据等信息，其余的附加属性并未封装在数据对象中。要得到数据对象附加属性，需要根据数据对象的索引号查询数据库，然后在结果集中取得。

特别需要指出的是，数据的封装并不是没有限度的，考虑到效率问题，有些数据的对象是需要时才封装的。举例来说，对于TIN对象来讲，它的每一个三角形可以看作是一个面对象，那么一个TIN对象可以采用包含多个面对象的方式来实现。从实现上来讲，这是没有问题的，但从效率上来讲，是非常不可取的。首先，这种设计方式令TIN对象的尺寸成倍的增长，造成了数据冗余；其次，对每一个三角形数据的存取是间接的，造成了TIN对象绘制效率低下。解决的方式是用数组的方式存取TIN对象的三角形，当外部过程访问其中一个三角形时，再将被访问的三角形实时地包装成多边形对象。这种处理方式可以使TIN对象的三角形对外表现为一个面对象，对内则是一个简单数据类型的数组元素，解决了封装问题，又兼顾了效率。

面向对象数据模型的一个显著优点是一个类可以使用一个数据结构，无论结构如何复杂，包含多少对象，在结构上都可以用一个记录表达，使得理解这一模型非常容易和自然。然而，由于记录的不定长，记录可能不能满足关系数据库的范式要求。如上面定义的数据结构涉及大量的嵌套关系和变长记录，要转换成关系数据模型，还需要增加若干关系联结表。本文没有直接存储三维路段的记录，而是在需要时从数据库中取出相应数据进行组合成三维路段对象。三维路段的形式化描述为：

3DRoadSection={< 标线 >，< 道路面 >，< 人行道 >……}；

标线 =<$RoadMarkerObj_1$，…$RoadMarkerObj_i$，$RoadMarkerObj_n$>；

道路面 =<$RoadFaceObj_1$，…$RoadFaceObj_i$，$RoadFaceObj_n$>；

表5-3、表5-4所示为道路面对象的表格式和道路标线对象的表格式。

表5-3 道路面对象的表格式

字段名称	代表意义	数据类型	字段大小	备注
TinID	道路面TIN模型的索引号	Long		唯一
Name	地名	Char	128	
RouteID	所属逻辑道路索引号	Long		唯一
TextureID	纹理索引号	Long		
ColorRGB	材质颜色	Long		

表 5-4 道路标线对象的表格式

字段名称	代表意义	数据类型	字段大小	备注
MarkerID	标线的索引号	Long		唯一
RouteID	标线所属道路索引号	Long		唯一
ColorRGB	材质颜色	Long		
Geometry	标线坐标数据集合	BLOB	变长	

5.3.2.2 道路属性数据的管理

为了减少道路属性数据的冗余，必须增加一个逻辑道路表，这里的逻辑表示只有属性，不存储几何数据。逻辑道路是以完整特征存储的，如整个武珞路以一个记录存储，其几何数据由路段表中的若干路段组成，如表 5-5 所示。从表 5-5 可以看出，每个表中都有一个共同的字段（RID）关联起来，道路的公共属性存储在逻辑表中，因此，虽然在几何上分成若干个路段，但其数据量并没有增加多少。

以上述结构来管理属性数据，其具有如下三个优点：

（1）任意属性的更改，都不会影响到其他表，即一个属性表中的数据发生改变，其他表的数据不需要进行任何修改。

（2）使新增加一个属性表或删除一个属性表的操作变得非常简单。

（3）用户可以根据自己的需要有选择地使用、存储感兴趣的属性数据。

表 5-5 道路属性表

a）交通事故表

Accident	RID	Location	Offset	Date	Description
	1	30	0.3	2011-10-21	
	1	60	0.5	2011-03-12	

b）路况表

Condition	RID	Start	End
好	1	0	60
一般	1	60	200
差	2	0	120

c）逻辑道路表

RID	Name	Start	End	Attridute
1	武珞路	0	3200	
2	珞狮北路	0	1300	

d）路段表

SegID	RID	Start	End	Geometry
1	1	0	40	
2	2	40	102	

5.3.2.3 三维模型数据的管理

道路的三维可视化是否逼真，其附属设施的表达起到关键的作用。附属设施包括绿化设施（行道树、隔离绿化带等），道路沿线设施（路灯、管道、服务区、养护房屋、收费站等）等，这些设施在三维场景中被重复使用的频率很高，通常采用特定的模型来表达，而这些模型在这类模型的几何形状、表面材质与纹理特征方面具有一般性，并可以重复使用，包括点状模型、线状模型、面状模型和纹理模式等。这类模型一般事先在工具软件里把模型建好，然后导出为3DS格式的文件。模型处于自己独立的坐标系中，建模完毕后要重新规划坐标原点，模型上所有点的坐标值都应以该坐标原点为基础。在应用的过程中，模型在地面模型（包括道路面）上的位置就相当于模型的坐标原点在地面模型上的位置，此外，模型在场景中的缩放及旋转也以该坐标原点为基础。为了便于数据的管理，把一些经常重复使用的模型统一编号存放在一个模型库中。在现有的三维系统中，大多以文件方式来管理三维模型，但由于文件管理在数据的安全性、并发控制和数据共享等方面无法应付，因此，本文对于三维模型采用数据库进行管理，以二进制大字段（BLOB）方式存放在数据库中，模型对象是通过读取三维模型文件（如3DS）并加以转换而来，转换过程中加入对象名称、索引号等属性，然后以二进制的方式保存到数据库中，需要的时候直接调用。

5.3.2.4 模型纹理数据的管理

在模型的精度不高的情况下，模型的纹理决定了表达道路建筑物等精细特征的精度。纹理数据能极大地提高三维模型的细节层次和真实感，有助于提高三维可视化的效果。对于单色纹理，可以使用带相应颜色的材质来代替，以减少纹理的使用量。除此之外，三维模型的纹理数据要远远大于几何数据，所以减少表现纹理数据对于整个数据量的减少非常重要。当场景比较复杂，需要映射的纹理数目较多时，占用的系统资源是相当可观的。另外，纹理图像占的内存空间过大，也会影响纹理的采样速度。通常采用的方式主要是在客户端通过缓存提高效率，以及纹理压缩技术。

比较常用的两种纹理数据组织方式有Mip-Map纹理和Clip-Map纹理，以下将分别对其作简要介绍。

1）Mip-Map纹理技术

Mip-Map技术最初是由Lance Willams在他的论文“Pyramidal Parametrics”（SIGGRAPH 1983 Proceedings）中提出来的，是目前应用最为广泛的纹理映射技术之一。该算法的基本思想是：以适当大小的正方形来近似表达每一像素在纹理平面上的映射区域，并预先将纹理图像表达为具有不同分辨率的纹理数据，作为纹理查找表。

如图5-19所示，Willams将低一级图像的每条边的分辨率取为高一级图像的每条边的分辨率的1/2，如原始纹理为256×256，则由此得出的多级纹理依次为128×128，64×64，32×32，16×16，8×8，4×4，2×2，直到最后的1×1。这样，Mip-Map是一个逐渐减少分辨率的相关图像的集合，本质上形成了一个图像分辨率金字塔，0层是分辨率最高的层，也是所需存储空间最大的层，每个高层需要的存储空间是紧邻低层的 1/4。使用 Mip-Map 纹理技术可以将原始纹理影像表达为具有不同分辨率的纹理数据，低分辨率纹理影像的每边长度为高一级分辨率纹理影像的 1/2，形成了一个图像金字塔，故 Mip-Map 又称多重贴图纹理，利用它进行贴图的技术称为多重贴图技术。

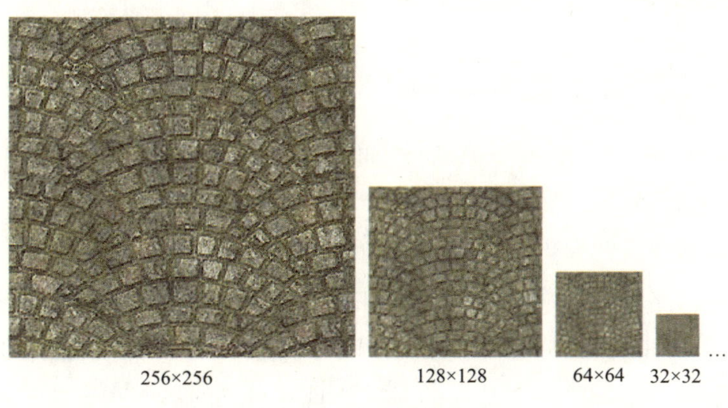

图 5-19　纹理图像分层

2）Clip-Map 纹理技术

针对 Mip-Map 的一些缺点，Tanner 提出了 Clip-Map 方法。Clip-Map 方法首先对原始大纹理创建 Mip-Map，然后选择一个分割尺寸，再把每一个 Mip-Map 层分割成矩形网格状的片，避免了传统方法先把大纹理分割成小纹理再进行 Mip-Map 过滤，而必须处理纹理边界的做法。这种分割是在大纹理被指定在单一的坐标系统中，对 Mip-Map 每一层进行的，与几何无关。Clip-Map 的优点在于没有把整个影像金字塔的纹理装入内存，而是将裁剪中心周围一定范围内的纹理通过裁剪装入内存。通过这种方法，分辨率最高的纹理只覆盖了几何模型的一小部分，如图 5-20 所示，而分辨率较低的纹理占了大部分。需要贴图的部分只是 Clip-Mapping 的一小部分，因此 Clip-Map 纹理技术能够突破对纹理尺寸的限制。

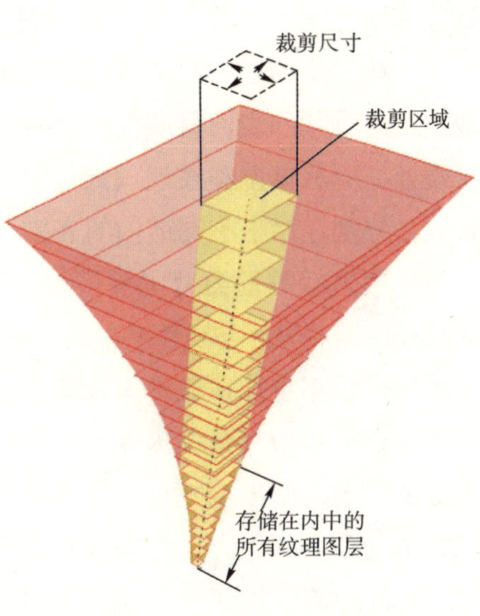

图 5-20　Clip-Map 纹理分块技术

Clip-Map 技术一般将纹理影像分割成一系列长和宽都为 2 的指数幂小块影像，系统调用时，只把可见地区的部分纹理读入内存进行处理。使

用 2^n 作为影像的长和宽，这是因为目前的绝大多数显卡为了加速绘制填充的速度，仅支持这些尺寸的纹理映射。如果纹理的尺寸不采用 2^n，将严重影响系统的显示速度。

5.4 三维数据空间索引

5.4.1 道路三维数据的特征分析

道路网由若干条逻辑道路构成，而逻辑道路又由若干个路段和道路交叉口组成，路段对象包括行车道、人行道、路面标线（包括交通标线、车道标线、斑马线等）等，道路交叉口其实与路段类似，所不同的是交叉口在进行线性定位时，可作为零维对象考虑。其中，路面标线、车道和人行道采用三角形面片表达。中间隔栏和路边护栏采用线对象（Polyline）加护栏高度，贴上纹理进行表达。由于是采用面向对象方法，因此在模型中，路段是一个独立的对象，具有自己的属性和方法，但是由于面向对象数据库技术目前还不成熟，因此路段对象不能以对象的形式存储在数据库中，而是将对象中的要素分别存储，分别管理。在进行二维数据显示时，将组成路段的各要素分别取出，然后再组合成一个个路段对象。

此外，附属设施的三维模型是道路三维表达很重要的组成部分，包括绿化设施（行道树、隔离绿化带等），交通安全设施（照明、隔离带等），道路沿线设施（路灯、管道、服务区、养护房岸、收费站、路旁建筑等），移动物体（如车、人等）等，这些设施在三维场景中被重复使用的频率很高，通常采用特定的模型来表达，而这类模型的几何形状和表面材质与纹理特征具有一般性并可以重复使用，包括点状模型、线状模型、面状模型和纹理模式等。这些模型种类比较多，可以用对象—关系数据库来管理，分别存储于不同结构的表中。

虽然这些数据类型比较多，但这些数据都有一个共同的特点，即沿道路网分布，通过线性参照方法与线性基准建立联系，其数据都是采用扩展的动态分段模型组织的。

三维数据量往往非常大，即使对一个城市而言，也不可能将整个场景的数据一次调入内存，必须对数据预先进行处理，一般采用预先分块，并建立索引的方法。在三维数据显示时，根据视点位置，将视点周围一定范围内的数据分批动态装载，一般是以视点为中心的正方形作为界定边界，即将与正方形相交的道路要素调入内存，进行显示，同时将退出正方形区域的对象从内存中移去。这样，必须实时查询出需要显示的要素，因此，数据的访问非常频繁，对空间索引的效率要求很高，索引的效率直接影响着三维显示的速度。而对于不规则的道路网，并不能对其预先进行规则分块，因此，按传统方法建立的索引，不能很好地满足需要。

目前，对于三维对象的索引主要包括八叉树和分层的 R 树，如 Oarcle Spatial 支持四维的 R 树索引和二维四叉树索引。八叉树是四叉树在三维空间的扩展，也是层次空间索引结构。分层的 R 树是基于四叉树和 R 树的一种新的检索三维点和线的方法。在分层的 R 树中，把现实世界的三维空间划分为平行于一个基准面的几层，在每一层上的空间目标采用 R 树组织。

5.4.2 R 树索引

R 树是目前应用最为广泛的一种空间数据索引结构。R 树的基本思想是采用最小边界矩形（Minimal Bouding Rectangle，MBR），3D-R 树为 MBB（Minimal Bounding Box），确定目标范围，按照 MBR 在空间上的位置，将距离近的 MBR 分成一组，这一组 MBR 又被更大的 MBR 所覆盖，由此形成层次结构。在二维空间的数据集中，R 树中的各层节点以递归的方式对数据集空间进行划分。R 树中每个非叶节点本身代表数据集空间中的一个矩形，该节点为其全部子节点所代表矩形的最小边界矩形 MBR。非叶节点由多个结构为（Rect，child）的数据项组成，其中 child 为子节点指针，Rect 表示与子节点指针 child 相关的 MBR。而叶节点则由多个结构为（Rect，O）的数据项组成，O 为指向空间对象的具体数据指针，Rect 为对象 O 的 MBR。R 树具有较高空间效率，它可以保证其空间利用率在 50% 以上。R 树是一种与 B 树类似的高度平衡树。这种索引是动态的，不需要定期重建。索引记录（Index Records）保存在叶节点中，索引记录包含指向数据对象的指针。

R 树中的非叶节点是这样保存条目的：（I，child-pointer）。其中，I 是其所有子节点的外廓矩形的总外廓矩形；child-pointer 是指向下一级节点的指针。

记 M 为一个节点中的最大条目数。取 $m \leqslant M/2$，约定此 m 为一个节点中的最小条目数。此时，R 树具有如下性质：

（1）若叶节点不是根节点，则每个叶节点所包含的索引记录个数介于 m 与 M 之间。

（2）对于叶节点中的索引记录（I，tuple-identifier），I 是其最小外包矩形。

（3）若非叶节点不是根节点，则其中包含的子节点个数介于 m 与 M 之间。

（4）对于非叶节点中的条目（I，child-pointer），I 表示能够覆盖其所有子节点的外包矩形的外包矩形。注意，原文中没有使用索引记录（indexrecord）这个词，而用了条目（entry）。

（5）根节点若非叶节点，则其至少有两个子节点。

R 树查询操作简单、方便，每次查询操作都是先给定一个查询窗口 W，从树的根节点开始，以自上而下逐级递归的方式进行，直到树的叶节点。每个非叶节点的 MBR 与 W 求交，如果不为空，则依次对其相应的子节点的 MBR 进行求交判断，直至到达叶节点。然后对叶节点中每个对象的 MBR 与查询窗口作一次相交判断，如果不为空，则返回对象标识，否则返回空。在查询过程中，若某个非叶节点的 MBR 与 W 不相交，则其子节点及其以下节点中所有对象均不可能与 W 相交，这样可以大大减少搜索的节点数。但由于节点之间的 MBR 会出现重叠现象，因此，一次查询往往会涉及多个子树。

5.4.3　四叉树索引

四叉树是另一类常见的空间索引，与 R 树系列不同的是，它是属于基于空间划分组织索引结构的一类索引机制，将已知范围的空间划成四个相等的子空间，如果需要，可以将每个或其中几个子空间继续划分下去，这样就形成了一个基于四叉树的空间划分。四叉树索引又分为满四叉树索引和一般四叉树索引，下面的两个四叉树空间索引都是满四叉树索引。

5.4.3.1　基于固定网格划分的 CELLQTREE

CELLQTREE 是满四叉树空间索引。N 层 CELLQTREE 的叶子节点所对应的子空间将形成一个 $2^n \times 2^n$ 的网格。图 5-21 是 $N=2$ 时的示意图。空间对象的 ID 记录在所覆盖的每一个叶子节点中，但当同一父亲的四个兄弟节点都要记录该空间对象 ID 时，则只将该空间对象 ID 记录在该父亲节点上，并按这一规则向上层推进。如图 5-21 中 R_1 同时经过 5、6、7、8 四个兄弟子空间，根据上面的规则只需在其父亲节点——1 号节点中记录 R_1 的 ID。CELLQTREE 的构成方式与网格索引有些类似，都是多对多的形式。一个网格可以对应多个空间对象，同时每个空间对象也可以对应多个网格，但与网格索引不同的是，它有效地减少了大空间对象在节点中的重复记录。

CELLQTREE 的控件对象的插入和删除都较为简单。只需在其覆盖的叶子节点和按照上面的规则得到的父亲和祖先节点中记录或删除其 ID 即可，没有像 R 树一样的复杂耗时的分裂和重新插入操作。这是四叉树优于 R 树的一个地方。另外，CELLQTREE 的查询方式也较为简单。例如，要检索某一多边形内和与其边相交的空间对象，只需先检索出查询多边形所覆盖的叶子节点和其父亲及祖先节点中所有的控件对象，然后再进行必要的空间运算，从中检索出满足要求的空间对象。

由于是满四叉树，CELLQTREE 采用顺序数组存储方式。内存耗费是链表结构的1/4。其索引结构可以放在内存中，因此无需 I/O 方面的消耗。

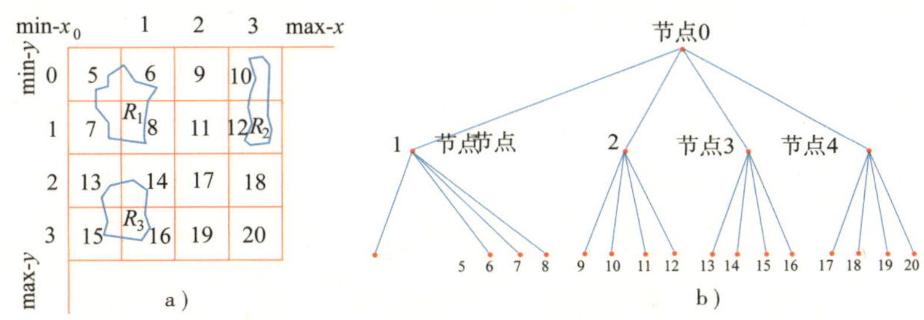

图 5-21　N=2 时 CELLQTREE 的空间划分和其四叉树结构

5.4.3.2　SuperMap 的线性可排序四叉树空间索引

SuperMap 的可排序四叉树空间索引与 CELLQTREE 一样，也是满四叉树空间索引，但有两点不同的是：①节点和空间对象的对应关系小同；②四叉树节点编码方式不同。

线性可排序四叉树节点和空间对象的对应关系为一对多。一个节点可以对应多个空间对象，而一个空间对象只能对应于一个节点。它将空间对象记录在包含它的最小子空间所对应的节点中。这样可免除由于多对多机制所带来的查询时需要排重等麻烦，但也带来了精度不够高的缺点。如图 5-21 中空间对象 R_2 在 CELLQTREE 中记录在 10 和 12 节点中，在线性可排序四叉树中则记录在其父节点 2 号节点中。当查询区域与 2 节点所对应的子空间相交但不包含 10 和 12 号节点所对应的子空间时，在线性可排序四叉树中，不在查询区域内的将会被检索出来需要进行进一步的空间判断。而在 CELLQTREE 中则不会出现这样的问题。

线性可排序线性四叉树在编码上放弃了 CELLQTREE 的传统的线性四叉树编码方式，采用了其独特编码方式。图 5-22 是划分两层的线性可排序四叉树的编码的示意图。首先将四叉树变为二叉树，即在父节点层与子节点层之间插入一层虚节点（其不用来记录空间对象）。然后按中序遍历全树的顺序对节点进行编码，包括加入的虚节点。这样的编码方式使得子节点和父节点号码相连，在储存的时候，以某一节点为根的子树的所有节点为连接的一段，不像 CELLQTREE 那样是分散的许多小段。我们可以用关系型数据库中的二维表来实现四叉树的空间索引，只要在存放空间对象二维表中增加一个字段用来存放记录空间对象所在节点的编号。进行空间查询时，先根据查询区域生成所要搜索的节点编号的集合。由于新编码方式的子节点与父节点结合编号的连续性将节点编号集合变成若干个连续的节点编号的范围，这样就可以用 SQL 语句从表中检索出满足要求的空间对象。而采用传统的编码方式四叉树划分较深，查询时

涉及的节点量巨大时，很容易使检索的SQL语句超过允许的长度。但可排序线性四叉树的编码方式也有其不足的地方。当四叉树结构发生变化时，如向下再划分一层，则必须给所有的节点重新编码，这使得可排序线性四叉树缺少一定的灵活性。而采用传统编码的四叉树就没有这方面的问题。

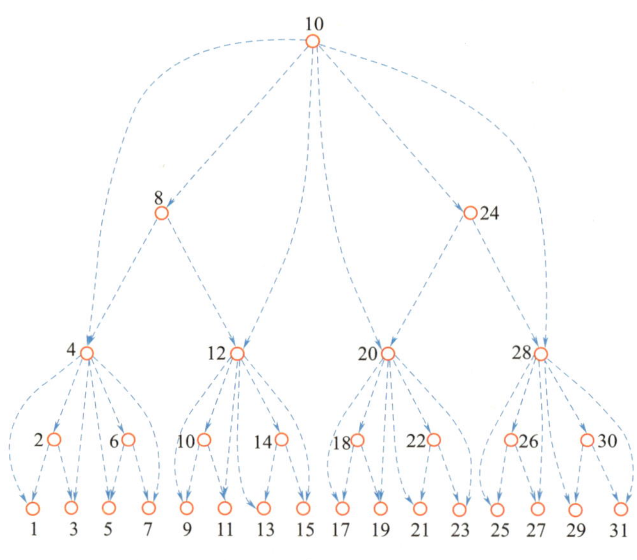

图 5-22　线性可排序四叉树的编码示意图

从上面两个四叉树空间索引可以看出，这类四叉树空间索引与R树相比有如下两个优点：

（1）可以用顺序存储的线性表来表示索引，内存需求量小，可以在内存中实现。这样，无需I/O方面的花费，使得查询速度得到提升。

（2）插入和删除操作简单方便，平均耗时远小于R树的插入和删除的花费，但由于其是以空间划分来组织索引结构的索引机制，有着这类索引机制的共同问题：在建立索引之前，必须预先知道空间对象所分布的范围，可调节性比较差。

5.4.4　面向道路网三维数据的混合索引

根据上述分析的道路三维数据特点，本书分两步来实现数据的查询功能。第一步是粗略查询，通过道路网的连通拓扑索引，查询出查询框内的道路线性区间（Linear Interval）集合（l_1，⋯，l_n）。第二步是精确查询，通过动态分段索引，及第一步查询出的道路线性区间集合（l_1，⋯，l_n），逐一查询出沿着道路分布的各种数据。

其中，线性区间（Linear Interval）是指线性特征上两个线性坐标之间的区间，如

（M_1，M_2）。线性区间并不是实际的对象，而是线性特征上的一段范围的描述，是一个位置信息。

5.4.4.1 连通拓扑索引

1）算法描述

连通拓扑索引的目的是搜索出落在查询框内的道路的线性区间集合。连通拓扑索引的基本思路是：首先建立道路几何中线的连通拓扑网络（这里的拓扑网络是不考虑方向的无向图，不考虑交通规则），根据视点的位置和显示的窗口范围，以拓扑追踪的方式查询出所有落在查询范围内的道路的线性区间。若用一无向图 G 来表达道路中线拓扑网络，则 $G=(N, E)$，其中，N 为节点的集合，E 为边的集合。设任意给定查询窗口 W，视点位置 p，那么查询到的线性区间集合可以表示为：

$$L=(l_1, \cdots, l_n)$$

其中，L 是线性区间（Linear Interval）对象集合。

建立连通索引其实主要是构建道路中线的拓扑关系，如图 5-23 所示。由于道路中线不参与网络分析，所以不考虑交通规则，只要道路在物理上相交就产生一个节点，这样道路中线和节点可以自动建立物理连通拓扑，这里说的连通拓扑和网络分析的拓扑不一样，是无向图，只要物理相交就认为是连通的。建立连通拓扑后，可以从任意一个节点查找到与节点相连的中线弧段。反过来，从任意的弧段可查询到其两端的节点。

节点	弧段
1	1，2，6，8
2	6，11，23，9
3	11，5，17
…	……

节点	弧段
1	1，26
2	1，15
6	1，21
8	1，23
…	……

图 5-23 连通拓扑结构

2）连通索引的搜索过程

连通索引的具体过程可以描述为：

$$p \rightarrow e_{ij} \rightarrow (n_i, n_j) \quad n_i \rightarrow (e_{hi}, e_{gi}, \cdots) e_{hi} \rightarrow n_h \quad l_1$$

$$\rightarrow \cdots \rightarrow L$$

$$n_j \rightarrow (e_{jk}, e_{jv}, \cdots) \cdots \quad \cdots \quad l_n$$

其中，p 表示视点位置，e_{ij} 表示节点 n_i 与 n_j 连接的边。

从视点位置 p 开始，首先查询到视点所在的道路中线弧段 e_{ij}，根据建立的拓扑网络，从 e_{ij} 立即可找出其两端节点 n_i 和 n_j，然后分别查找与节点 n_i 和 n_j 相连的道路中线（与一个节点相连的弧段有多条），照此循环查找下去。为了控制查找范围，预先设计一个查询窗口，每次对查找到的节点作一次判断，看是否在窗口内，如果是，则接受此节点，否则，需要作一个简单的计算，将此节点和其父节点组成的弧段找出，并与其求交，求出父节点到交点的空间距离，同时结束此方向的查询。将查询结果进行合并，将属于同一逻辑道路上并连续的线性区间进行合并，最后的结果为一个线性区间集合 $L=(l_1,\cdots,l_n)$。

由于数据调度仅需要查询出视点周围一定范围内的数据，其实是在很小范围内进行搜索，一般只有十几到几十个节点，并且不会出现空循环，查询效率较高，搜索时间在常量时间内能完成，其复杂度为 $O(1)$。

视点在图 5–24 位置时，其搜索过程可用图 5–25 表示。在数据动态装载时，一次调入的数据一般比较小，通常在几公里范围内，因此实际查询出的节点很少，如图 5–25 所示，只有 14 个，搜索效率非常高。两个灰色框表示从两个方向搜索相交的节点。

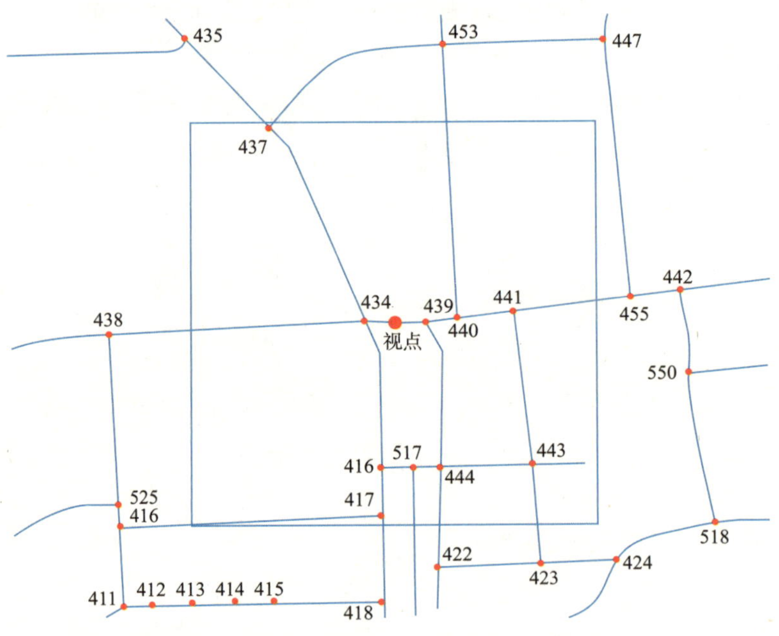

图 5–24　连通索引查询示意图

5.4.4.2　动态分段索引

1）算法描述

利用道路的连通性较好地实现了对道路线性区间的查询，但是对道路线性区间的查询不是最终的目的，获得道路及相关的三维数据才是最终目的。

动态分段索引（Dynamic Segmentation Index，DS）的目的是：根据连通索引搜索出的线性区间集合，采用动态分段的索引方法，逐一查询出沿着道路分布的所有数据对象。

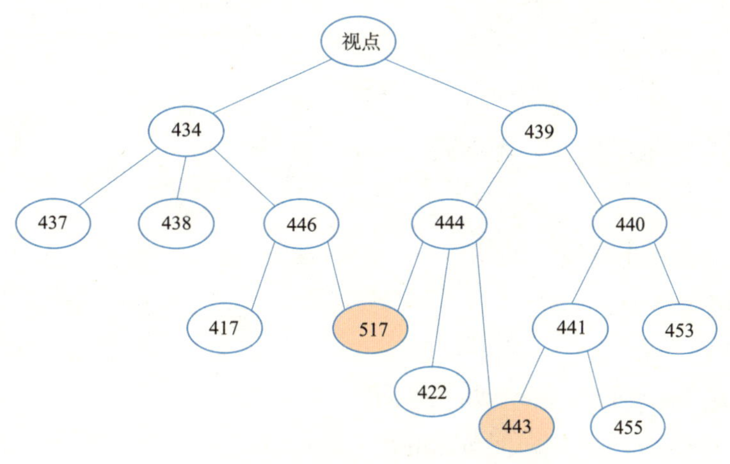

图 5-25　连通索引搜索过程图解

不管是数据的动态调度还是其他查询，都是围绕道路网进行的，道路及其与道路的相关信息是用户最为关心的，道路的空间特征是呈线性分布的，道路相关信息也是沿道路分布的。因此，数据的索引应该以道路为中心而建立。

动态分段索引是针对单独的线性特征（逻辑道路），每个线性特征建立一个索引树。换句话说，动态分段索引是沿逻辑道路建立的索引，每条道路都必须建立自己的索引树，因此，整个道路网有多少条道路就有多少个索引树，道路与索引树是一对一的映射关系。

DS 树的形状与 R 树相似，如图 5-26 所示。不同的是，R 树是在二维空间的索引，而 DS 树是在一维的线性空间建立索引；另外，R 树中，每个对象是以最小外接矩形（MBR）表示，而在 DS 树中，是以线性区间（M_1，M_2）表示。DS 树同样由根节点、中间节点和叶节点组成，如图 5-26 所示，各层节点以递归的方式对一维数据集空间进行划分。R 是根节点，其结构为 R（RID，M_1，M_2），RID 为逻辑道路的索引号，M_1、M_2 为整条道路的起止度量值，道路起点度量值（M_1）一般设为 0。中间节点代表道路沿线数据集中的一段 L，该段为其所有子节点所代表段的最小线性区间。中间节点由多个（M，child）结构的数据项组成，其中 child 为子节点指针，M 为与子节点相关的线性区间（M_1，M_2）。叶节点存储对象集合中各对象的信息，其结构为（M，0），M 表示对象的分段信息，0 是指向空间对象的具体数据指针。

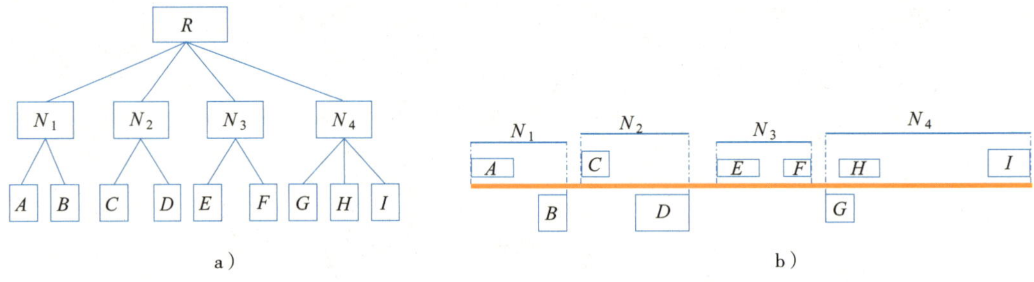

图 5-26　动态分段索引树结构

a）DS 索引树结构；b）DS 索引的区间划分

动态分段索引的节点数据结构：

```
StructNODE
{
    Linear_Interval linear ; // 线性区间
    NODE*parent ; // 指向父节点的指针
    NODE**child ; // 指向子节点的指针
    Long*ObjID ; // 在线性区间内的对象 ID
}
```

2）动态分段索引的操作

动态分段索引包括插入、删除、搜索等操作。删除操作比较简单，因此，下面就插入和搜索操作进行描述。

搜索操作：

输入：线性区间集合 $L=(l_1, \cdots, l_n)$；

输出：落在线性区间的所有对象指针。

```
for（对线性区间进行循环）
{
    pNode=FindRoadTree（L->Li->RID）; // 根据线性区间找到对应的索引树
    for（从索引树的根节点开始，对各节点 pNode 进行循环）
    {
        Linear_Interval*linear1 ;
        linear1=pNode->linear ∩ linear ; // 两线性区间求交计算
        if（linear1!=∅）// 如果线性区间相交
        {// 是
```

```
            if（pNode 是叶节点）
                GetObject（pNode，linear1）；// 接收此线性区间 linear1 内的
                                                        // 所有对象；
        }
    }
}
```

3）搜索算法复杂度分析

假设 a 为线性区间的个数，m 为索引树的数量，平均每棵索引树具有的节点数量为 n，从上面算法可以看出，两线性区间的求交和获得区间内的对象可在常量时间内完成，设为 b，那么，总的时间消耗为 $a(m+n+b)$。由于 a 与总数据量的大小基本没有什么关系，仅与查询窗口的大小有关，当查询的窗口位置变化时，a 也随之改变，可将 a 取其最大值。因此，可将 a 当作常量来看待。这样，算法的复杂度不超过 $O(n)$。

插入操作：

（1）获得给定线性特征的起点和终点线性坐标；

（2）确定节点允许的最多对象个数及最少对象个数；

（3）对线性特征上的所有对象进行循环；

（4）根据对象的线性坐标值，逐个添加到索引树对应的叶节点中，同时判断节点是否溢出，如果溢出，则转步骤（5），否则转步骤（3）；

（5）对节点进行分裂，并对其父节点进行判断，看是否溢出，如果溢出，则需要调整相关节点的路径：转步骤（3）；

（6）结束。

节点分裂时，应遵循线性区间最小原则，即在分裂时，首先分别将线性区间两边的两个子节点取出来，比较其线性区间的大小，选择大的进行分裂。

5.5 三维数据动态调度显示

5.5.1 三维道路数据的动态调度

5.5.1.1 内存文件映射技术

在道路三维可视化设计系统中，会涉及大量数据的访问，按照一般的数据处理方式，即将所有的数据读入内存供程序使用，务必占用大量的内存，难以实现实时显

示的目标，因而需要采用内存文件映射技术来解决这一问题。该技术允许申请一块内存，并把磁盘文件与该段空间相关联，从而使系统能够确定磁盘文件的地址，一旦程序要访问该文件，就可以像直接访问内存中的数据一样。

5.5.1.2 工程数据管理技术

分析该系统的数据类型，主要包括：二进制文件、文本文件、图片、视频、CAD 图形和 Excel 表格等。由于涉及的数据种类较多、数据量较大，如何高效地管理这些数据就成了该系统的主要问题之一。

对数据进行管理的方法之一是使用数据库。一个通用的道路工程数据库应具备以下功能：支持复杂的工程数据的存储和管理；支持模式的动态修改和扩充；支持工程事务处理和恢复；支持同一对象多种媒体信息表现形式和处理功能；支持工程数据的长记录存储和文件兼容处理；具有良好的数据库系统环境和支持工具。从中不难发现，要重新开发这样一个数据库难度是相当大的。因此，较可行的方法是使用现有的商业数据库，在其基础上进行扩展，使其满足道路三维可视化设计系统的数据管理要求。

对于平、纵、横设计数据而言，使用数据库完全可以满足高效管理的要求；对于数字地面模型建模数据文件而言，使用二进制文件是较可行的方法；对于图片、视频、CAD 图形和 Excel 表格等，采用文件的方式进行存储，在数据库中记录其路径即可。该方法简单明了，且便于数据的维护。

动态的范围查询是数据动态调度的关键步骤，本节主要针对三维道路及其相关数据的动态调度过程进行讨论。在本书研究的模型中，路段通过一个类来管理。路段对象包括行车道、人行道、路面标线（包括交通标线、车道标线、斑马线等）等。然而，路段并不是独立对象存储在数据库中，而是将组成路段对象的各要素采用不同的表结构分别存储在数据库中。因此，在进行三维数据显示时，将组成路段的各要素分别取出，然后再组合成一个个路段对象，进行显示。

为了更好地实现连通与动态分段索引，在进行路段对象划分时，不能太长。根据试验结果，在市区，路段对象的长度最好不要超过 500m，一般在 50~200m 比较合适；对于非市区的道路（如高速公路），可适当长一些。

从前面的讨论可知，三维路段的数据调度需要分两步：第一步通过连通索引，实现道路线性区间集合的查询，查询出来的线性区间集合可表示为 $L=(l_1, \cdots, l_n)$；第二步是根据这些线性区间集合，通过对应的动态分段索引树查询出所需要的各种路段要素，并对这些要素进行封装，组成路段对象。

5.5.2 视点动态显示

三维大范围场景数据能够较为流畅地实时显示一直是虚拟漫游系统研究的重点问题。为了能流畅地绘制场景，人们普遍采用LOD技术和纹理金字塔等技术，以达到简化场景的目的。如果将大规模三维地形作为一个整体进行简化是十分困难的，也是不需要的。这是因为大规模三维地形的复杂程度往往超过了目前高性能图形工作站的实时处理绘制能力，更是超过普通微机的处理能力。同时，考虑到大范围的飞行漫游系统视野范围有限，不需要将整个场景数据集作为一个整体进行简化，而只需要将进入视野范围的数据载入并进行渲染即可。

在浏览大范围的三维地形时，对于一个给定的视点位置和视线方法，通常只有小部分的地形可见。那些处于视野以外的部分，被其他物体遮挡的部分，对屏幕上的最终图形绘制则完全没有贡献。为此，在对整个地形作可视化处理前，可以根据当前视点位置及视线方向等参数，对地形进行拣选剔除不可见部分的视域，拣选剔除被遮挡部分的遮挡拣选，从而减小处理的数据量，可以提高整个系统的渲染效率。如图5–27所示。

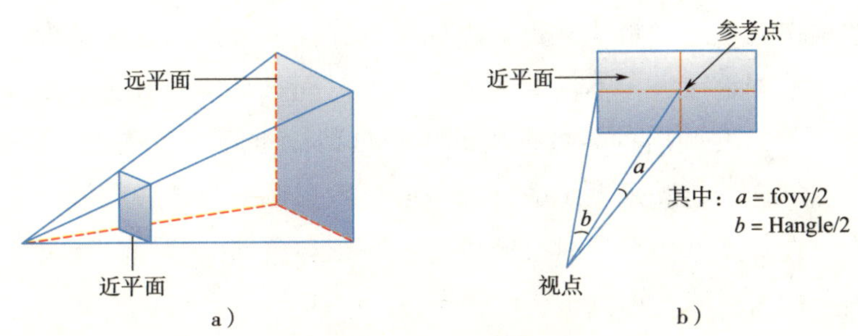

图5–27 视点视锥体裁剪

由于地形漫游系统中三维地形是一个相对开阔的地形环境，遮挡拣选算法本身的复杂性很可能会降低系统的性能，因此可以忽略遮挡关系，利用可见区裁剪来确定当前可见区内的地形数据。根据视点变化的规律性，以视点所在可见区域为中心，不论视点如何移动，周边的八块区域最有可能成为下一可见区。如果事先将这些区域的数据调入内存，则不会出现需要显示的地形数据不在内存而需从磁盘中调入带来的显示不连贯现象。

根据可见区裁剪得到的当前可见区，是由若干等大的地形块组成的一个不规则区域，因此，预可见区地形块的确定须经过两个步骤：①分别以当前可见区中的每个地形块为中心向外扩展得到地形块集合；②将这些集合求交得到预可见区的地形块集合，将来预可见区的地形块集合求法与上述类似。如图 5–28 所示，其中保证当前可见区地形块和预可见区地形块在内存中，如果内存足够大则可将将来预可见区地形块保存在内存中；若内存容量有限，则可存放在缓冲区中。粗黑线包括的安全区域内数据块必须在内存中，这样便保证了无论视点如何移动都不会因为要显示的地形块不在内存，需要从磁盘调入内存而产生显示的延迟。

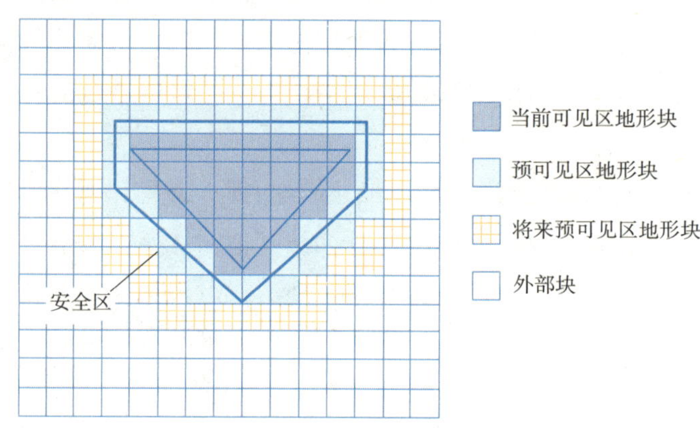

图 5–28　数据预调度

其中，数据块大小的确定非常重要。如果数据块太大，虽然会减少数据调入的次数，但是调入的数据量很大，不仅会使数据调入时间过长，而且对于内存容量有限的系统来说，每次都需要调出一些数据为调入数据留出空间，会造成数据交换的频繁。而数据块太小可能会不能满足系统的需要，而且数据调入会比较频繁，因此数据块也不可取得太小。在数据分块存储时已经确定，所以在前面的数据分块时应该综合考虑各种因素来确定数据块的大小。

5.5.3　OpenGL 绘制显示

传统的道路 CAD 系统多是基于 AutoCAD 进行二次开发。AutoCAD 虽然具有强大的图形处理功能，但是对于大量数据的处理则难以令人满意，它不能满足实时显示的要求。因此，道路三维设计系统的开发需要针对海量数据的显示浏览进行图形处理技术的开发，其中 OpenGL、Direct 等图形技术的引进是非常必要且可行的。

OpenGL 是一个性能卓越的三维图形标准，它是在 SGI 等多家计算机公司的倡导下，以 SGI 的 GL 三维图形库为基础制定的一个通用共享的开放式三维图形标准。它以高性能交互式三维图形建模能力和易编程开发等优点，得到了 Microsoft、IBM、DEC、Sun 等公司的认同。因此，OpenGL 已经成为一种开放式国际三维图形标准，是从事三维图形开发工作的必要工具。OpenGL 实际上是一个开放的三维图形软件包，它独立于硬件设备、窗口系统和操作系统，以它为基础开发的应用程序可以十分方便地在各种平台间移植。

OpenGL 作为底层图形渲染开发包，具有开放和跨平台可移植等特性，得到了深入的发展和广泛应用。它是与图形硬件完全无关的程序设计接口，由 100 多个相关的函数和命令组成，通过一种状态执行机制来执行各种命令。OpenGL 与目前各种流行的可视化集成编程环境紧密结合，如 VB、C#、JAVA 等，可以在这些开发环境中由程序员调用图形函数来进行三维建模和实时交互。OpenGL 功能强大，但是函数多，较为复杂，利用其进行三维开发，需要一定的编程技术和较长的时间。

OpenGL 基本原理如下所述：

（1）过程性而非描述性

OpenGL 提供对二维和三维图形操作的直接机制，但它不提供对复杂几何对象的描述或建模的手段。因此，发布 OpenGL 命令就是要指定怎样产生一个特定的结果，而不是说明结果确定的样子，即 OpenGL 是过程性而非描述性的。

（2）执行模式

OpenGL 命令的执行模式是客户端 / 服务器模式的。客户端发出命令，命令被服务器解释和处理。基于这一点，OpenGL 是网络透明的，服务器可维护许多 OpenGL 正文，每个都是封装的 OpenGL，客户可关联到正文中的任何一个。

（3）图元与命令

OpenGL 能够绘制的图元包括点、线、多边形，OpenGL 可以在这几种图元模式之间选择，可以独立地控制图元模式，设定一种不影响其他模式的模式。模式的选择、图冗的定义以及其他 OpenGL 操作都是通过调用相应函数来实现的。

（4）绘制方式

OpenGL 的绘制过程多种多样，主要提供线框绘制方式、深度优先线框绘制方式、反走样线框绘制方式、平面明暗处理方式、加阴影和纹理的方式以及大气环境效果等对三维物体的绘制方式。

三维可视化系统的最终目的是要绘制出具有真实感的空间三维场景的二维图形，提供像人眼一样的直观的、交互的和反应灵敏的可视化环境。OpenGL 具有建模方便、高度真实感显示、提供选择机制和反馈机制以及程序独立可移植性较强等优点。OpenGL 实现可视化流程的基本步骤被称为 OpenGL 渲染流水线。以空间平面可视化为例，OpenGL 要求平面都用几何顶点来描述，并用运算器对每个顶点进行计算和操作，然后光栅化形成图形片元；对要映射到平面上的像素影像数据，操作结果存储于纹理组装的内存中，再像几何数据一样光栅化形成图形片元。最终图形片元经一系列操作送入帧缓存实现图形显示，如图 5-29 所示，为利用 OpenGL 进行大规模地形渲染的效果图。

a）

b）

图 5-29 OpenGL 地形渲染效果图

第6章 系统设计与实现

6.1 概述

基于以上理论方法，开发了真三维道路智能设计系统。

真三维道路智能设计系统是一个复杂、庞大的系统。在该系统中，不仅实现了在真三维的工程环境场景中进行道路三维选线，并将确定下来的道路三维空间曲线自动分解为平面线、纵断面线，进行参数调整，还实现了横断面设计和土方量的统计等功能。另外，本系统还支持与目前常用的道路设计软件的数据交换。也就是说，通过该系统既能读取已有常用道路设计软件的设计数据，对其进行查看、调整，也能在自己的系统中进行真三维的道路智能设计。同时，该系统还涉及道路附属物、构造物的添加、与地形无缝接合的道路真三维模型的构建，带地面景观的道路模型的模拟驾驶和视频输出等附属功能。除此之外，该系统还具有相应的扩展功能，如对真三维工程环境场景的空间分析、三维量测、道路中线的模拟放桩、道路横断面地形量测以及汇报演示资料的挂接等。针对如此丰富的功能，该系统在设计时采用了模块式的结构划分。各个模块间的关系非常密切，各模块之间的协调、稳定是该系统研发的关键。

本章具体阐述系统研发的环境、数据库设计、技术路线、实现的功能、输入输出的接口等。

6.2 系统总体设计

6.2.1 组织与管理

一个道路工程项目包括一个或若干个设计路段，如互通式立交中有主线和匝道线等多条线路，每条路线有独立的设计标准和设计方案，同时每条路线可能还有多个设计方案，每个设计方案可包括若干路基段落和桥梁、隧道、涵洞等构造物，每个路基段落、桥梁、隧道、涵洞等又可能有多个设计方案。根据路线平、纵、横设计的顺序，一个道路工程项目组织与管理体系依次设置设计方案名称、设计数据存储位置，然后对当前路线进行设计。

6.2.2 开发及运行环境

真三维道路智能设计系统，运行在微软的 Windows 平台下，因为道路设计直接在真三维的环境中进行，同时还能对设计方案实现三维可视化。其基础数据是海量的 DEM 数据，所以该系统对计算机硬盘、内存和显卡的要求都很高。

1）硬件环境

CPU：奔腾 4，2.4GHz 以上。

主频：800MHz 以上。

内存：1GB 以上。

显存：256MB 以上。

硬盘：80GB 以上。

显卡：VIDIA 系列三维显卡或其他普通显卡。

刷新频率：75Hz 以上。

2）软件环境

操作系统：WindowsXP。

编程语言：VC++6.0、VS2008、OpenGL2.0 或更高版本三维图形库。

数据库系统：Office Access 2003。

6.2.3 数据存储设计

系统同时采用两种数据存储方式——数据库和文件。数据库采用 Access 数据库，文件采用自定义格式的二进制文件。

传统的三维地理信息系统采用栅格文件来存储 DEM 和遥感影像数据。对于 DEM 文件，每一个像元存储着空间坐标和图像的灰度值，不同的灰度值表示不同的高程（GRID 格式数据）；对于遥感图像，每一个像元和 DEM 文件一样也存储着空间坐标，而像元存储的 RGB 值对应地物的色彩。对地面的仿真，通过 DEM 文件与遥感影像空间坐标的匹配叠加，之后在三维空间中以三角形为最小单位渲染整个地形。

该系统自定义的地形模型文件，是将 DEM 和遥感影像融合在一起的一种数据格式。通过 OpenGL 实现对文件中数据的动态调度和海量三角形的渲染工作。

矢量文件是地理信息系统中的一个重要存储方式。对于二维的地理信息矢量文件的存储格式是经典的点、线、面。当矢量文件扩展到三维空间以后，原来的 X, Y 又加上了 Z。由于三维空间的元素远远要比二维地图复杂得多，例如复杂的建筑物有成千上万的面，并且每一个面对应着不同的纹理信息。所以，用基本的矢量文件来存储如此复杂的三维空间数据显然是不合适的。

该系统自定义地形模型文件的同时，还定义了一种矢量数据文件，用于存储矢量数据。在整个文件系统中，所定义的矢量数据文件相当于一个索引文件，具体体现在两个方面：其一，对于复杂的三维模型，矢量数据文件仅仅记录三维模型文件的存储位置，以及大量的纹理图像的位置。其二，自定义的地形模型文件一般不是从程序中直接打开，而是打开其对应的矢量数据文件。也就是说，矢量数据文件记录了自定义地形模型文件的路径。矢量数据文件中只存储数据量较小的坐标信息，以及属性信息。

该系统中的道路设计数据文件，采用标准的专业道路设计软件的设计数据文件格式。

6.2.4 系统功能设计

6.2.4.1 系统功能设计介绍

真三维道路智能设计系统，按其设计角度，可分为基本功能和业务功能。基本功能是指作为地理空间信息系统所必备的一些数据管理、导航、空间量测等功能。业务功能主要是进行处理、计算，最终得出针对道路三维选线与道路建模的功能。两部分功能之间并非独立的，业务功能的一部分是对基本功能的扩展，另一部分则是独立于基本功能的算法或系统的实现。一些基本功能又可以在业务功能实现的基础上执行。

（1）基本功能部分。

系统管理：打开，关闭，保存，另存为，设置，选项，系统退出。

导航：选择鼠标浏览方式，整体浏览方式，对象浏览方式，缩放尺度，设置路线漫游，观察方式。

量测：水平测量，垂直测量，任意方向测量，面积测量。

（2）业务功能部分。

工程管理：自定义设置、新建工程、保存。

三维选线：鼠标交互三维选线。

平面线参数调整：鼠标交互调整，参数调整，保存。

纵断面线参数调整：变坡点编辑，桥梁、隧道编辑，保存。

横断面设计：横断面要素编辑，保存。

道路模型构建：带 Z 值中心线构建，道路模型构建，桥梁模型构建，隧道模型构建。

信息查询：地点查询，书签查询。

工程统计：土石方统计。

飞行漫游：飞行路线添加、修改、删除、保存，飞行浏览。

视图：定制工具栏，编辑栏，飞行面板，查询面板，工具面板，图层面板，场景隐藏，全屏，选择界面风格，皮肤。

帮助：软件使用说明书。

6.2.4.2 功能模块划分

根据系统的具体功能，为了研发和管理的方便，将以上具体功能归纳为以下不同的模块。各模块之间相互联系，不可分割，共同构成真三维道路智能设计系统。具体功能模块的划分如图 6–1 所示。

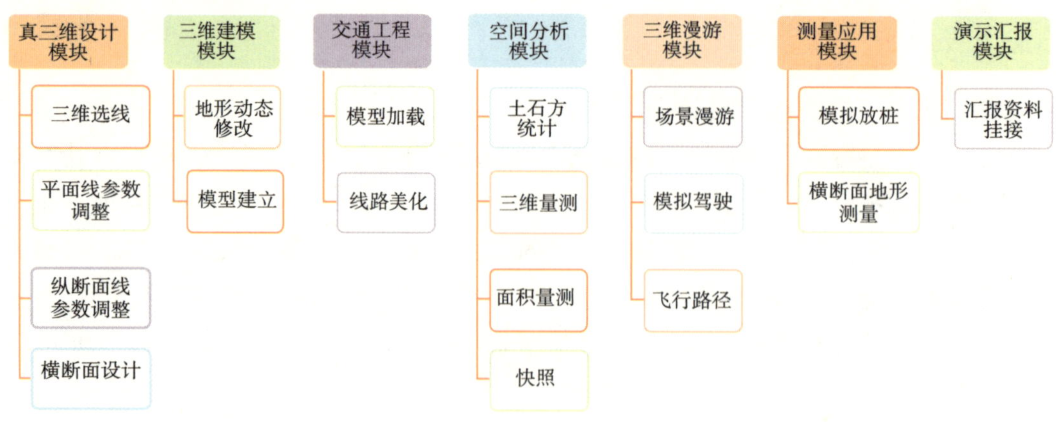

图 6–1　功能模块划分

6.2.4.3　主要功能介绍

本节主要对真三维道路智能设计系统的几个主要功能进行介绍，包括：三维建模功能、三维漫游功能、真三维设计功能、空间分析功能、测量应用功能、演示汇报功能等。

1）三维建模功能

（1）真三维工程环境场景的构建

①以遥感影像、LiDAR 数据、相关矢量数据为数据源生成 DEM，制作真三维场景模型数据。

②在三维系统中能导入相关数据（矢量数据 shp、dxf；栅格数据 img、jpg、wms 等），构建真三维工程环境场景；为了加快浏览速度，建立栅格数据影像金字塔，将矢量数据转化成 shp 格式，例如 DWG 数据，应该将它转成 shp 数据，然后以流方式导入。

（2）道路三维模型构建

根据道路设计数据，进行道路建模，并计算道路区域横断面上的点与地形的关系，从而对地形进行修改，生成与地形无缝接合的道路整体模型，同时针对路面、边坡、附属设施、构造物等的不同，赋予其相应纹理。如图 6–2、图 6–3 所示。

a）

b）

图 6–2　生成道路模型（桥、隧、路面）

2）三维漫游功能

地形场景漫游功能包括：①维基本浏览功能，即放大、缩小，移动（上、下、左、右），指北，绕某点旋转浏览，旋转（上、下、左、右），漫游，穿越漫游等。②基本量算功能，即距离量算、面积量算、高程量算等。③兴趣点管理及操作功能，即用户可对兴趣点进行定位、查询、保存、删除、修改、输出图片等。

在真三维道路建模完成后，还可通过模拟驾驶功能体验道路周围环境，如图 6-4 所示。

a）　　b）

图 6-3　道路附属设施模型

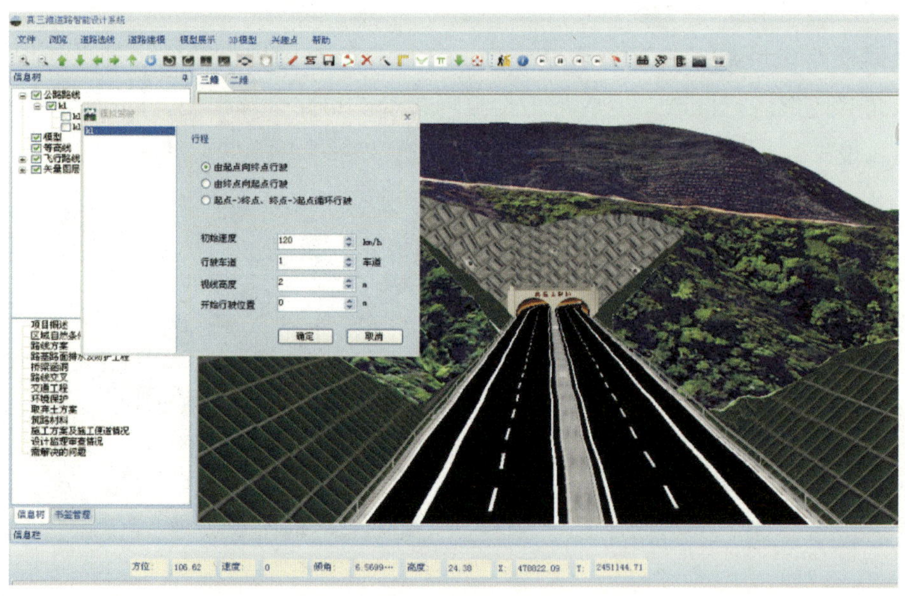

图 6-4　道路模拟驾驶

3）真三维道路设计功能

（1）道路三维选线

真三维道路设计系统可智能提供其他设计软件的道路设计数据的导入和导出，平面选线、纵断面设计和横断面设计以及横断面查看等功能。

该系统可将道路设计结果保存在硬盘空间的任意位置，支持其他设计软件道路设计数据的导入导出操作，能对其他道路设计软件的设计数据进行编辑、参数调整等。

通过人机交互，手工输入道路名称、宽度及其他道路参数后，进行导线法选线，选线时，三维窗体会变成顶视图（在选线阶段，始终是顶视图浏览）。选线的背景有两种，一种是把高分辨率影像作为背景（图 6–5），另一种是以 CAD 调绘数据为背景（图 6–6），进行道路选线。

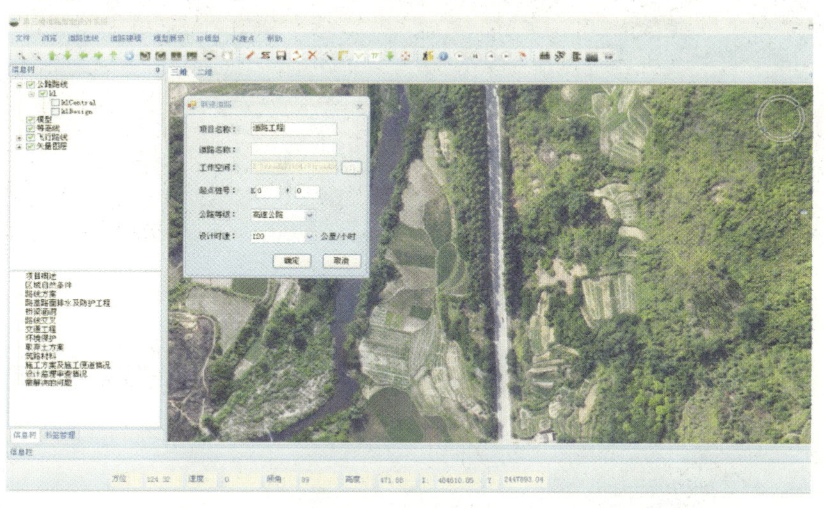

图 6–5　影像背景

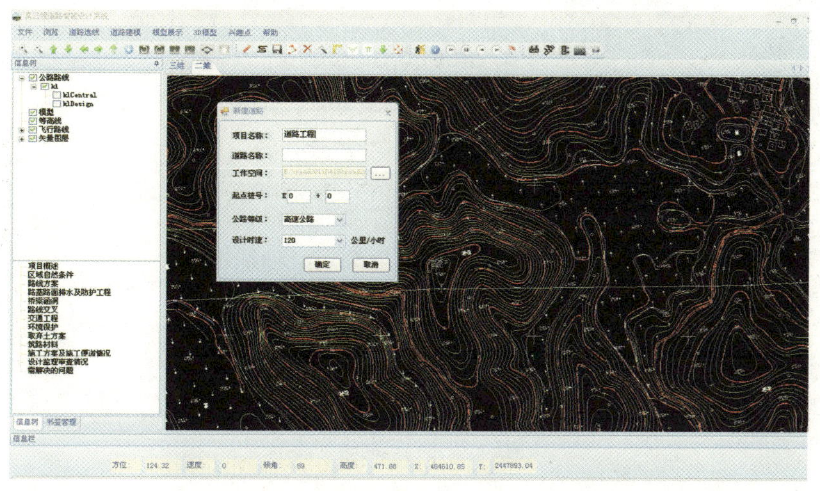

图 6–6　CAD 背景

（2）道路选线参数调整

①平面线参数调整

用导线法进行选线后，可对设计线进行整体平移、增加或删除导线控制点，调整导线上每个控制点处的道路线形参数。如图 6–7、图 6–8 所示。

图 6–7　移动、增加控制点

图 6–8　编辑控制点参数

②纵断面线参数调整

平面选线完成后，点击纵断面编辑按钮。点击右键可以增加变坡点、桥梁和隧道，如图 6–9 所示。

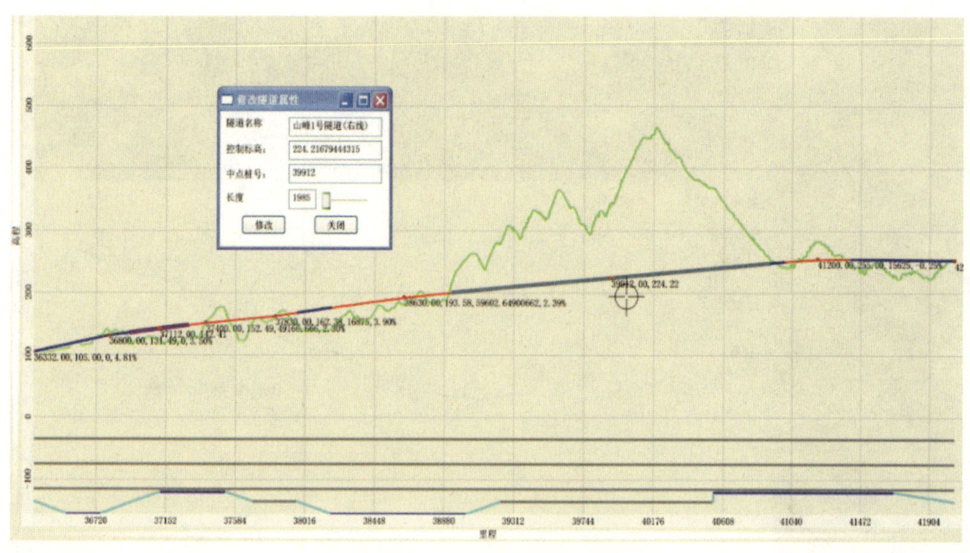

图 6–9　纵断面线参数调整

根据纵断面编辑结果，可生成带高程的中心线。

（3）横断面设计

通过给定的横断面参考模板，可对道路每个桩号处的横断面进行编辑。当鼠标放置到三维道路模型上时，可以自由查看每个桩号处的道路横断面，如图 6–10、图 6–11 所示。

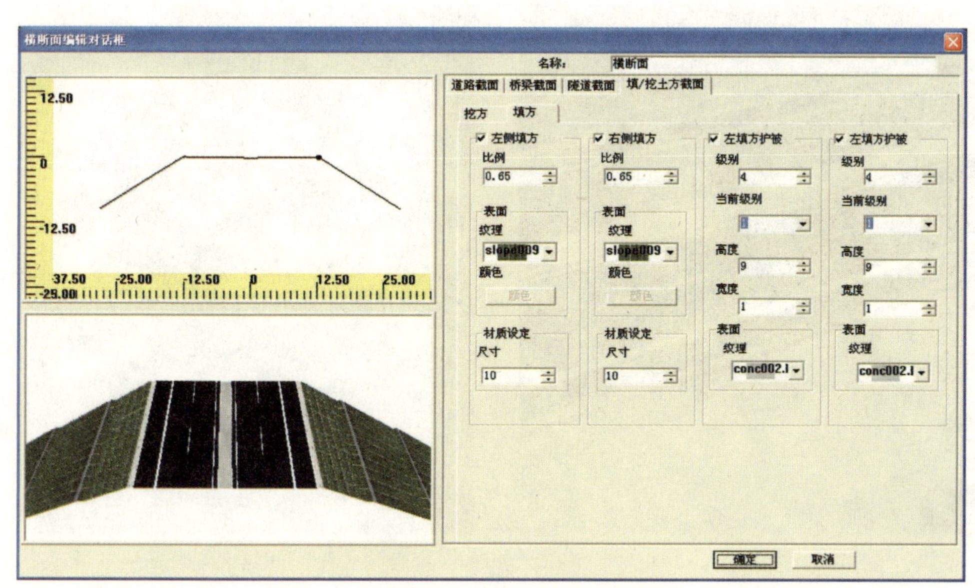

图 6–10　横断面模板编辑

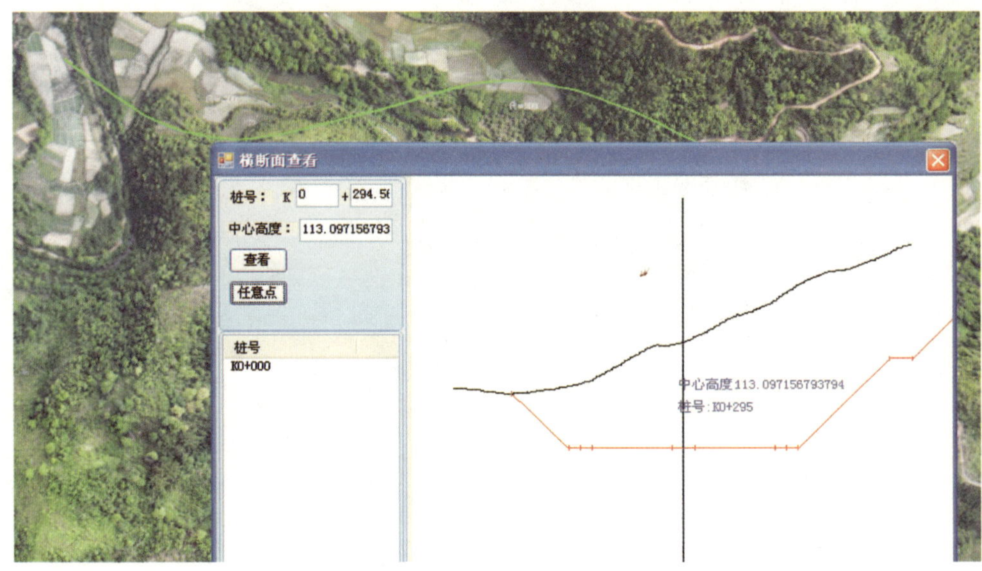

图 6-11　查看任意横断面

4）空间分析功能

空间分析功能主要包括：水平距离量算、垂直距离量算、任意方向距离量算以及区域面积量算等，如图 6-12 所示。另外，作为道路设计软件，系统还提供土石方量的统计查询功能，如图 6-13 所示。

a）

b）

图 6-12　空间量算

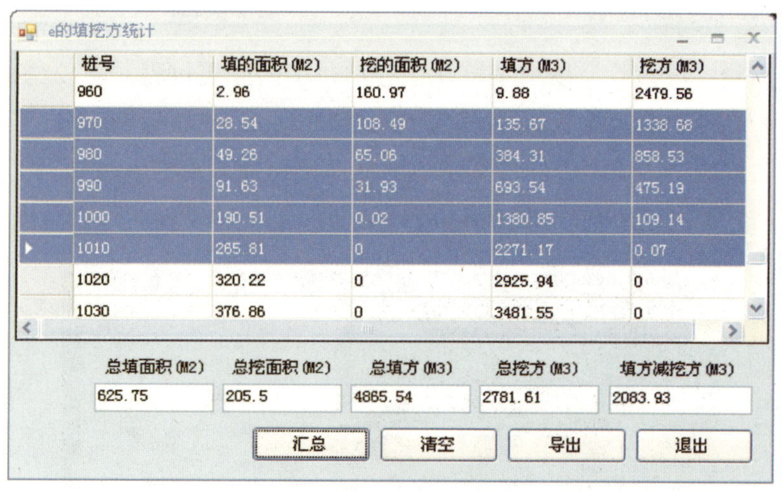
e的填挖方统计

桩号	填的面积(M2)	挖的面积(M2)	填方(M3)	挖方(M3)
960	2.96	160.97	9.88	2479.56
970	28.54	108.49	135.67	1338.68
980	49.26	65.06	384.31	858.53
990	91.63	31.93	693.54	475.19
1000	190.51	0.02	1380.85	109.14
1010	265.81	0	2271.17	0.07
1020	320.22	0	2925.94	0
1030	376.86	0	3481.55	0

总填面积(M2)	总挖面积(M2)	总填方(M3)	总挖方(M3)	填方减挖方(M3)
625.75	205.5	4865.54	2781.61	2083.93

图 6–13　土石方统计

5）测量应用功能

测量应用功能主要包括模拟放桩和断面量测等，模拟放桩能够代替现场放线，避免人为因素对道路中线里程桩的破坏，还能够减少因通视问题而造成的对周边植被的破坏。断面自动量测功能，是由计算机自动提取断面线，自动保存断面数据，在实际应用中，能够减少大量的野外人工作业，对土方量的统计和横断面的设计起着至关重要的作用。如图 6–14~ 图 6–16 所示。

图 6–14　模拟放桩

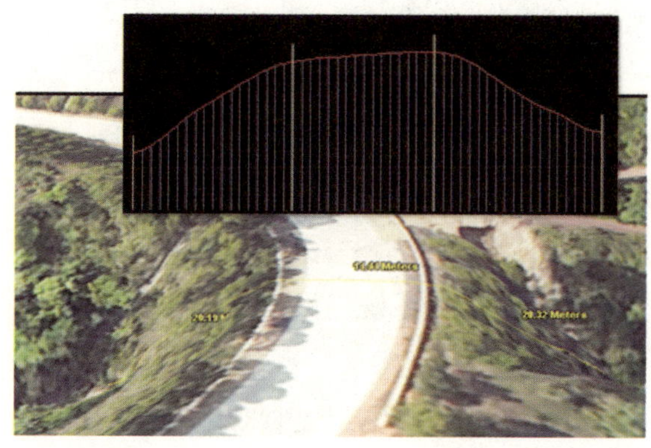
图 6–15　断面分析

图 6–16　断面量测

6）演示汇报功能

为方便项目结题验收，展示系统在工程项目中的应用过程，可以将文字、图片、影像、PPT 等资料，在三维场景中确定的位置以标注的方式链接起来。当点击到此标注时，就能够快速调用该点处的详细信息，从而可以使系统演示与项目汇报结合在一起，给系统用户提供了便利。如图 6–17 所示。

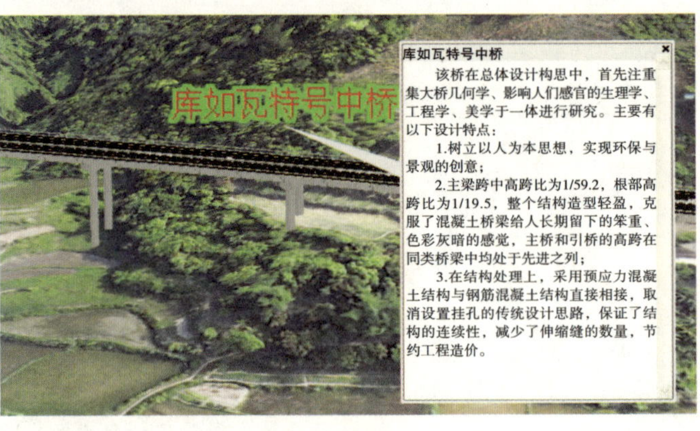

图 6–17　演示汇报

6.3 技术路线

利用高精度数字地面模型和高分辨率影像，将高精度的数字地面模型和高分辨率影像进行叠加，结合自定义数据（dwg 格式矢量数据、tif 格式影像数据、shp 格式矢量数据、兴趣点 POI 数据、3DS 模型数据等）生成高精度、高信息量的真三维工程环境场景。真三维道路智能设计系统以此作为基础数据，进行道路三维设计（三维选线、平面线参数调整、纵断面参数调整、横断面设计），并通过计算土石方量等统计手段，选择合适的设计方案，将设计数据保存成常用道路设计软件的数据文件，实现与常用道路设计软件的数据交换，从而使设计数据更加详细、更加准确。最后利用设计好的平纵横数据进行道路模型的构建。通过计算道路模型与真三维工程环境场景的空间位置关系，实时修改真三维工程环境场景模型地形数据，快速生成与经过修改的地形无缝接合的真三维道路模型。为更好地评价道路模型的质量，该系统提供三维空间分析功能，对道路模型及周边地形进行视域分析、坡度分析、环境分析等。该系统在技术上突破传统的道路设计必须在二维的地形图上进行的瓶颈，使得设计结果更直观地被表现出来。图 6–18 为真三维道路智能设计系统的总体设计图，图 6–19 为该系统的技术路线图。

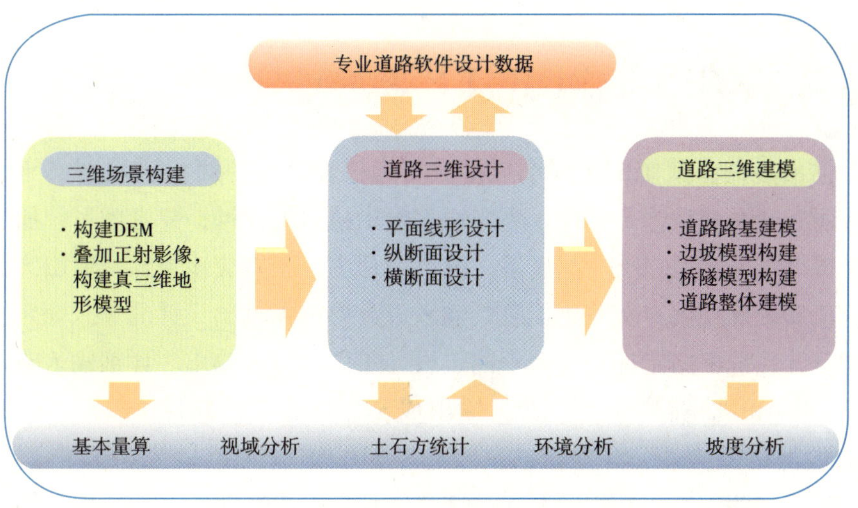

图 6–18　系统总体设计图

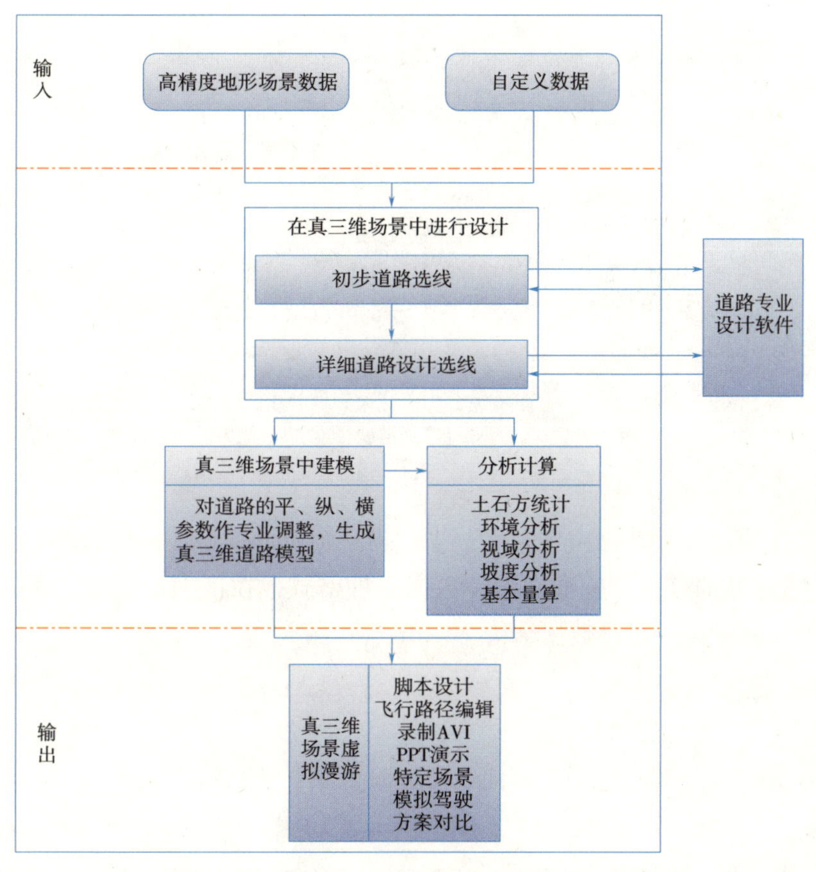

图 6–19　系统技术路线图

6.4 系统的输入输出接口

输入输出是一个系统的重要组成部分，通过输入输出可以实现用户与计算机的交流，从而实现系统功能。所以，系统输入输出接口的设计，要考虑系统所实现的功能。输出设计直接和用户需求相联系，输出设计的出发点应该是保证输出方便地服务于用户，正确地反映用户所需的信息。输入设计要根据输出设计的需求而定。真三维道路智能设计系统根据实现功能的不同，设计不同的输入输出。详细输入输出设计如表 6–1 所示。其中，将道路设计数据输出成专业道路设计软件（纬地、CARD/1 等）可接收的数据格式文件，并在道路三维建模时能够输入专业道路设计软件（纬地、CARD/1 等）的数据格式文件，从而实现了与专业道路设计软件的数据交换，是该系统的一个亮点。

表 6–1 输入输出设计

项目	输入	输出
工程管理	DEM、CAD 数据、Shape 数据、栅格影像等	编辑后的 DEM 数据，叠加矢量信息后的场景数据
道路三维设计	真三维场景模型、CARD/1（或纬地）设计数据、道路初始化数据	道路平、纵、横设计数据文件，道路设计工程文件
道路三维建模	CARD/1（或纬地）设计数据、道路设计工程文件、交通工程模型文件	道路三维模型、交通工程模型文件
信息查询	兴趣点位置、名称等信息	兴趣点在真三维场景中的信息
空间量算	真三维场景模型、真三维模型	空间量算距离、面积值
飞行漫游、模拟驾驶	真三维场景模型、真三维道路模型	飞行漫游、模拟驾驶视频录制
汇报资料挂接	真三维场景模型、真三维道路模型	兴趣点资料信息可视化

目前常用道路设计数据中包含平、纵、横三个设计数据，常用的道路设计软件如 CARD/1、纬地等都有一套标准的设计数据文件格式，在该项目研发中研究这些标准的数据格式，自主设计道路数据结构。

6.4.1 平面线设计数据

如图 6–20 所示为通用的道路平面线位数据文件（*.GEO 格式），图 6–21 为依据平面线位数据文件生成的 CAD 图纸截图。道路平面线位数据主要包括道路中心轴线、道路平面线位变化点信息、桩号等，此数据的坐标基准与平台的底层数据坐标基准相一致。

```
平面904.GEO - 记事本
文件(F) 编辑(E) 格式(O) 查看(V) 帮助(H)
HP        143962.1190000    228.845722259    484896.9856894   2580271.3537135
EL    2      820.5592517     2000.0000000
HP        144782.6782517    254.964934462    484398.5371015   2579626.7806754
EL    3      250.0000000     2000.0000000        0.0000000
HP        145032.6782517    258.943808038    484201.9565253   2579472.3968068
EL    3      249.9999999        0.0000000    -2500.0000000
HP        145282.6782516    255.760709178    484004.7221157   2579318.8236970
EL    2     1907.6191199    -2500.0000000
HP        147190.2973715    207.183587182    483121.4103407   2577680.0445520
EL    3      250.0000000    -2500.0000000        0.0000000
HP        147440.2973715    204.000488321    483101.5570212   2577430.8619721
EL    1     1781.4226177
HP        149221.7199892    204.000488321    482989.6869321   2575652.9554430
EL    3      260.0000001        0.0000000    -2700.0000000
HP        149481.7199893    200.935282008    482977.5271051   2575393.2667644
```

图 6-20　道路平面线位数据（*.GEO 格式）

其中，HP 表示该行是当前单元起点的位置信息分别有：桩号、切线方位角（360° 为一圆周，十进制）、东西坐标、南北坐标；EL 表示该行是当前单元起点的曲线参数信息：1（直线）、2（圆曲线）、3（缓和曲线）、单元长度、单元起点曲率半径、单元终点曲率半径。

图 6-21　道路平面线位数据 CAD 图纸截图

系统针对道路平面线位设计数据设计了平面线位路线段类，类的各个变量如表 6-2 所示，图 6-22 为平面设计数据在系统中的表示，图中绿色的曲线即为道路的中心线。

表 6-2　平面线位路线段类变量

变　量	类　型	含　义	备　注
Type	Line Define Type	线型	line=0' 直线 circle=1' 圆曲线 curve=2' 缓和曲线
Tix	Double	起点方向	
Length	Double	路线段长度	
Station	Double	起点桩号	
StartX	Double	起点坐标 X	
StartY	Double	起点坐标 Y	
EndX	Double	终点坐标 X	
EndY	Double	终点坐标 Y	
Radius	Double	半径	
EndRadius	Double	终点半径	
Endfix	Double	终点方向	

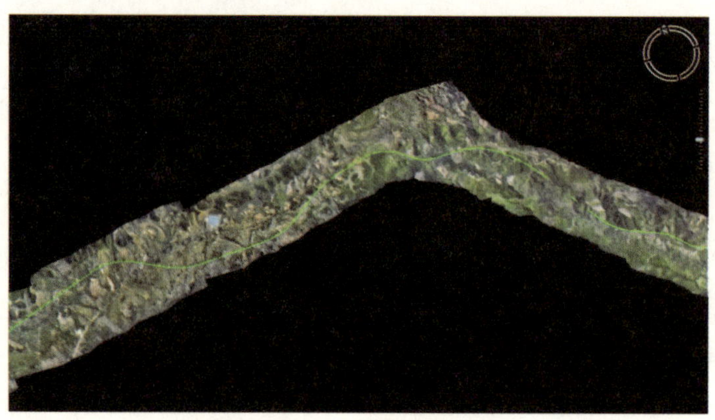

图 6–22　设计数据在系统中展示

6.4.2　纵断面设计数据

如图 6–23 所示是 CARD/1 道路设计软件生成的纵断面设计线文件（*.CRD 格式）。图中，每一列数据依次表明：标识、变坡点桩号、变坡点高程值、变坡点半径、备注等。

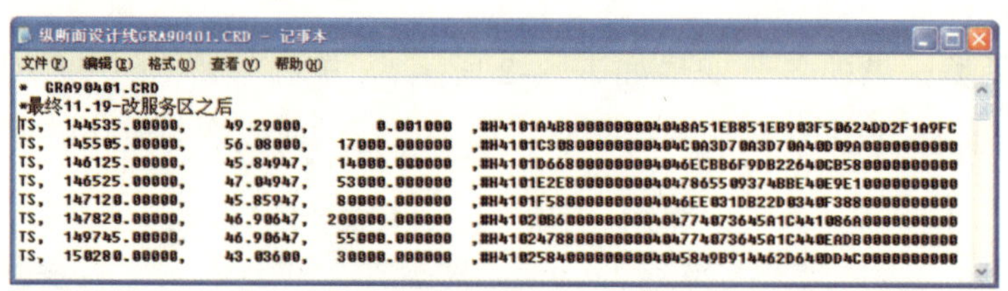

```
纵断面设计线GRA90401.CRD - 记事本
文件(F)  编辑(E)  格式(O)  查看(V)  帮助(H)
*  GRA90401.CRD
*最终11.19-改服务区之后
TS,  144535.00000,    49.29000,        0.001000   ,#H4101A4B80000000004048A51EB851EB903F50624DD2F1A9FC
TS,  145505.00000,    56.08000,    17000.000000   ,#H4101C3080000000004C0A3D70A3D70A40D09A0000000000
TS,  146125.00000,    45.84947,    14000.000000   ,#H4101D6680000000004046ECBB6F9DB22640CB580000000000
TS,  146525.00000,    47.04947,    53000.000000   ,#H4101E2E80000000004047865509374BBE40E9E10000000000
TS,  147120.00000,    45.85947,    80000.000000   ,#H4101F5800000000004046EE031DB22D0340F3880000000000
TS,  147820.00000,    46.90647,   200000.000000   ,#H41020B600000000004047740736450A1C441086A0000000000
TS,  149745.00000,    46.90647,    55000.000000   ,#H410247880000000004047740736450A1C440EADB0000000000
TS,  150280.00000,    43.03600,    30000.000000   ,#H4102584000000000004045849B914462D640DD4C0000000000
```

图 6–23　纵断面设计线文件

图 6–24 为依据纵断面设计线数据和纵断面地面线数据生成的 CAD 图纸截图。通过纵断面设计线数据可获取道路设计的纵断面与地形的起伏关系。在纵断面设计数据中记录桩号、纵断面变化点信息，以及当前桩号处的填挖高度变化情况等。

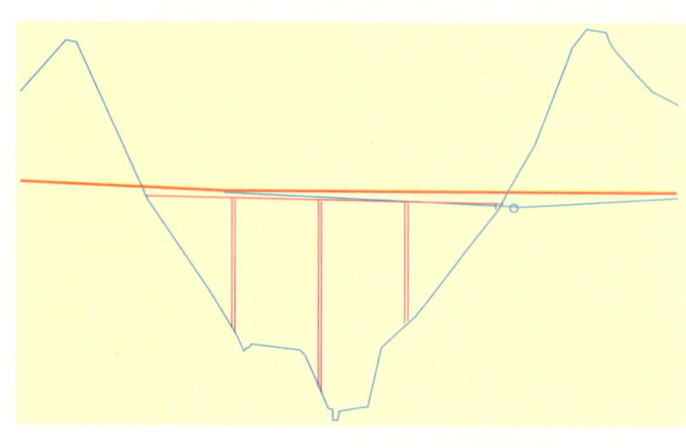

图 6–24　道路纵断面数据 CAD 截图

此外，为了说明道路沿线的构造物设计信息，配合纵断面设计线文件的还有构造物说明文件（*.DAT 格式），以此来说明构造物所在位置、长度、角度（如桥梁还需孔径长度）、材质等，如图 6–25 所示。

图中，每一列数据依次表明中心桩号、角度（路线前进方向顺时针旋转到桥梁墩台或隧道口中心线的夹角）、扣除长度（计算土方时，桥梁隧道路段不参与统计，要扣除该路段的长度，单位为米）、类型、孔数孔径、文字说明、设计水位或涵底高程 / 桥梁布孔形式等。

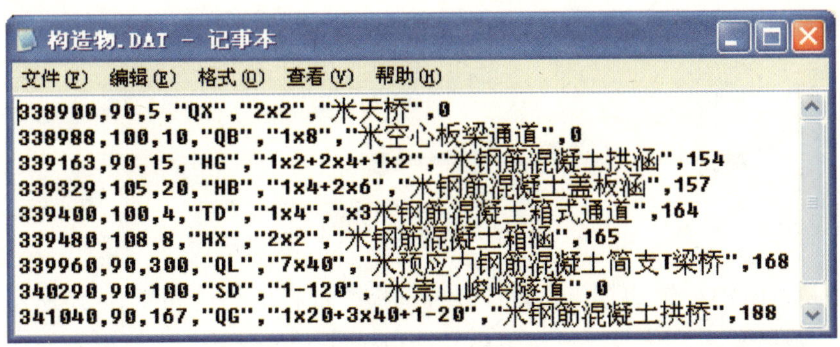


```
338900,90,5,"QX","2x2","米天桥",0
338988,100,10,"QB","1x8","米空心板梁通道",0
339163,90,15,"HG","1x2+2x4+1x2","米钢筋混凝土拱涵",154
339329,105,20,"HB","1x4+2x6","米钢筋混凝土盖板涵",157
339400,100,4,"TD","1x4","x3米钢筋混凝土箱式通道",164
339480,108,8,"HX","2x2","米钢筋混凝土箱涵",165
339960,90,300,"QL","7x40","米预应力钢筋混凝土简支T梁桥",168
340290,90,100,"SD","1-120","米崇山峻岭隧道",0
341040,90,167,"QG","1x20+3x40+1-20","米钢筋混凝土拱桥",188
```

图 6–25　桥梁、隧道的构造物说明文件

研究了纵断面设计数据后，在系统中设计了道路纵断面边坡点数据类，类的变量如表 6–3 所示。

表 6–3　纵断面边坡点数据类变量

变 量 名	类　型	含　义	备　注
Id	Double	变坡点编号	
Type	Struct Type	边坡点类型	road=0 bridge=1 tunnel=2
Name	String	名称	
Station	Integer	桩号	
Height	Double	高度	
Length	Double	长度	
Radius	Double	半径	

6.4.3　横断面设计数据

路基路面横断面图主要是用于道路横断面设计，在数据中可以读取各断面所在中桩号、倾斜度、边沟、车道长度等描述该条道路不同横断面位置上的相关几何结构数据。在计算道路模型时，再将各横断面同等属性的点进行连接，构成一个完整的道路

模型。如图 6–26 所示为道路横断面图。

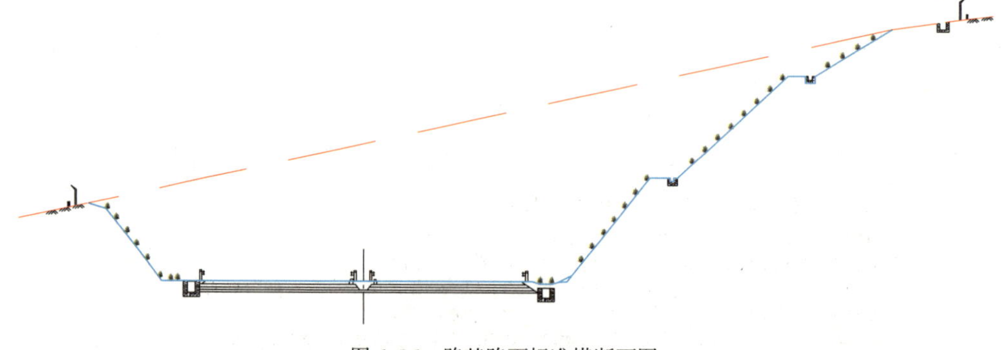

图 6–26　路基路面标准横断面图

常用的 CARD/1、纬地等道路设计软件的横断面存储结构如图 6–27 所示，每个桩号处对应一条横断面设计线，每一条横断面设计线上包含多个道路要素变化点，并用编号的方式区分各个变化点代表的道路要素。该项目中借鉴这种存储结构，并演变成自己的数据结构，使与多种道路设计软件的数据交换更加灵活。

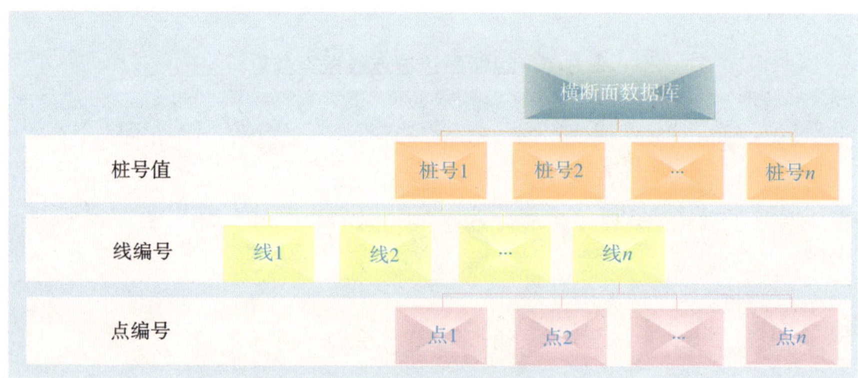

图 6–27　专业道路设计软件的横断面存储结构

针对道路横断面设计数据设计了横断面类、边坡类，横断面类的各个变量如表 6–4 所示。

表 6–4　横断面类变量

变量名	类　型	含　义	备　注
Type	StructType	横断面类型	road=0，bridge=1，tunnel=2
Struct_id	Double	编号	
Station	Double	桩号	

续上表

变 量 名	类 型	含 义	备 注
X	Double	坐标 X	
Y	Double	坐标 Y	
Fix	Double	前进方向	
Height	Double	高度	
Left	HRoadDefine	左边横断面	
Right	HRoadDefine	右边横断面	
Parts	List（of HRoad Part）	横断面要素	

第7章 设计方法应用

7.1 道路工程可行性研究

公路建设项目可行性研究的任务是：在对地区社会、经济发展及路网状况进行充分的调查、研究、评价、预测和必要的勘察工作的基础上，对项目建设的必要性、经济合理性、技术可行性、实施可能性，提出综合性的研究论证报告。就此阶段，本系统提供了可视化公路工可辅助分析功能模块，如图 7-1 所示，为其功能图。

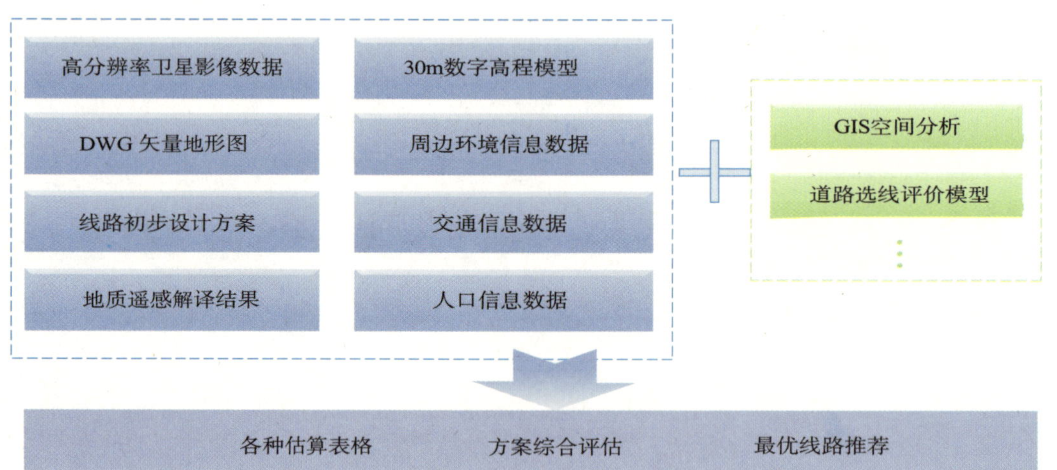

图 7-1 智能分析评价模块功能

该模块集成了 GIS 的分层数据管理与综合分析功能，将所在线路区域使用到的多种数据源（如图 7–2 所示），包括高分辨率卫星影像数据、DWG 矢量地形图、线路初步设计方案（支持 dwg、纬地、CARD/1 格式）、地质遥感解译结果（shp 格式）、各分辨率数字高程模型（DEM）、交通信息数据、人口信息数据、周边环境信息数据等所有参考资料，按照统一的地理坐标位置进行分层叠加。

a） b） c）

图 7–2 多源数据叠加

a）高精度 DOM；b）高精度 DEM；c）叠加地质解译成果

在数据叠加的基础上，利用 GIS 的空间分析功能，将最终形成工程可行性报告中的各种估算表格，如图 7–3 所示。这样大大提高了统计效率，提高了分析及量算精度，提升了公路工可阶段的信息化水平。

总 估 算 表

建设项目名称:

编制范围: A方案一期　　　　打印时间:　　　　第 1 页　共 2 页　　02表

项	目	节	工程或费用名称	单位	数量	估算金额（元）	技术经济指标	各项费用比例(%)	备注
			第一部分　建筑安装工程	公路公里	139.555	1,003,766,584	7,192,623.58	69.19	
一			路基工程	公路公里	139.555	308,164,420	2,208,193.33	21.24	
	1		土方	m3	6,036,701.000	154,251,161	25.55		
	2		石方	m3	632,037.000	22,003,020	34.81		
	3		排水与防护工程	m3	171,054.000	85,430,835	499.44		
	4		特殊路基处理	km	25.960	46,479,404	1,790,423.88		
		1	软土处理	km	10.460	32,322,906	3,090,143.98		
		2	治砂防护路基	km	15.500	14,156,498	913,322.45		
二			路面工程	公路公里	139.555	478,276,768	3,427,156.09	32.97	
	1		路面	m2	1,997,105.000	478,276,768	239.49		
三			桥梁涵洞	公路公里	139.555	45,167,435	323,653.29	3.11	
	1		涵洞	道	108.000	9,227,764	87,054.38		
	2		小桥及跨径＜20m的中桥	m/座	465.000/24.000	14,192,340	30,521.16/591,348		
	3		跨径＞20m的中桥及大桥	m/座	444.400/4.000	21,747,331	48,936.39/5,436,833		
		1	预应力混凝土连续梁桥	m/座	444.400/4.000	21,747,331	48,936.39/5,436,833		
四			隧道工程	公路公里	139.555		.00		
五			交叉工程及沿线设施	公路公里	139.555	94,883,930	679,903.48	6.54	
	1		交叉工程	处	1.000	22,709,727	22,709,727.00		
		1	互通式立体交叉	处	1.000	11,325,592	11,325,592.00		
		2	平面交叉	处	60.000	3,505,770	58,429.50		
		3	上部镇连接线	km	2.800	7,878,365	2,813,701.79		
	2		安全设施	公路公里	139.555	38,202,608	273,745.89		
	3		服务设施	公路公里	139.555	33,971,595	243,428.00		
六			施工技术装备费	公路公里	139.555	19,203,226	137,603.28	1.32	
七			计划利润	公路公里	139.555	25,604,304	183,471.06	1.76	
八			税金	公路公里	139.555	32,466,501	232,643.05	2.24	
			第二部分　设备及工具、器具购置费	公路公里	139.555	18,421,260	132,000.00	1.27	
二			设备购置	公路公里	139.555	13,955,500	100,000.00	0.96	
三			工具、器具购置	公路公里	139.555	2,791,100	20,000.00	0.19	
四			办公及生活用家具购置	公路公里	139.555	1,674,660	12,000.00	0.12	
			第三部分　工程建设其他费用	公路公里	139.555	307,205,265	2,201,320.38	21.18	
一			土地、青苗等补偿和安置补助费	公路公里	139.555	116,267,535	833,130.56	8.01	
	1		土地、青苗等补偿	公路公里	139.555	107,776,715	772,288.45		
	2		安置补助费	公路公里	139.555	8,490,820	60,842.11		

编制:　　　　复核:

图 7-3　估算表格

图 7-4 为该模块主界面图，主要具有以下特色：

（1）对测区数据的综合管理；

（2）可直接读入设计数据；

（3）具有强大的分析功能，直接输出规范要求的多种估算表格；

（4）支持在该系统平台上进行线位方案设计与调整。

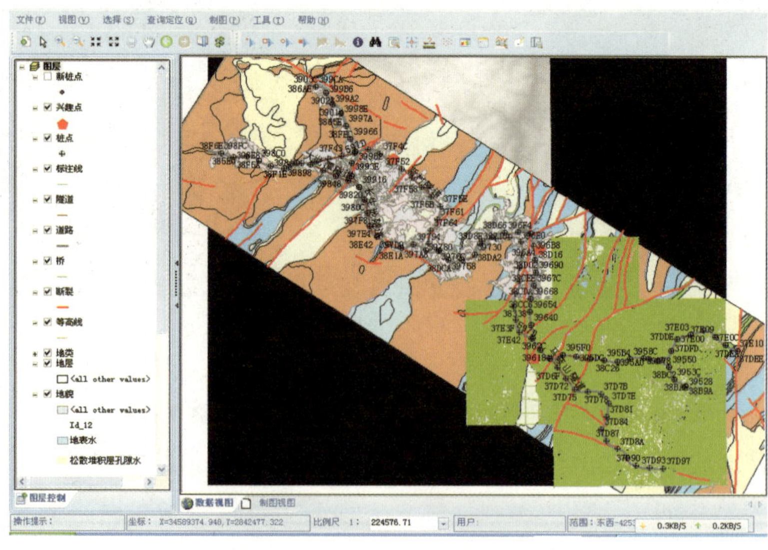

图 7-4　智能分析评价模块界面

7.2 道路真三维勘察设计

道路设计可分为两阶段勘察设计，即公路的初步设计、施工图设计。初步设计阶段要将设计方案基本确定。施工图设计是根据批准的初步设计或工可报告（一阶段设计），进一步对审定的修建原则、路线工程方案加以优化，收集相关的第一手资料，对有疑问的工程方案进一步进行论证，确定推荐方案，绘制细部设计尺寸图，提出准确的工程量，提出文字说明和图表资料及施工组织设计。各种设计图应具有指导施工的作用。

真三维道路设计方法不同于以往传统的道路二维设计方法，而是将道路作为一个有机整体，进行设计和方案比选。它是道路勘察设计行业科学技术不断发展进步的必然产物，会随着技术的不断完善而逐渐走向市场，并被推广应用。将高精度的数字地面模型和高分辨率影像进行叠加，在该平台中生成高精度、大范围的真三维数字地面场景。在此场景中，道路设计人员可进行真三维道路设计，包括道路横断面设计、道路纵断面设计、道路平面线设计等，并根据设计方案快速构建真三维道路模型，动态交互修改设计，实现多方案快速比选，可在大幅提高设计效率的同时保证设计质量。本节将结合典型的公路工程实例，介绍真三维道路设计的具体应用，供读者参考。

7.2.1 高精度真三维工程环境构建

高精度真三维工程环境场景是真三维道路设计的基础，为真三维道路设计提供参考数据。随着地理信息应用领域的拓展，传统二维地图已不能满足人们的需要，人们逐渐开始关注具有丰富地形地貌信息的三维地形图。但由于自然地形复杂多样，计算机处理能力有限，存在着数据获取困难，可视化处理复杂，三维显示效果缺乏真实感等问题。然而，随着科技的进步，数据获取手段的多样化，计算机处理能力的提升，以上问题均得到了解决。

真三维工程环境构建的首要条件是可获取高精度、大范围的地形、影像、地质等基础数据。传统的航测、导线、水准等测量手段难以满足高效率的数据获取需求，而新兴的空间信息获取技术——机载 LiDAR 技术可以很好地满足真三维工程环境构建的数据要求。该项技术已在前述章节进行了具体阐述，本节将简要介绍工程实际应用中高精度三维工程环境构建的技术流程。

7.2.1.1 LiDAR 数据采集

LiDAR 数据采集是通过激光发射装置按设置好的时间间隔不断发射激光束，激光束打在反射镜上，通过反射镜的左右摆动，将激光束反射到地面上。激光束碰到物体，将发生反射，此时机载接收装置将记录返回信号，即记录一个相应的数据点。激光束在发生反射时，并非一次全部反射。当激光束经多次反射，接收装置将记录多个相应数据点。如飞机沿航线飞行时，激光发射，接收装置不断采集、记录地面数据点，完成整个区域的数据采集。若设计测区过大，则可采用多次起飞的方式获得整个测区的数据。如图 7–5 所示。

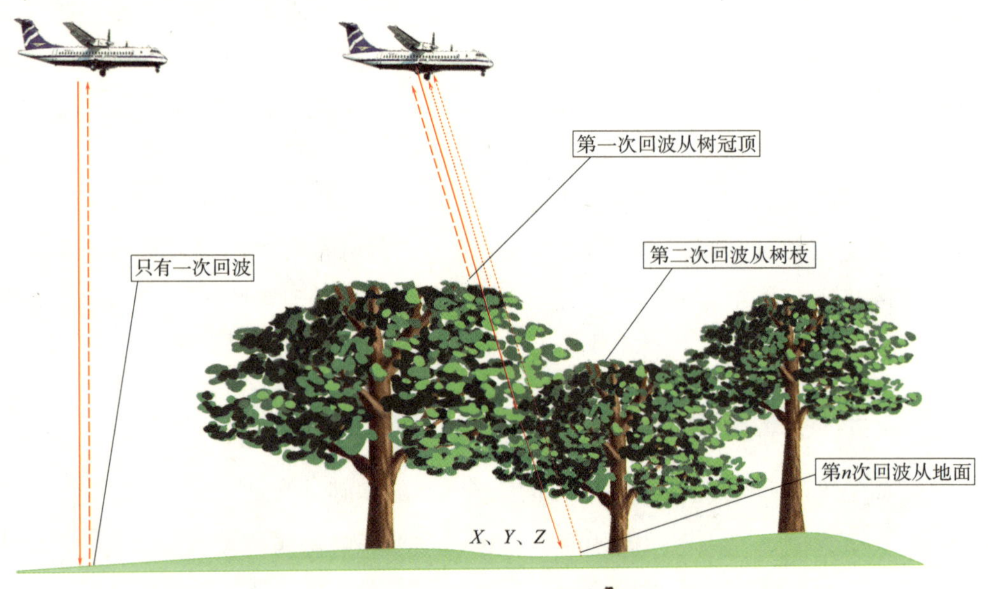

图 7–5 LiDAR 数据采集

1）LiDAR 数据采集流程

根据 LiDAR 数据采集的特点，需选择合适的飞行平台和飞行参数，研究、探讨多种飞行方案。以新疆地区的飞行比例，考虑到新疆地区复杂的地形特点，兼顾常规与非常规飞行方案的设计、分析，LiDAR 数据采集需要按照事先制订的详细飞行计划进行，计划内容包括飞行时间、地点以及地面控制点的设置等。航摄飞行设计可使用 WinMP 或是 Flight Planning & Evaluation Software 软件辅助设计，航飞控制采用计算机控制导航系统。LiDAR 数据采集流程如图 7–6 所示。

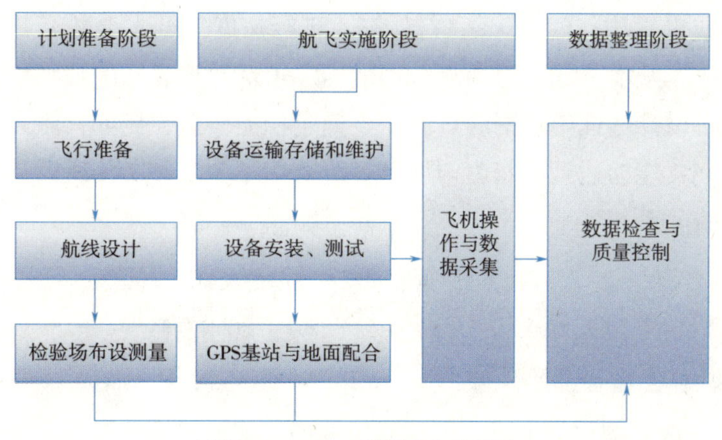

图 7-6　LiDAR 数据采集流程图

2）航线设计

在进行外业航飞测量前，首要的任务就是进行航线设计。航线设计可以利用 LiDAR 设备商提供的专业航线设计软件进行设计，主要航飞参数设置有基准面高程、相对航高、绝对航高、地面分辨率、平均点间隔以及航线总长度等。如图 7-7 所示即为航线设计软件。

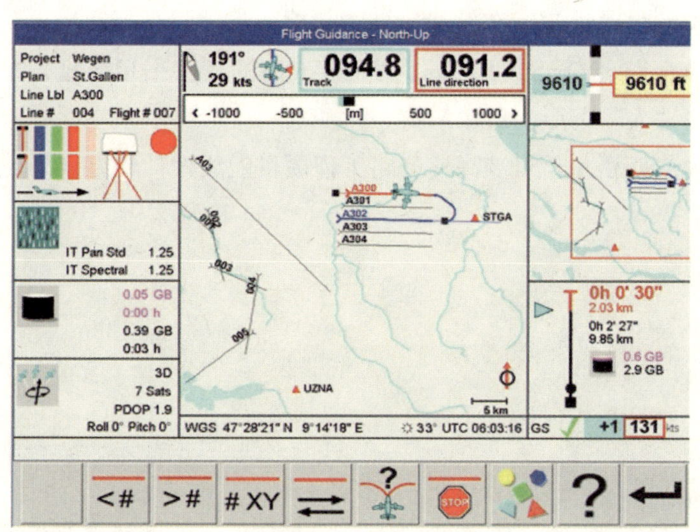

图 7-7　航线设计软件

基于 LiDAR 公路勘察航线设计有其自身的特点，概括起来有以下几个方面：

（1）航线设计原则：点云密度尽量大、飞行效率尽量高。

点云密度的确定：在确定进行航线设计之后，首先要根据项目的技术要求大概确

定点云密度（或者平均点间距）、飞行航高、飞行速度等基本参数。其中，点云密度是最为重要的一个基本参数，因为点云密度确定了对地形表达的精细程度，因此必须要首先确定。在设计过程中，围绕点云密度确定相关参数，比如：激光发射频率、扫描频率等。LiDAR 能够达到的密度与地形等级密切相关。表 7-1 所列是推荐的地形高差与点云密度的关系。

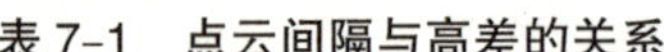

表 7-1　点云间隔与高差的关系

地形高差（m）	高差≤ 50	50 ＜高差≤ 200	200 ＜高差≤ 500	500 ＜高差
点间距（m）	0.5	0.7	0.9	1.0

（2）为防止 IMU 漂移误差过大，每条航线的航飞时间不宜超过 15min。

（3）根据地形特点分区飞行。在飞行任务准备阶段，首先应该熟悉测区的地形特点和地貌特征，根据不同的地形条件选择和设计不同的飞行航线。在平原地区，航线设计相对要简单一些，只要根据成果要求设计合适的飞行高度，就可以保证航飞的正常进行。在山区，地面高差比较大，有些地区甚至超过 2000m，为了保证点云密度的均匀性和影像分辨率的一致性，需要将航摄区域根据平均高程分成多个不同的测区进行航摄飞行，以保证最终成果的精度满足任务要求。

（4）检校场航线设计包括在航线设计中，检校场尽量选择在测区附近。选择类似机场跑道或高速公路、长至少 1000m、宽 20~50m 的较大平坦区域，并且校准区内必须有一个较大的“人”字形尖顶建筑物。

图 7-8 即为广西梧州至贵港高速公路工程项目航线设计最终成果。

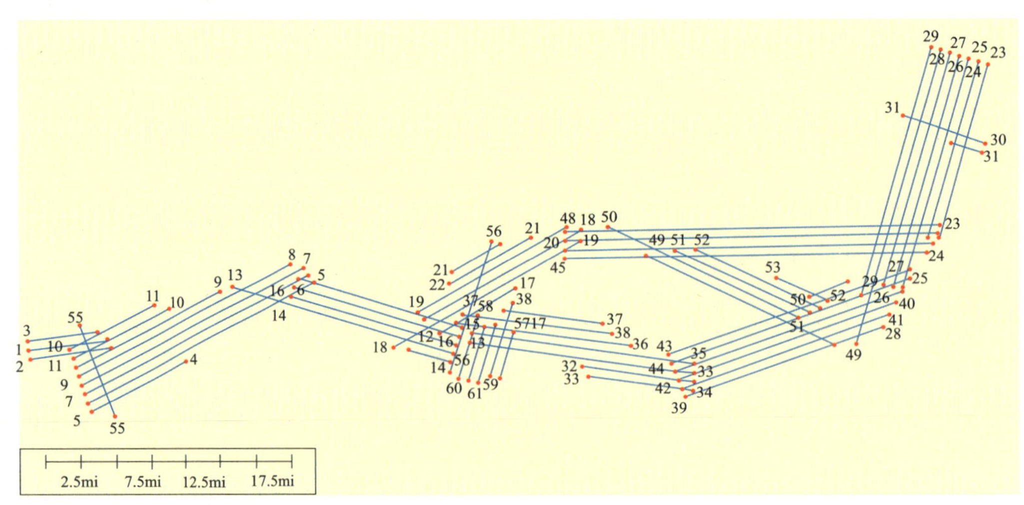

图 7-8　航线设计成果

3）地面控制

地面控制是整个航飞实施阶段的重要组成部分，一般分为检校场地面配合和测区地面配合。检校场地面配合是针对检校场开展工作，主要包括现场确认、检校场标识布设与测量、基站布设与配合观测、控制点测量等方面的工作。测区地面配合主要包括基站选择与配合观测、野外检查点观测等。如图 7–9 所示即为 GPS 基站布设图及观测图，相邻 GPS 基站的直线水平距离为 50km。

a）

b）

图 7–9　GPS 基站布设及观测图

4）数据采集

机载激光数据采集实施阶段主要分为三个阶段：飞行准备、空中数据采集、数据下载和预处理。

（1）飞行准备

飞行准备阶段主要需完成以下工作：

①地面基站点的数据搜集和实地踏勘。

②机载 LiDAR 设备及附件安装调试，并测量相关偏心数据。

③与机组人员沟通飞行路线。

④和飞行调度协调，确认是否可以起飞。

（2）空中数据采集

空中数据采集主要需完成以下工作：

①空中设备检查。

②按照飞行设计要求进行检校场飞行。

③按照飞行设计要求进行数据采集区飞行。

④记录设备异常情况，并及时处理。

⑤记录是否有飞行漏洞，并视情况进行及时补飞或安排补飞。

（3）数据下载和预处理

每架次飞行完毕后，及时下载采集的各项数据并进行预处理和检查。主要需完成以下工作：

①对每架次飞行完毕后的数据及时下载。

②数据预处理，检查数据质量及飞行质量，根据飞行质量要求，看是否有漏片、有云等，是否需要补摄或重飞。

图 7–10　海量点云数据

③每架次飞行完毕确认数据完整、符合要求后，在飞机落到机场约 10min 后通知地面 GPS 基站关机。

其中，数据预处理的内容主要包括 DGPS 数据处理、GPS/IMU 联合处理、激光数据编码、激光数据检校及高程拟合调整。该部分的主要目的在于数据解算和检校改正，得到海量、精确的 LiDAR 三维点云数据。图 7–10 所示，为海量点云数据。

7.2.1.2　LiDAR 数据处理

LiDAR 数据处理主要可以分为几何地理定位和滤波分类两大部分。几何地理定位主要是通过差分 GPS 数据处理，IMU 和 GPS 组合姿态确定，坐标变换等处理过程结合 LiDAR 的测距数据，实现激光脚点的三维坐标精确解算。随着系统集成、计算机技术、GPS、IMU 数据处理等技术的成熟应用，点云的几何定位问题已经得到了很好的解决。然而，由于计算机视觉技术、智能技术相对落后，点云滤波分类的自动化、智能化处理还有很大的难度，需要大量的人工干预，这成为目前 LiDAR 技术发展的瓶颈。

1）LiDAR 数据处理流程

针对多种类型的设备，本书总结出常规数据处理的一般流程，并指出各个环节的注意事项及关键控制因素，包括三维坐标解算、点云数据的分类处理、正射影像纠正、构建数字地面模型等，并重点针对点云滤波分类及滤波方法作深入研究，取得了相关知识产权保护。数据处理的流程如图 7-11 所示。

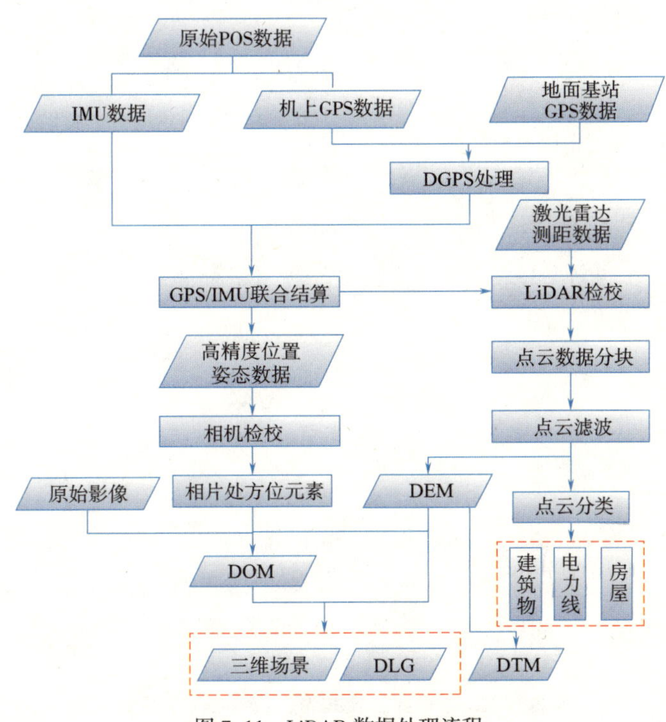

图 7-11　LiDAR 数据处理流程

2）激光点云数据几何地理定位

激光点云数据几何地理定位数据处理是对点云数据进行正确滤波处理的前提条件，有效的激光点云数据几何地理定位可提高定位精度。原始激光数据仅仅包含每个激光点的发射角、测量距离、反射率等信息，原始数码影像也只是普通的数码影像，都没有坐标、姿态等空间信息。只有在经过几何地理定位后，才完成激光“大地定向”，即具有空间坐标（定位）和姿态（定向）等信息的点云数据。

激光点云几何地理定位软件主要是由数据分离模块、差分 GPS 解算模块和 GPS/IMU 联合平差处理三部分构成。其流程如图 7-12 所示。

解算完毕后，进行精度检查时，需要检查以下几个方面的内容：参与平差的数据精度（Roll、Pitch、Heading、经纬度、速度等的精度），计算结果精度（偏心分量误差、平面高程精度误差），如图 7-13 所示为偏心分量误差分布图。解算精度要求一般控制在 10cm 以内。

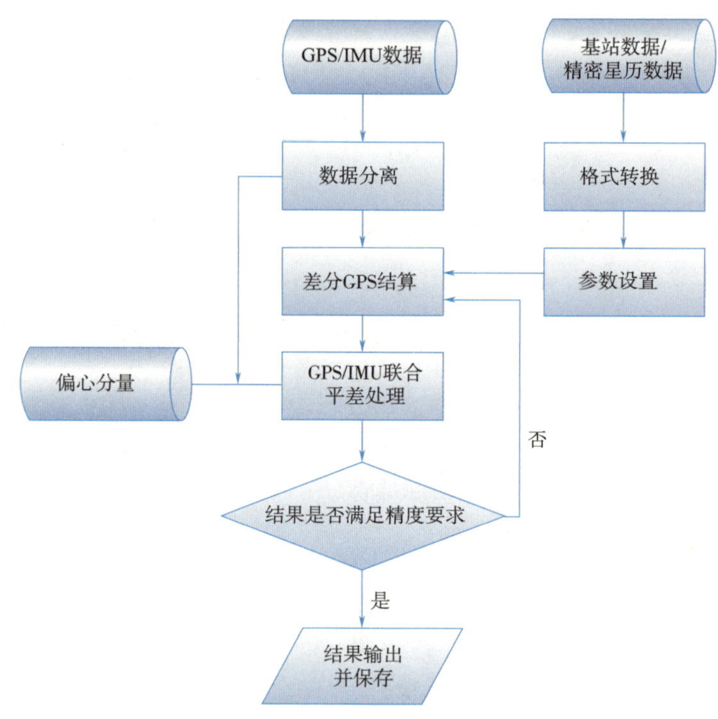

图 7-12　GPS/IMU 联合平差处理流程图

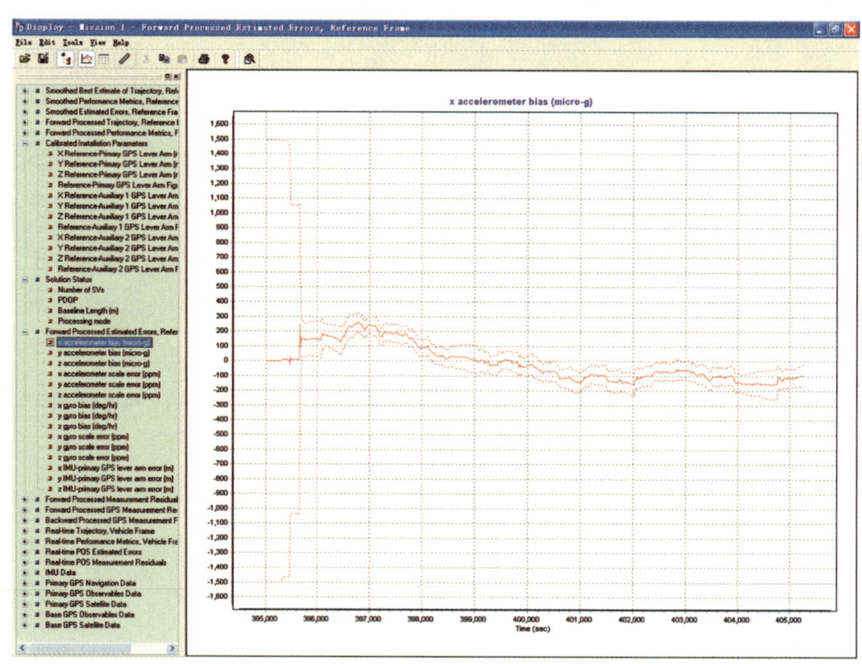

图 7-13　解算精度检查

3）数据校正

安装激光雷达测量系统要求 LiDAR 参考坐标系同惯性平台参考坐标系的坐标轴间相互平行，但在系统安装时不能完全保证它们相互平行。其中，IMU 的参考坐标系与 Laser/Mirror 的参考坐标系之间存在着三个姿态角的偏移。这些偏移会在设备运输、设备安装或者随着时间的变化有所改变。LiDAR 检校是指根据特定的地物在不同航飞线路中所表现的特征，对 LiDAR 相机参考坐标系同惯性平台参考坐标系的坐标轴间的三个姿态角偏移（如图 7–14 所示，从左至右分别为侧滚角 Roll、俯仰角 Pitch、航偏角 Heading 引起的误差）的检校工作，检校工作在特定的检校场，利用一些规则地物（如房屋、操场），并事先确定其特征点（如房屋的四个脚点）坐标，而后进行检校飞行测量，基于一定的检校公式实现数据的检校改正。

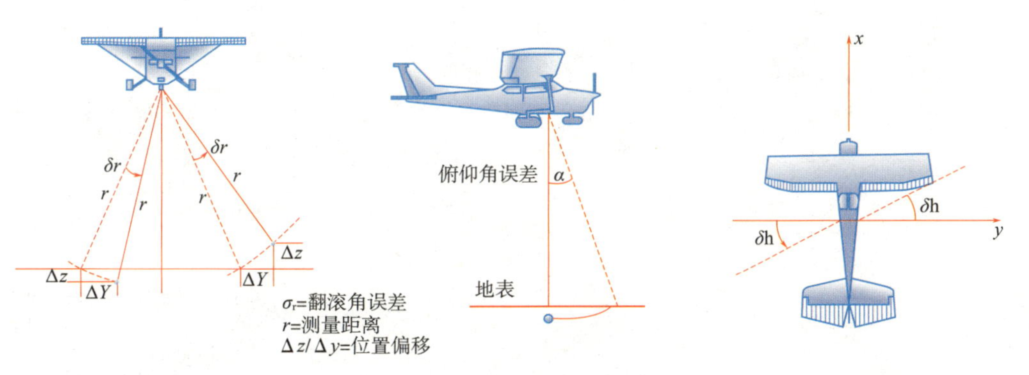

图 7–14　姿态角误差检校

最后，对检校后的数据进行质量检查。首先检查平地，确定平地上的断面重合，说明 Roll 检校良好。在飞行方向相反的航线和飞行方向相同的航线上找多个分布均匀的尖顶房，沿垂直于房脊线的方向切断面，检查两条航线的重合情况：若飞行方向相反的航线上重叠区中部的尖顶房重合程度不好，则需调整 Pitch；若飞行方向相同的航线上重叠区边缘的尖顶房重合程度不好，则需调整 Heading；若大多数的断面重合很好的话，LiDAR 检校成功，参数为当前输入的参数。

4）点云滤波

针对公路勘察设计中应用滤波的流程如图 7–15 所示。

分离地面点是整个滤波过程中最重要的一步，本书主要研究基于不规则三角网（TIN）的滤波算法。这种算法首先是由 Axelsson 于 2000 年提出的，这类算法的主要步骤为：首先，获取一定的地面种子点，组成初始的稀疏不规则三角网，然后对各点进行判断，如果该点到三角面的垂直距离及角度小于设定的阈值，将该点加入地面点集合，实现地面点的增加。接着使用所有确定的地面点，重新计算不规则三角网，然后再对非地面点集合内的点进行判别。如此迭代，直到不再增加新的地面点，或者满足给定条件为止，Terrasolid 软件就是利用这种原理进行滤波（地面点分类）的。这种方法的关键是阈值的选取，使用不同的阈值会产生截然不同的滤波结果。其中，以四个重要参数来控制地面点分类的精度，分别是：最大建筑物尺寸、最大地形坡度角、迭代距离、迭代角。常用参数如表 7–2 所示。

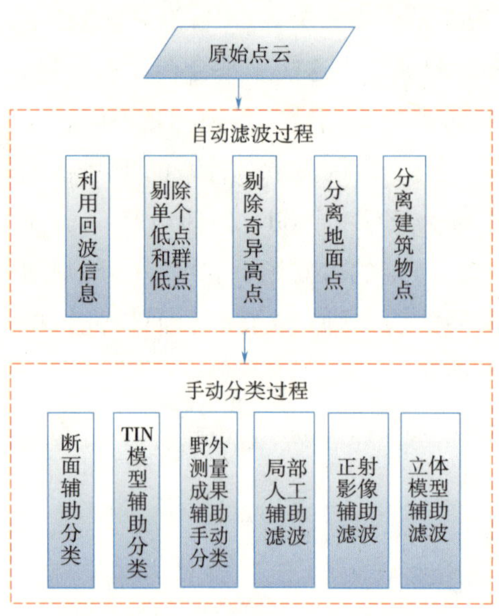

图 7–15　点云滤波分类流程图

如图 7–16 所示为点云滤波前后构建 TIN 的情况，可以明显看出，点云滤波完成后，生成的 DEM 包含的信息裸露地面为空间信息，不再包括植物、建筑等地物信息。

表 7–2　点云自动滤波参数设置

参数名称 / 地形	最大建筑物面积（m^2）	最大地形角（°）	迭代角（°）	迭代距离（m）
城区建筑物密集地区	220	88	4.0	0.5
城区植被密集地区	220	88	8	0.6
山区地形较陡、植被密集	60	89	12	0.8
池塘较多区	60	60	8	1.0
农田田埂较多地区	100	88	10	1.5
山区地形较陡、植被较少	60	89	12	2.5

5）真三维场景构建

利用 LiDAR 获取的影像数据，可借助三维点云信息生成正射影像（DOM），无需保证传统摄影测量中要求的影像高重叠度；并结合 LiDAR 生成的 DEM 制作高精度三维地形模型，即可为公路设计人员提供真实、直观的高精度真三维模型；实现道路周边地界范围的精准量算，为规划设计等提供高精度的基础资料（图 7–17）。

a）

b）

图 7–16　点云滤波前后情况对比

a) 点云滤波前构建 TIN；b) 点云滤波后构建 TIN

7.2.2　真三维道路智能设计

基于高精度真三维工程环境的真三维道路智能设计是一种全新的道路设计方法，它打破了传统设计的流程模式，革新了道路设计的理论和方法，可提高设计的质量及效率，在工程实践的应用中已得到证明。本节将以广西梧州至贵港高速公路第四合同段工程实际应用为例，介绍真三维道路智能设计的流程和方法。首先介绍工程概况：第四标段设计范围为 K143+962.119~K168+700，路线全长 24.737881km。如图 7–18 所示，路线起点位于石龙镇东侧附近，通过石龙互通与本项目第三合同段相接，自北向南分别经过桂平市石龙镇、厚禄乡，终点位于贵港北互通主线终点。

图 7–17　高精度真三维场景

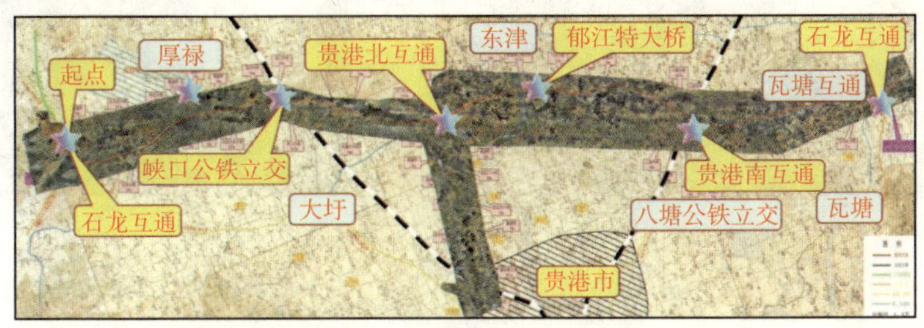

图 7–18　主要路线走向及控制

路线主要控制点为：起点石龙互通、厚禄乡、峡口公铁立交、贵港北互通、郁江特大桥、八塘公铁立交、贵港南互通、瓦塘互通、终点。

7.2.2.1 真三维道路设计

基于 LiDAR 等技术所构建的高精度三维工程环境，在初测和定测过程中，就可以使用同一套高精度成果数据，减少野外的工作量，提高了工作效率。传统的道路设计软件无法直接利用海量高精度 DTM 数据，本工程使用真三维道路智能设计系统进行道路选线设计，设计流程如下：

1）平面线设计

本合同段路线，纵断面设计主要受洪水位、被交路的净空、互通区主线指标控制，路线上跨郁江段主要受规划航道通航水位及通航标准控制。设计时，尽可能采用合理的指标，降低路堤填筑高度，减少边坡开挖，同时根据自治区专家咨询和审查意见，对初步设计方案结合深路堑、桥涵结构物等因素对路线纵面作进一步的优化。如图 7-19 所示，即为平面线设计，通过人机交互，手工输入道路名称、宽度及其他道路参数后，进行导线法选线。

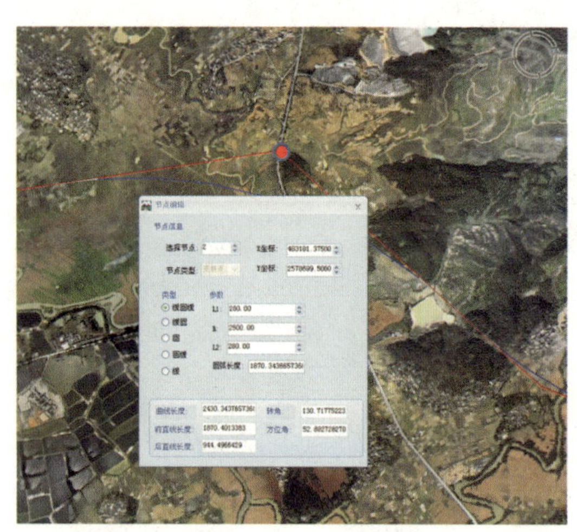

图 7-19　平面线设计

选线时，三维窗体会变成顶视图（在选线阶段，始终是顶视图浏览）。选线的背景有两种，一种是以真三维场景为背景，另一种是以 CAD 调绘数据为背景，进行道路选线，如图 7-20 所示。

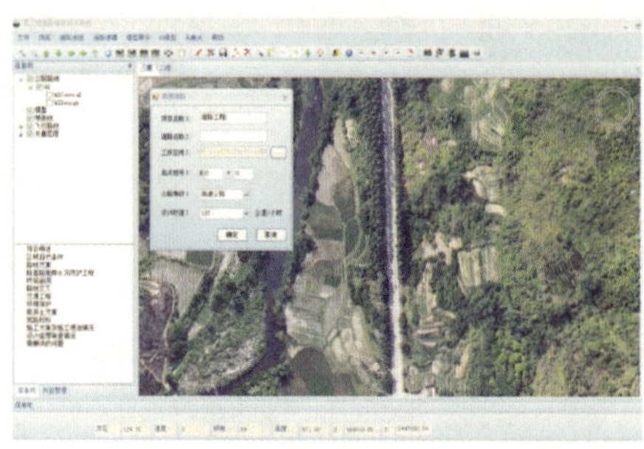

a）

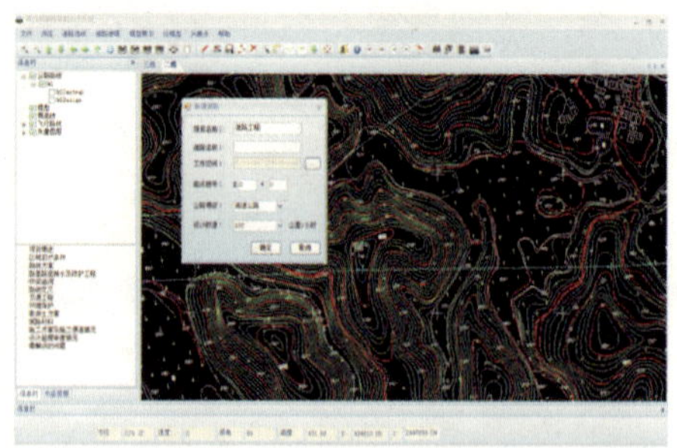

b）

图 7-20　道路选线背景

a）真三维场景；b）CAD 调绘数据背景

2）虚拟放线

平面线设计完成后，利用真三维道路智能设计系统提供的虚拟放桩功能，在高精度的真三维环境中按照设计路线进行中桩放样，如图 7–21 所示，其真实展现了中桩周遭环境，为设计人员提供了前瞻性的参考信息。

图 7–21　虚拟放桩

3）纵断面设计

平面选线完成后，点击纵断面编辑按钮，即可进行纵断面设计，增加变坡点、桥梁和隧道等设施，如图 7–22 所示。设计时，尽可能采用合理的指标，降低路堤填筑高度，减少边坡开挖，同时根据自治区专家咨询和审查意见，对初步设计方案结合深路堑、桥涵结构物等因素对路线纵面作进一步的优化。

4）横断面设计

可通过给定的横断面参考模板，对道路每个桩号处的横断面进行编辑。当鼠标放置到三维道路模型上时，可以自由查看每个桩号处的道路横断面。

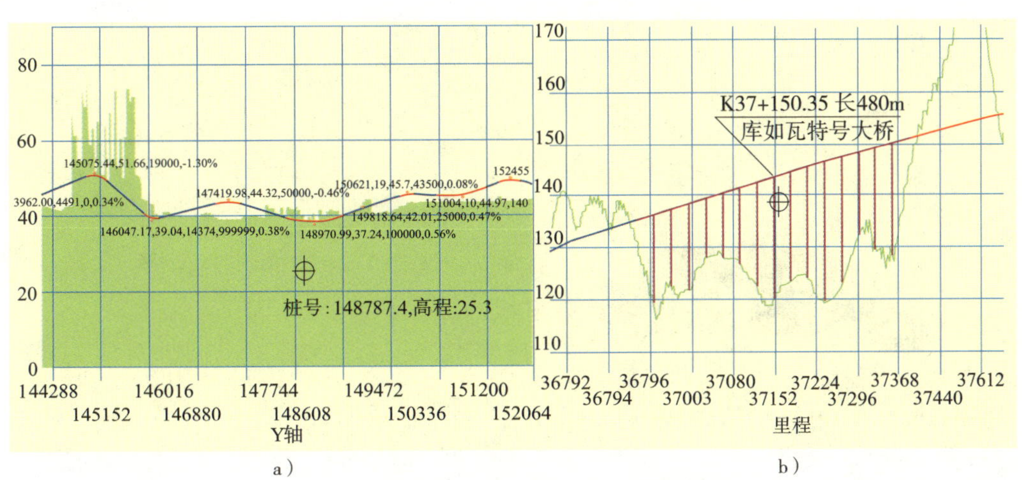

a）　　　　　　　　　　　　b）

图 7–22　纵断面设计

a）纵断面线设计；b）桥梁设计

（1）路基设计：包含对车道、绿化带、路肩等横断面要素的设计，设计中利用直线段对横断面各个要素进行拟合，设置不同纹理，以表现不同的路面材质，如图 7–23 所示。

（2）边坡设计：包括对道路两边填方、挖方级数、坡度、纹理分别进行设计。如图 7–24 所示。

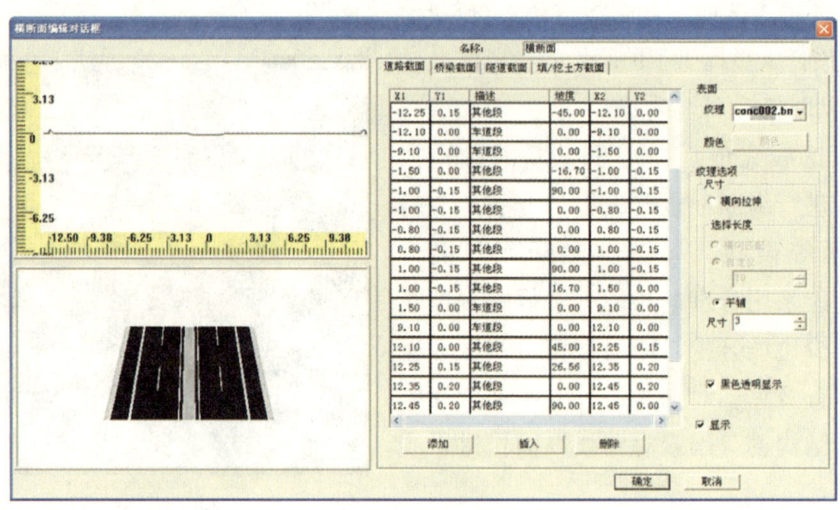

图 7–23　路基设计

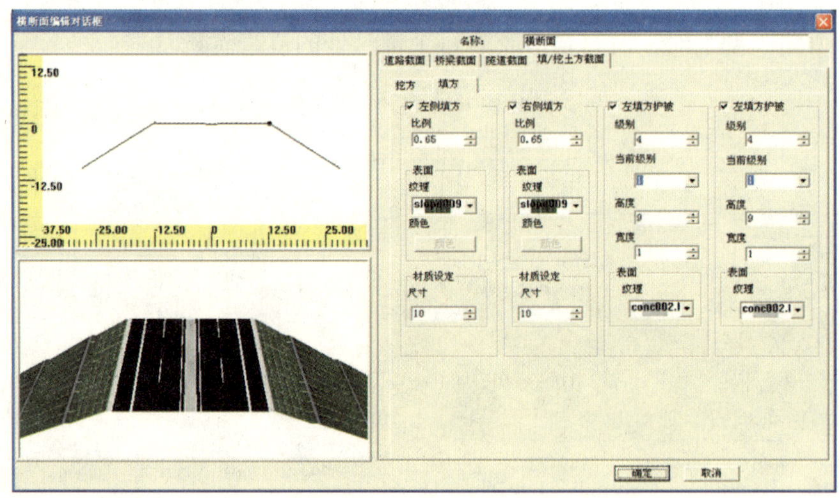

图 7–24　边坡设计

5）与常用软件交互

考虑到设计软件的继承性和通用性，本真三维智能设计系统提供了与常用道路设计软件的数据接口。CARD/1、纬地的道路设计数据在本系统中可实现快速的导入、导出，导入的数据可在真三维环境中重新生成三维设计道路，实现填挖方的自动计算；道路设计人员也可通过地形与线路的空间位置关系，对道路线位进行局部调整，并可将调整优化后的线路设计数据重新导出为 CARD/1 及纬地软件的数据格式。如图 7–25 所示。

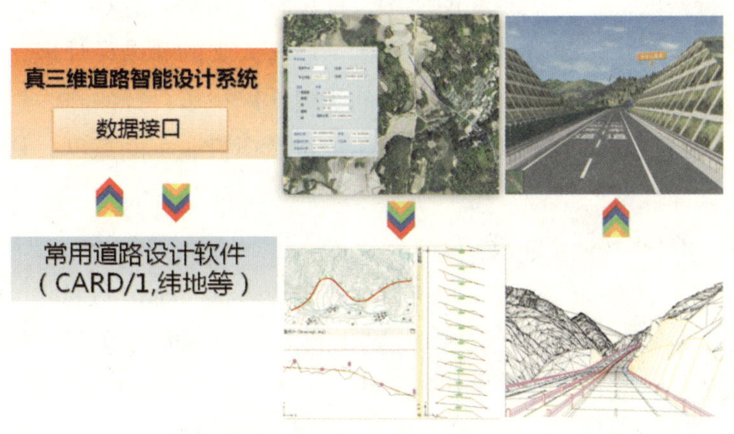

图 7–25　与常用道路设计软件交互

7.2.2.2　方案智能分析比选

1）任意断面测量

传统的公路测设中，由于初期道路选线所用的 1：2000 地形图无法满足公路设计需求，需要人工测量横断面来加密高程控制点，且横断面中桩点的选取受地形变化限制，而采用 LiDAR 数据生成的高精度 DEM 不仅能满足精细设计需求，极大地简化了公路测设流程；而且可以实时获取任意两点间的横断面，避免了由于路线设计方案的变更需要重新测量横断面所造成的人力、物力资源浪费。如图 7–26 所示。

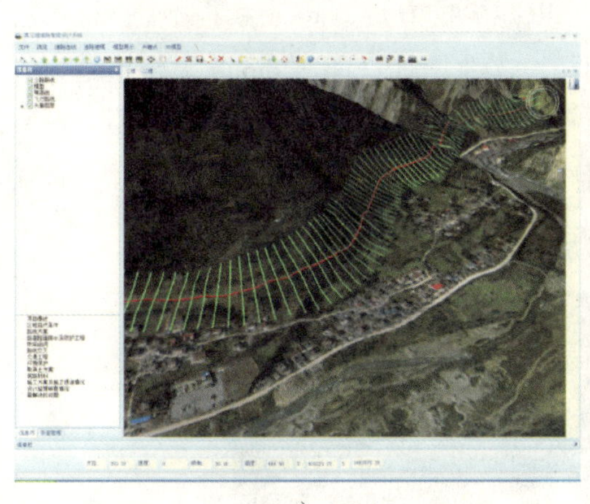

a）

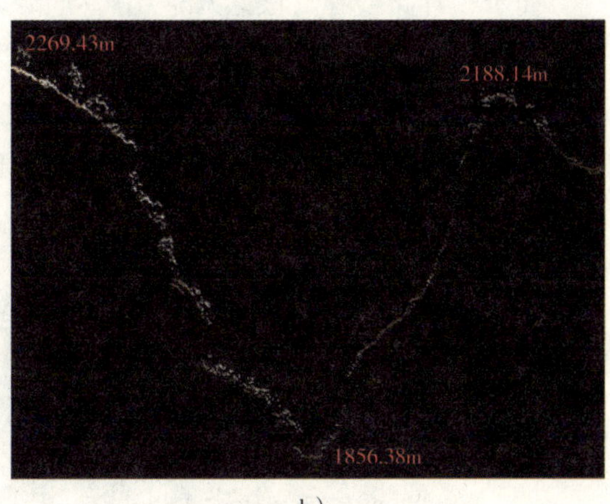

b）

图 7–26　任意断面测量

2）路线走向优化

LiDAR 获取的影像图以及其他数据源获取的地质图等信息亦可作为道路初设或道路设计可行性分析时的道路规划底图使用，使设计人员更为直观地浏览设计线路的覆盖范围及其走向，突出了设计者蕴涵其中的环境与人文的和谐设计理念，进行路线优化。本次梧贵高速公路工程设计路线方案的优化，以初步设计的路线走廊带和主要控制点为基础，通过现场调查，征询地方有关单位及项目业主的意见，从中最后确定出定测的路线，具体段落如下：

（1）K155+400~K159+600 段。

此段落针对跨越南广铁路桥太长，以及侵占较多优良水田的问题，进行局部路线优化。经优化，桥梁长度从原来的 810m 减少到 120m，降低了工程造价，同时减少了占用水田的数量，并减轻了对居民区的干扰。如图 7–27 所示。

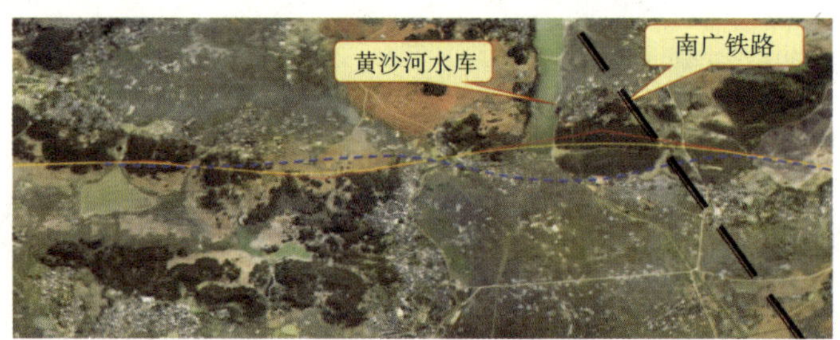

图 7–27　K155+400~K159+600 段路线优化

（2）K164+500~K169+000 段。

初步设计路线在此段落靠近山脚处布线，以减少挖方量，同时为了避免拆迁民房以及周围的电力设施。但受地形和控制点制约，需要增加一座 326m 的大桥跨越大仁村水库。施工图路线向东偏移，线位靠近山坡顶部，以绕避大仁村水库，但距离逢宜变电站较近，周围电网发达，较初步设计增加一处拆迁 220kV 高压塔。经过综合比较，优化后的施工图线位在降低造价方面作用明显。如图 7–28 所示。

图 7–28　K164+500~K169+000 段路线优化

（3）K176+200~K181+100 段。

此段落主要针对初步设计干扰村落较多，侵占水田较多的情况进行局部优化，如图 7–29 所示。

图 7–29　K176+200~K181+100 段路线优化

（4）LK3+600~LK10+000 段。

连接线主要考虑公路是否占用 Y011 进行优化。因 Y011 两侧居民较多，若连接线占用老路，需要新建占用老路段，以满足当地居民出行的基本要求。如图 7–30 所示。

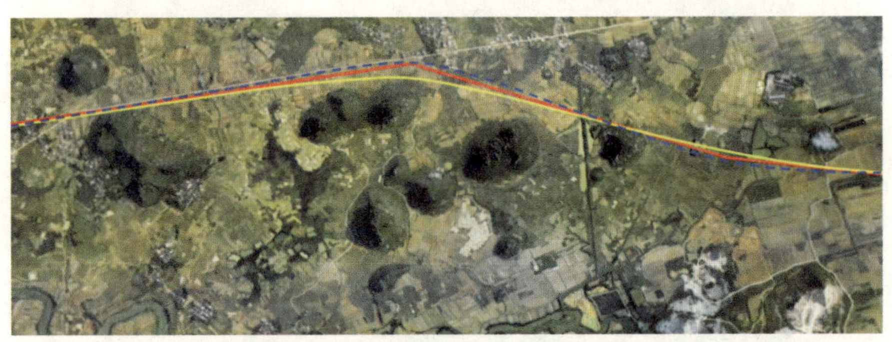

图 7–30　LK3+600~LK10+000 段路线优化

3）工程量分析优化

真三维道路智能设计系统具备填挖方工程量的自动计算功能，提供方案分析数据，道路设计人员以此参考地形和影像对道路线位进行局部调整，导出调整优化后的线路设计数据来辅助道路设计工作。如图 7–31 所示。

如图 7–32 所示，利用系统方案对比功能，对 K155+400~K159+600 段前后两个方案进行对比，通过对比结果，看出优化后土石方量有所下降；最终采用优化后方案三维模型，如图 7–32 所示，具体三维模型的构建方法将在下节进行介绍。

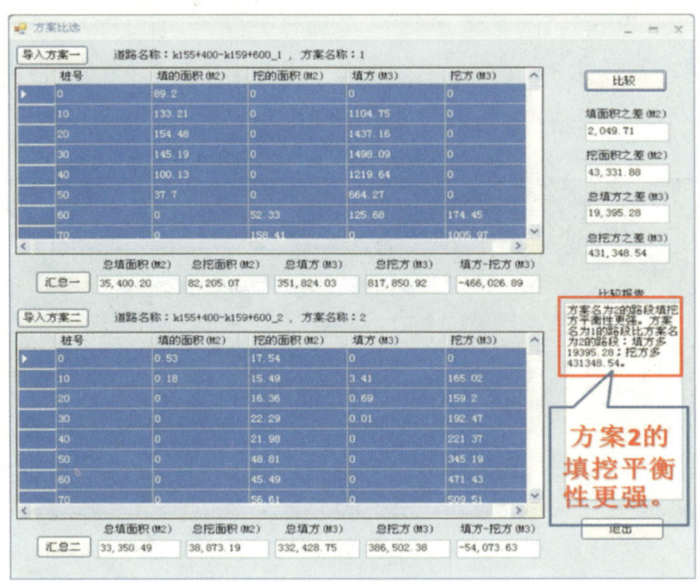

图 7–31　土方量对比

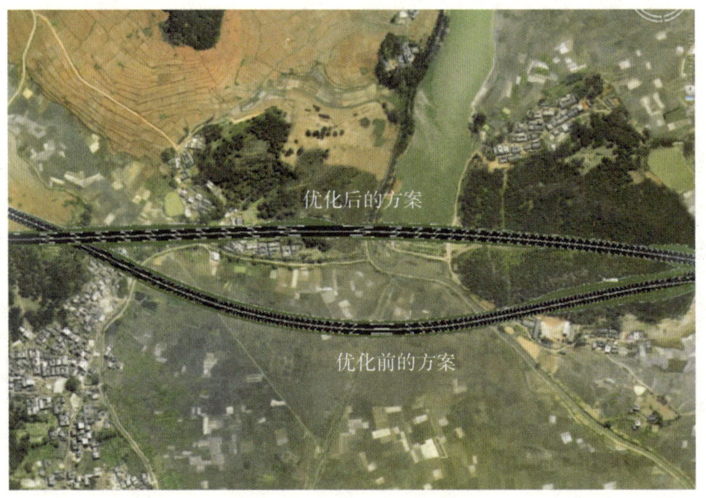

图 7–32　方案优化对比

7.2.2.3　参数化快速建模

1）道路模型参数化构建

手工建模耗费大量的人力和物力，且难以灵活、动态调整。本项目利用系统的参数化自动建模技术，根据公路设计的多项技术参数，对公路区域范围内的三维工程环境场景模型进行实时动态修改，利用统一的帽子进行构建道路模型，模型效果如图 7–33 所示。

2）复杂桥梁、隧道工程自动构建

系统可对导入的复杂桥梁、隧道设计数据进行自动构建，也可通过系统直接添加桥梁或隧道工程设施。如图 7–34 所示。

图 7–33　梧贵公路模型构建效果图

a）

b）

c）

图 7–34　隧道、桥梁及互通模型构建
a）隧道建模；b）桥梁建模；c）互通立交

3）交通工程批量添加

可按照道路走向，自动添加道路指示牌、标识标线、绿化带等交通工程附属设施，如图 7–35 所示。

a）

b）

图 7-35　交通工程附属设施模型构建

7.2.2.4　设计方案效果展示

利用真三维道路智能设计系统，经过路线设计、方案优化及道路建模，最终实现了高质量、高效率的道路路线方案设计，并以高精度可量测的道路模型在真三维场景完美展现。如图 7-36 所示即为多项工程利用真三维道路智能设计所获得成果展示。

a）　b）　c）　d）

图 7-36　工程项目成果展示

a）绵茂公路一期；b）绵茂公路二期；c）广西钦崇高速；d）重庆三环高速

7.3 演示汇报阶段

在道路勘察设计项目结题验收时，项目汇报是一项非常重要的工作，项目汇报的时间很短，其结果又直接影响到设计方案的好坏，所以在短暂的时间内，给领导和专家一个比较生动的项目汇报，不仅能够使所汇报的道路勘察设计方案更加出彩，而且能给予领导和专家心理和视觉上的满足感，从而使道路设计方案得到认可。

目前，在道路勘察设计项目验收中，PPT 演示是最常用、最理想的汇报手段，但是多以二维的静态图片或文字说明为主，缺乏三维动态的效果。目前为增强汇报效果，有两种方法。一种方法是用幻灯片 PPT、两台投影仪、两台计算机作汇报，用一台计算机和一台投影仪进行 PPT 汇报，需要展示设计方案效果的时候，用另一台计算机和投影仪进行设计方案的展示。该方法的缺点在于：由于汇报者对时间把握不准，两台投影仪很难做到同步，直接导致的后果是使领导和专家眼花缭乱，不知道应该看哪个投影仪，心理疲惫，影响项目汇报效果。另一种方法是用一台计算机，进行 PPT 和方案展示之间的切换。其缺点在于：使领导和专家看到汇报情况的时候，看不到方案展示的效果；看到方案效果的时候，却看不到汇报情况。不断地切换也容易使人视觉疲劳。另外，由于计算机内存的限制，不断的切换 PPT 界面和三维可视化方案展示界面，会浪费大量的时间，从而影响汇报效果。

总之，在现有技术中，PPT 和三维可视化是分离的两部分，PPT 工具无法实现三维可视化场景与汇报的联动，这种汇报的方法，在现代化三维立体的项目汇报中，已明显表现出不足。因此急需一种汇报方法，使项目演示汇报和三维可视化相结合。在进行汇报的同时，能够给领导和专家最直观的方案展示效果，使汇报和演示融为一体，以消除领导和专家视觉和心理上的疲劳，并能保障汇报时间。最终给领导和专家一个成功的项目汇报。

为方便项目结题验收，可以将文字、图片、影像、视频等资料，在三维场景中确定的位置以标注的方式链接起来，并利用数据库技术，将汇报提纲与三维场景之间建立关联，使三维可视化与项目汇报结合在一起，给系统用户提供了便利。

该方法将汇报材料直接与三维可视化场景建立链接，并与汇报提纲关联，使得演示汇报更加生动，给人印象更加深刻。此外，用户还可以人工编辑可视化系统中的汇报提纲，使能够按着自己的意愿使用该方法。

真三维道路勘察设计项目演示汇报模块具体技术方案为：

为实现该功能，真三维道路智能设计系统将该模块分为三维可视化、演示汇报和汇报资料数据库三个分模块，如图 7–37 所示。

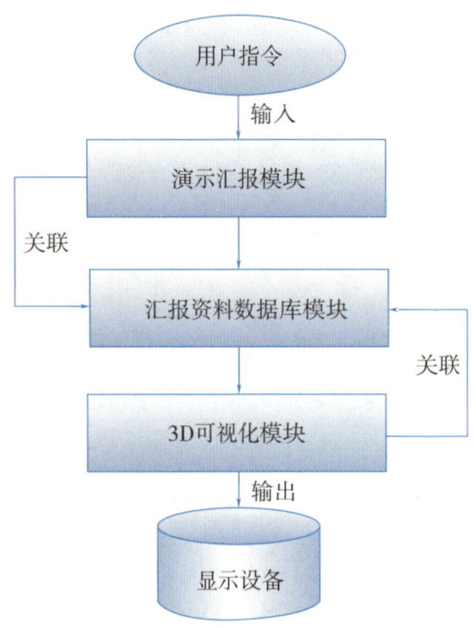

图 7–37　系统模块组成及工作关系

演示汇报分模块是该系统的输入，用户通过鼠标、键盘等的操作，将指令输入给演示汇报分模块，以驱动该系统完成指定的演示汇报操作。演示汇报分模块主要由汇报目录信息树组成，汇报目录信息树由演示汇报的提纲构成，使用此系统完成的所有演示汇报内容均按提纲列表的形式加载在汇报目录信息树中。如图 7–38 红框中内容即为演示汇报分模块的内容。

演示汇报分模块能够实现对汇报目录提纲的添加、删除、修改等操作，使用户能够根据自己的意愿去设计演示汇报内容的提纲。该模块还能够实现对汇报资料的关联操作，使演示汇报的提纲与汇报资料数据库中的汇报资料之间建立联系。当用户触发汇报提纲时，能够将汇报资料数据库中的汇报资料显示在三维可视化窗口中。

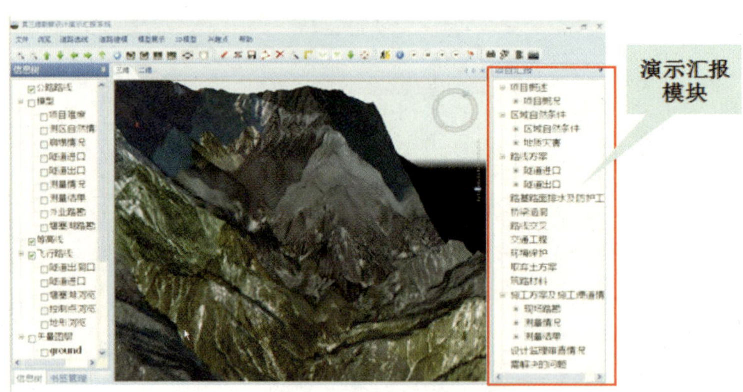

图 7–38　演示汇报模块示意

汇报资料数据库分模块主要实现对该系统的基础汇报资料数据库的操作，系统基础汇报资料包括文本、视频、图片、三维模型、矢量数据等。要完成该系统的项目演示汇报功能，汇报资料数据库模块分别与演示汇报分模块、三维可视化分模块建立关联，使得演示汇报分模块的用户指令能够通过汇报资料数据库分模块的关联在三维可视化分模块中反映出来。同时，汇报资料数据库分模块还具备对汇报资料数据库的相应编辑操作功能。

汇报资料数据库由汇报资料列表和汇报资料文件夹组成。汇报资料数据文件夹的组成如图 7–39 所示，主要分三级。演示汇报资料在数据库汇报资料列表中采用一定的编号规则存储资料所在的位置。主要字段及示例如表 7–3 所示。

表 7–3　主要字段示例

模型名称	模型编号	模型类别 1	模型类别 2
8100.MPT	AA1–1	三维模型（A）	三维场景模型（A1）

表 7–3 中的示例表明：模型 8100.MPT，模型编号为 AA1–1，存在于 \\ 三维模型（A）\\ 三维场景模型（A1）文件夹下。

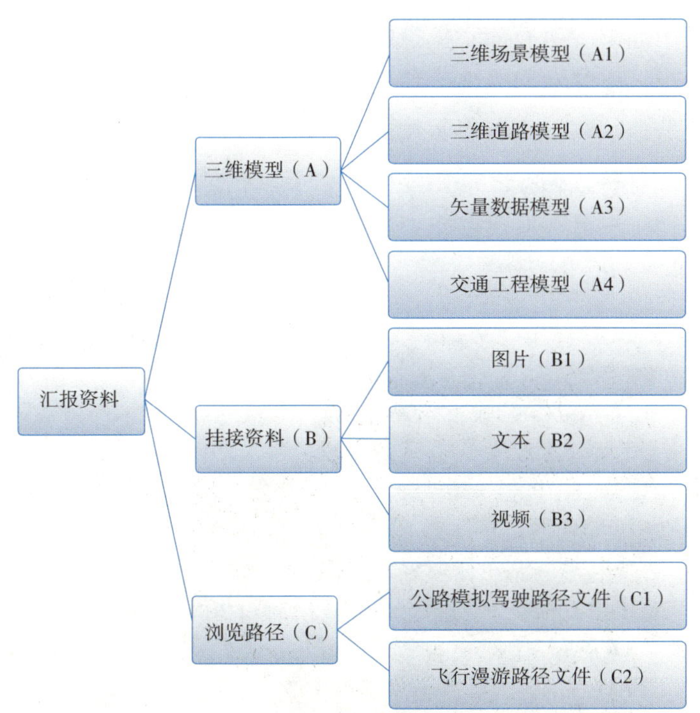

图 7–39　汇报资料数据库分级示意图

汇报资料数据库的构建步骤如下：

（1）在系统所在目录下建立三个文件夹，分别命名为：三维模型、挂接资料、浏览路径。

（2）建立汇报资料列表文件，命名为 HBZL.dmb。通过汇报资料数据库模块的编

辑操作功能为汇报资料列表文件添加四个字段：模型名称、模型编号、模型类别 1、模型类别 2。

（3）通过汇报资料数据库分模块的编辑操作功能，将外部的三维模型、汇报资料等添加到汇报资料文件夹中，并在汇报资料列表文件中记录汇报资料的相对路径。

演示汇报分模块与汇报资料数据库之间建立关联后，用户下达演示汇报模块的指令，将通过相对路径在汇报资料数据库中找到对应的位置。

三维可视化分模块主要实现汇报资料数据库中的汇报资料在系统用户指令下的三维展现。这是演示汇报的输出端，能将演示汇报过程中对三维场景的动态浏览的整个过程输出到显示设备上。如图 7–40 红框即为三维可视化模块。

三维可视化分模块包括两部分，即三维可视化窗口和三维模型信息树。其中三维可视化窗口用于显示三维的场景模型、挂接资料等演示汇报资料；三维模型信息树是三维可视化窗口中显示的所有演示汇报资料模型的列表，用于对三维可视化窗口中显示的模型进行操作，能够增加三维可视化的灵活性。

三维可视化分模块与汇报资料数据库分模块之间也要建立一定的关联，通过三维模型信息树和汇报资料数据库之间建立联系，三维模型信息树中的模型列表中所代表的所有模型均存在于汇报资料数据库中。

图 7–40　三维可视化模块

通过建立三个模块之间的相互关联，通过汇报资料数据库分模块实现演示汇报分模块输入的用户指令能够在三维可视化分模块的三维可视化窗口中展现出来，从而实现真三维可视化的演示汇报功能。

具体技术实现步骤如下：

（1）输入真三维的可视化场景。

系统允许用户输入用 DEM 和 DOM 叠加生成的高精度三维地形场景数据和自定义数据（DWG 格式矢量数据、TIF 格式影像数据、Shp 格式矢量数据、兴趣点 POI 数据、3DS 模型数据）。

（2）构建汇报目录信息树。

该汇报目录信息树即为项目汇报的目录，相当于 PPT 汇报中的大纲标题。将项目汇报的一般目录按列表的形式插入汇报目录信息树中，利用信息树的编辑功能可以添加、删除信息资料的目录标题，从而形成完整的汇报标题。

（3）构建健全的汇报资料数据库。

构建健全的汇报资料数据库，并按一定规则编号排序。

（4）将三维可视化场景与数据库建立链接。

在三维场景中确定的位置，以标注的方式设置热点链接，链接的对象和数据库中的信息资料一一对应，实现三维场景中道路模型兴趣点与数据库中资料的链接。只要打开相应的资料，就能够找到对应的兴趣点；点击兴趣点，也能够打开对应的资料信息。

（5）将汇报目录信息树与数据库建立链接。

将这些目录标题与数据库中的文字、图片、影像、视频等数据资料相关联。当单击信息树中的目录标题时，系统快速检索数据库，找到并打开相对应的信息资料；进一步充实汇报内容，通过和信息资料数据库的链接，能够按照目录提纲指定的路径检索数据库，找到相对应的材料，打开并显示在三维场景窗口中。

（6）将三维可视化场景与汇报目录信息树之间通过数据库建立关联。

通过数据库中的编号顺序，将信息树中的信息资料目录标题和三维场景中的热点建立关联关系。当点击信息树中的信息资料时，能够同时触发热点，使三维场景快速定位到相关联的热点处，并打开相对应的信息资料，从而实现联动效果。

将信息树目录提纲和三维场景中热点建立关联，使得点击提纲的同时，能够触发热点，打开数据库中相应资料。当点击热点处的标注时，同样能够激活信息树中的信息资料标题目录，使相对应的信息资料快速打开显示，并在信息树中选中相关联的目录标题。同时，点击热点也能够定位到汇报目录提纲的具体标题，明确该热点链接的资料属于哪个标题下的内容，并打开相应的资料。如图 7-41 所示。

技术方案和演示汇报流程如图 7-42 所示。

图 7-41　项目演示汇报

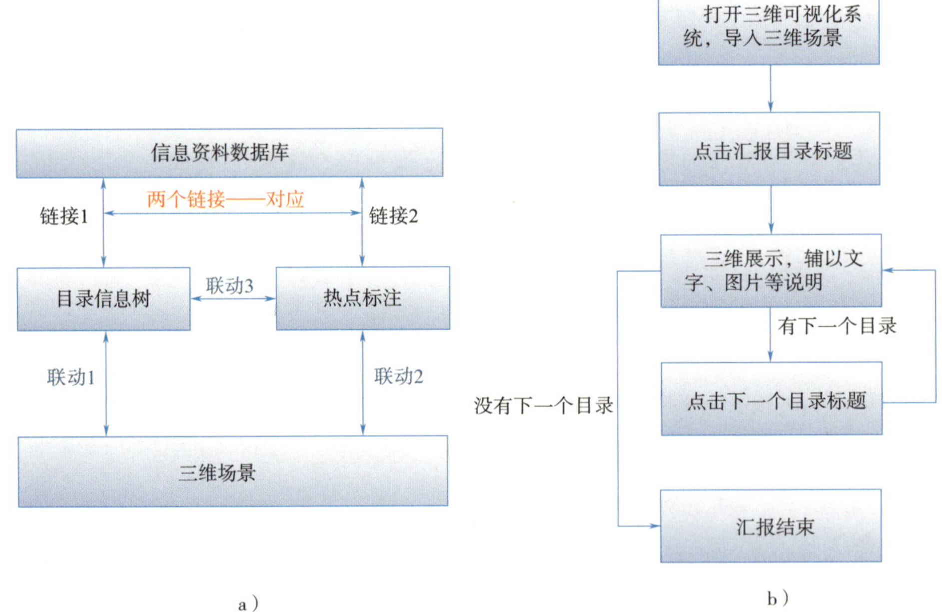

图 7-42　技术方案及演示汇报

a）技术方案图；b）演示汇报流程图

具体演示汇报实施时，按以下步骤进行：

（1）首先打开三维道路可视化系统，导入三维可视化场景模型，并导入相对应的汇报提纲目录资料。

（2）点击汇报目录的第一个标题，开始进行汇报。汇报过程中，用三维可视化的方式进行方案演示，并辅以文字、图片、影像、视频等资料的说明。在汇报的过程中，将方案以三维可视化的方式展现在领导或专家面前，生动直观。

（3）关闭汇报完毕的标题和相关展示标签，点击下一标题，进行汇报，汇报过程同（2）。

（4）当没有下一个目录标题的时候，三维可视化的演示汇报完成。

真三维道路智能设计系统在该阶段的应用，成功解决了传统汇报方式单一、不直观的问题，将项目汇报和三维道路可视化方案演示融为一体；进行项目汇报时，该系统使项目汇报和三维可视化相结合，生动地展示汇报的三维成果，使汇报的内容立体化，直观再现所汇报的设计方案，给领导和专家有力的视觉冲击，能够消除领导和专家视觉和心理上的疲劳，保障汇报时间；最终给领导和专家一个成功的项目汇报，从而使汇报的技术方案得到认同。该系统在道路勘察设计领域的项目成果汇报中使用，能够展现出直观生动的效果，这种效果是其他汇报方式无法达到的，能够提高汇报的质量和效率，能够让领导和专家即时看到三维立体的设计方案，快速对设计方案的好坏作出决策。

7.4 后期应用

真三维道路设计成果在道路设计完成后还可以应用到道路建设管理阶段、运营管理阶段和养护管理阶段。

7.4.1 建设管理阶段

为了保障公路施工过程中的质量与工程进度控制，以及隐蔽工程的监察，公路施工管理的方法是十分重要的。公路工程施工是一个工期长、工程量大、涉及面广且复杂的生产活动。所以，公路施工管理的实质是对施工生产活动进行合理的计划、组织、协调、控制和指挥，全部的管理工作是一个有机的整体。

在建设管理阶段运用真三维可视化技术将公路施工过程进行时间性回溯，施工管理部门可以通过该系统查询任意时刻的施工现场状况，利用三维模拟、影音文件、重点区域的视频监控，全方位掌握施工现场的第一手资料。如图 7–43~ 图 7–47 所示。

图 7-43　道路建设管理系统主界面

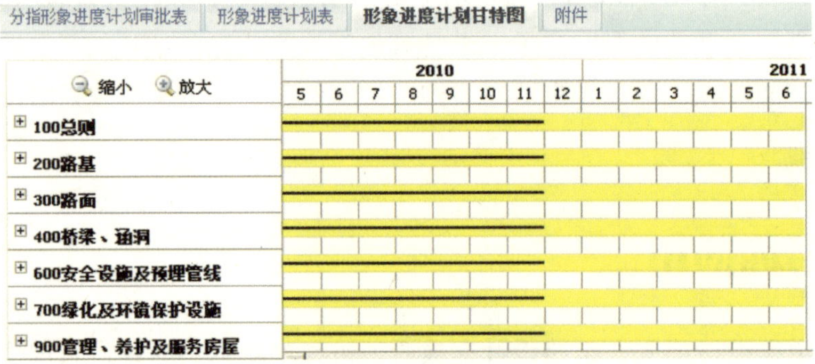

分指形象进度计划审批表 | 形象进度计划表 | **形象进度计划甘特图** | 附件

缩小　放大	2010								2011					
	5	6	7	8	9	10	11	12	1	2	3	4	5	6
100总则														
200路基														
300路面														
400桥梁、涵洞														
600安全设施及预埋管线														
700绿化及环境保护设施														
900管理、养护及服务房屋														

图 7-44　工程项目建设进度计划

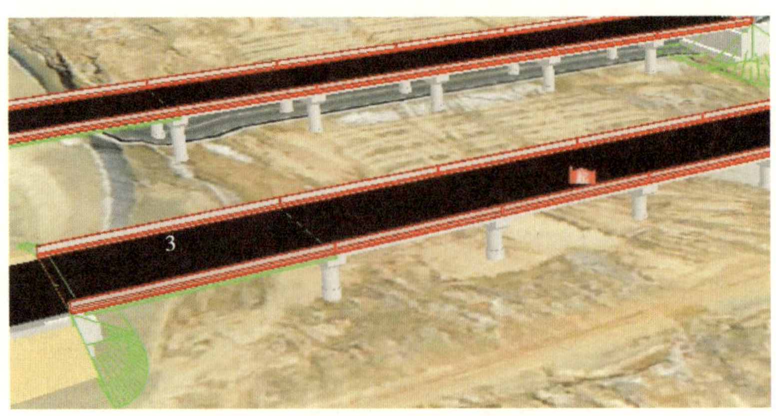

图 7-45　工程项目建设三维进度报告

图 7-46　工程项目建设三维进度查询

图 7-47　远程视频监控

7.4.2　运营管理阶段

7.4.2.1 可视化运输管理系统

在道路运营管理阶段，可以利用真三维道路设计成果为交通运输管理部门建设开发监控指挥中心，结合视频采集、综合集成（C4I）、大屏幕显示、地理信息系统（GIS）、卫星定位（GPS）等先进技术，准确、直观、实时地展现与控制运输管理业务所涉及的数据与资源，提高运输管理的工作效率及安全服务水平。实现交通运输管理部门信息与系统的上下贯通、左右互联，达到政府机关对下属企业的综合集成，政府间监控中心的信息资源共享；实现视频接入及视频会议功能，并在此基础上逐步完善系统内容，包括：网络语音调度系统、视频监控系统、视频指挥系统、危险货物运输车辆 GPS 监控系统、下属单位业务应用信息整合等；使交通运输管理部门能够运用先进的信息管理技术手段，分析与优化运输组织结构，使其向规模化、集约化、网络化方向发展。提升运输行业安全管理水平，提高运输组织效率，逐步实现货运的无缝衔接和客运的最小换乘，以提升运输的专业化、社会化服务水平。如图 7–48~ 图 7–51 所示。

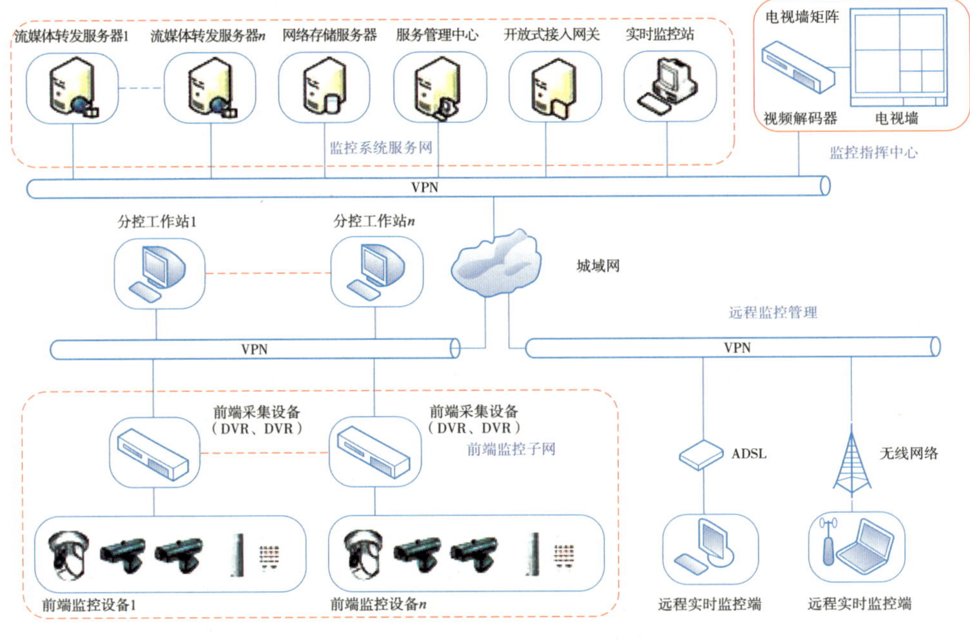

图 7–48　可视化运输管理系统架构

图 7–49　监控指挥中心

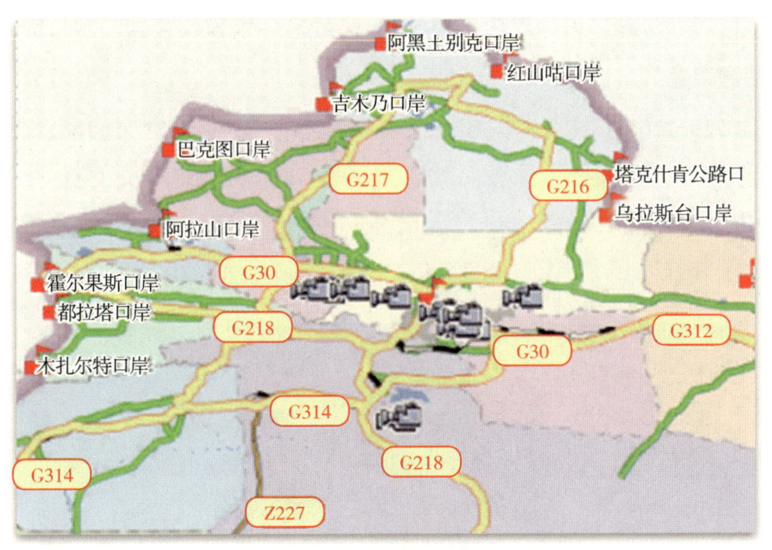

图 7–50　日常监控管理

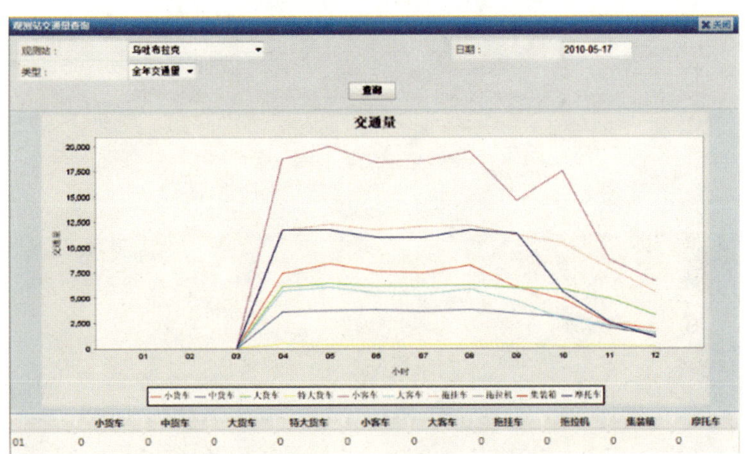

图 7–51　交通流量统计管理

7.4.2.2　可视化交通监控应急指挥系统

随着交通基础设施建设的快速发展，交通应急指挥管理工作面临一系列新的挑战和机遇。交通应急指挥管理工作迫切需要加快信息化建设，建立数字化、智能化、网络化、可视化的交通应急综合管理、运行和服务系统。采集、整合和集中处理各类交通管理信息资源，实现数据的充分共享，建设对整个交通路网运行状况和重点场所（事故多发路段、重点桥隧、大型客货运场站等）进行日常监控和交通业务数据分析的交通监控应急指挥中心系统。提高公路管理各项工作的规范性、可控性和为公众服

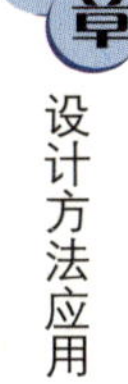

务的方便性、便捷性，进一步提升行业管理水平和公众服务水平，已成为交通信息化发展的一个关键问题。

利用真三维可视化数据成果构建应急指挥监控中心，结合交通监控应急指挥系统的软硬件建设，制定相关业务管理规范、数据接口标准、数据交换规则。在系统中结合业务信息和资源的集中优势，可以充分发挥视频监控、GPS 车辆监控、呼叫中心、视频会议等设备和技术的作用。如图 7–52、图 7–53 所示。

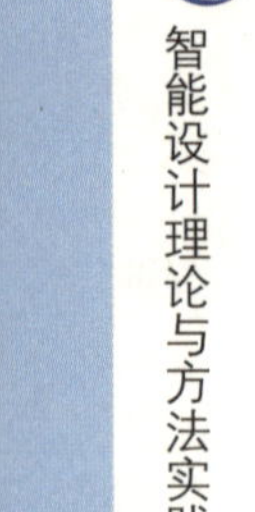

图 7–52　交通监控应急指挥系统主界面

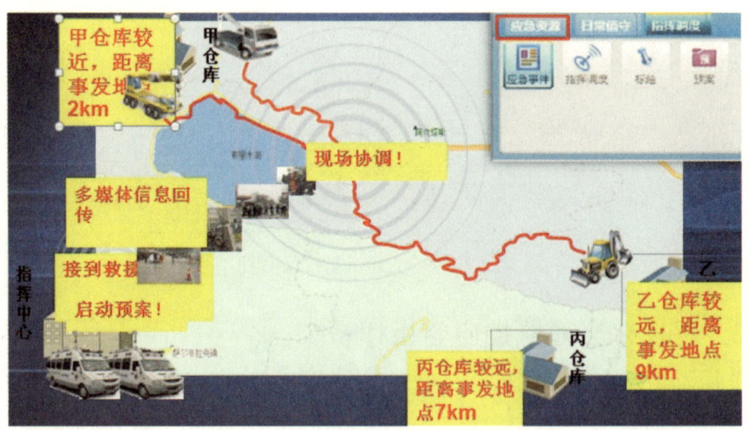

图 7–53　交通监控应急指挥实例

7.4.3　养护管理阶段

随着公路网络的逐步完善，道路等级的普遍提高，公路通车里程在不断增加，公路养护工作任务也将越来越多、越来越繁重。针对繁杂的养护信息资料，如何进行有效管理、系统掌握已成为管理部门所关注的重要问题之一。

道路养护信息通过专业的评价参数得以实现，其参数有：路面状况 PCI 模型、行驶舒适性 RQI 模型、路面结构强度 SSI 模型、路面综合评价 PQI 模型。这些参数在传统道路养护系统中作为一条记录存在，每条记录对应相应的道路桩号信息，通过桩号对其进行索引，在真三维可视化系统中不仅可以实现二维平面线型与道路检测车所导入的表格记录的关联，还可以实现三维数据与现场扫描车采集影像及三维道路模型之间的联动显示，如图 7-54 所示，系统主窗口中的三维窗口显示了路段内的真实三维数据，这些数据可以由前期的道路设计平纵横数据或是车载 LiDAR 扫描车获得，此类数据不同于以往的建模方式，它所获得的道路数据及周边附属设施数据均为可量测的公路数据，用 LiDAR 扫描车获得的数据还可同步获取路况影像数据，并可同步链接显示，让用户更加直观地从多种数据源中观测道路路况信息，足不出户便可将所有路段的路面情况一手掌握。除此之外，在养护评价参数中还可查询到每公里的道路 PCI 参数等评价参数信息，通过多种数据的联动，让养护数据实现真正意义的活灵活现。

（1）三维加入二维的宏观表现形式（养护电子光栅）。当置身于三维场景中，将获得路况的整体描述，这使得微观的三维兼具宏观的描述方式，将二三维进行了完美的融合。

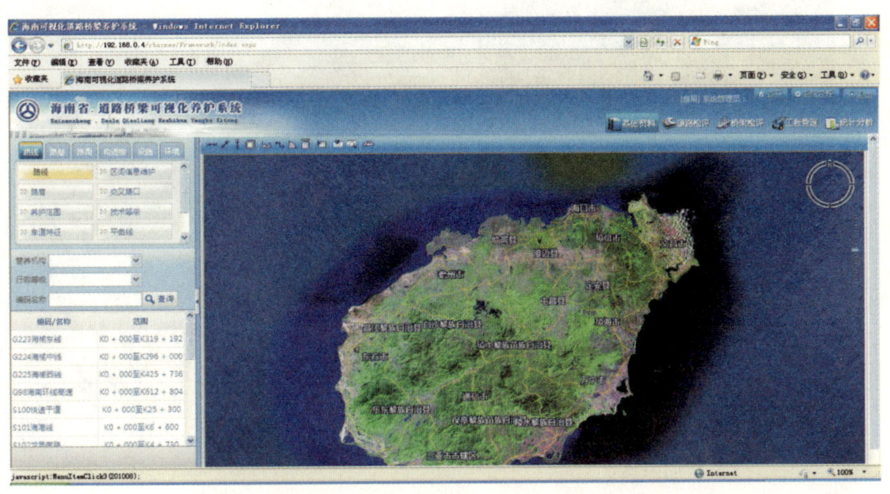

图 7-54　可视化公路养护管理系统主界面

（2）自上而下观看，光栅的颜色组成了线状的路评线形。如图 7-55 所示。

（3）用类似于纵断面的表现手法，实现对道路设施的描述。用户可从不同角度、远近直观了解线路的设施分布状况，如图 7–56 所示。

图 7–55　二维视角查询养护信息

图 7–56　三维中加入二维的道路专题要素信息

（4）用不同颜色代表不同的路况，黄色代表中等，红色代表次，黑色代表差。用图标代表损坏种类，摄像头图标代表定点布设的摄头，用三维独有的表现手法实现数据资源的整合。如图 7–57 所示。

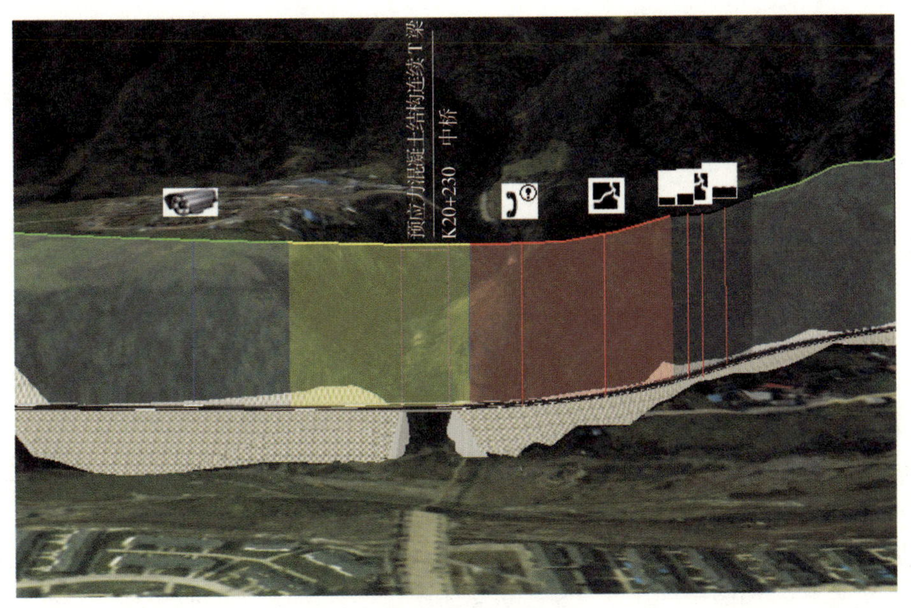

图 7-57　路面破损类型的可视化

（5）简洁明了的办公方式。打开主界面时，系统将该级别人员所要批复的文件以公告栏的方式列于系统中，可点击公告栏中相应链接，索引到养护地点的第一现场，并查看上报的详细信息，该情况主要以可视化、有说服力的实拍影像为主，让管理者足不出户便可掌握现场的第一手资料，在养护结束后返回养护后实地对比照片，作为养护前后档案存储在本系统中，方便日后养护工作审查与验收。如图 7-58 所示。

图 7-58　检查作业情况

参 考 文 献

[1] 陈军 .Voronoi 动态空间数据模型 [M]. 北京：测绘出版社，2002.

[2] 李清泉，李德仁 . 三维空间数据模型集成的概念框架研究 [J]. 测绘学报，1998，27（4）：325–330.

[3] 李志林，朱庆 . 数字高程模型 [M]. 武汉：武汉测绘科技大学出版社，2000.

[4] 王建福，吴国雄 . 道路工程三维建模技术 [M]. 北京：人民交通出版社，2003.

[5] Zlatanova S，Rahman A，Shi Wenzhong. Topological models and frameworks for 3D spatial objects [J]. Computer & Geosciences，2004，30（4）：419–428.

[6] 杨必胜 . 城市三维地理信息系统的建模研究 [D]. 武汉：武汉大学，2002.

[7] 边馥苓，傅仲良，胡自锋 . 面向对象的栅格矢量一体化的三维数据模型 [J]. 武汉测绘科技大学学报，2000，29（3）：257–265.

[8] 程朋根，文红 . 三维空间数据建模及算法 [M]. 北京：国防工业出版社，2011.

[9] Egenhofer M J，Franzosa R. Point–set Topological Spatial Relationship [J]. International Journal of Geographical Information System. 1991，5（2）：161–176.

[10] Simon W Houlding. Practical geostatistics，modeling and spatial analysis [M]. New York and Heidelburg，Springer–Verlag，2000.

[11] Wu Lixin. Topological relations embodied in a generalized tri–prism（GTP）model for a 3D geoscience modeling system [J]. Computer & Geosciences，2004，30（4）：405–418.

[12] 李清泉，杨必胜，史文中，等 . 三维空间数据模型的实时获取、建模与可视化 [M]. 武汉：武汉大学出版社，2003.

[13] 施加松，刘建忠 . 3D GIS 技术研究发展综述 [J]. 测绘科学，2005，30（5）：117–119.

[14] 龚健雅，夏宗国 . 矢量与栅格集成的三维数据模型 [J]. 武汉测绘科技大学学报，1997，22（1）：7–15.

[15] Cignoni P，et al. Representation and visualization of terrain surfaces at variable resolution [J]. The Visual Computer，1997，13：199–217.

[16] De Florian Leila. A Pyramidal Data Structure for Triangle-Based Surface Description [J]. IEEE Computer graphics and Applications，1989，9（2）：67-78.

[17] 刘经南，张小红 . 激光扫描测高技术的发展与现状 [J]. 武汉大学学报（信息科学版），2003，28（2）：132-137.

[18] 张小红 . 机载激光扫描测高数据滤波及地物提取 [D]. 武汉：武汉大学，2002.

[19] 张建保，杨淘，孙济洲 . 基于顶点删除算法的连续多分辨率模型表示 [J]. 中国图象图形学报，1999，5：395-399.

[20] Kinder D B，Ware J M，et al. Multiscale Terrain Topolographic Modelling with the Implicit TIN [J]. Transaction in GIS，2000，4（4）：379-408.

[21] Lindstrom Peter，Pascucci V. Visualization of Large Terrains Made Easy [C]. In Proceeding of IEEE visualization，San Diego，California，2001，21-26.

[22] John A K. Terrestrial process research using a multi-scale geographic approach [J]. Photogrammetric Engineering & Remote Sensing，1993，59（6）：971-976.

[23] 中华人民共和国行业标准 . JTG B01—2003　公路工程技术标准 [S]. 北京：人民交通出版社，2003.

[24] 中华人民共和国行业标准 . CJJ 37—2012　城市道路工程设计规范 [S]. 北京：中国建筑工业出版社，2012.

[25] 中华人民共和国行业标准 . JTG D60—2006　公路路线设计规范 [S]. 北京：人民交通出版社，2006.

[26] 张廷楷，等 . 道路路线设计 [M]. 上海：同济大学出版社，1990.

[27] 陈洪仁 . 道路交叉设计 [M]. 北京：人民交通出版社，1991.

[28] 孙家驷，等 . 公路勘测设计 [M]. 重庆：重庆大学出版社，1994.

[29] 梁富权 . 道路工程 [M]. 北京：人民交通出版社，1996.

[30] 吴夯，等 . 道路勘测设计 CARD/1 应用教程 [M]. 兰州：兰州大学出版社，2000.

[31] 符锌砂，等 . 道路勘测设计 [M]. 3 版 . 北京：人民交通出版社，2009.

[32] 张金喜 . 道路工程专论 [M]. 北京：科学出版社，2010.

[33] 郭腾峰，等 . 道路三维动态可视化几何设计（纬地三维道路 CAD 系统教程）[M]. 北京：中国电力出版社，2002.

[34] 宋占峰 . 道路线路实时动态三维可视化设计理论和方法的研究 [D]. 长沙：中南大学，2003.

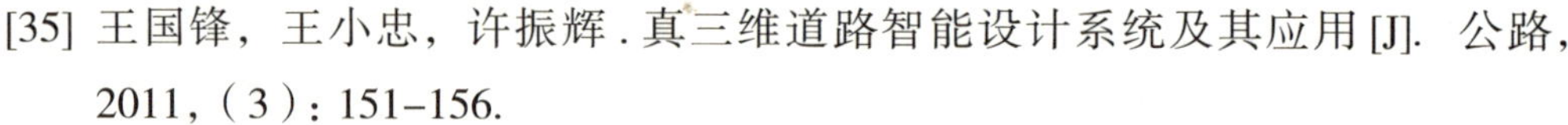

[35] 王国锋，王小忠，许振辉 . 真三维道路智能设计系统及其应用 [J]. 公路，2011，（3）：151–156.

[36] 许振辉，秦涛，刘士宽 . 三维道路建模及可视化方法研究 [J]. 公路，2011（3）：161–164.

[37] 昝碧磊 . 三维公路选线 CAD—基于等高线构造三角网 [D]. 西安：长安大学，2011.

[38] 何兴富 . 基于三维地形模型的道路选线与可视化模拟 [J]. 城市勘测，2011.

[39] 边馥苓 . 地理信息系统原理和方法 [M]. 北京：测绘出版社，1996.

[40] 常燕卿 . 大型 GIS 空间数据组织方法初探 [J]. 遥感信息，2000，（2）：28–31.

[41] 陈刚 . 虚拟地形环境的层次描述与实时渲染技术的研究 [D]. 郑州：解放军信息工程大学，2000.

[42] 陈刚，杨明果，王科伟 . 地形 TIN 模型的实时连续 LOD 算法设计与实现 [J]. 测绘学院学报，2003，20（4）：286–289.

[43] 陈军 . GSI 空间数据模型的基本问题和学术前沿 [J]. 地理学报，1995，50（增刊）：24–32.

[44] 陈军，郭薇 . 基于剖分的三维拓扑 RE 模型研究 [J]. 测绘学报，1998，27（4）.

[45] 陈军，赵仁亮 . GIS 空间关系的基本问题与研究进展 [J]. 测绘学报，1999，28（2）：95–102.

[46] 陈军，蒋捷 . 多维动态 GIS 的空间数据建模、处理与分析 [J]. 武汉测绘科技大学学报，3：18–195.

[47] 陈最，景宁，孙茂印，等 . X–2000 空间数据库系统的设计和实现 [J]. 国防科技大学学报 [J]，1998，20（3）：70–74.

[48] 陈晓勇 . 数学形态学与影像分析 [M]. 北京：测绘出版社，1991.

[49] 陈燕申 . 地理信息系统在城市交通规划中应用的评述 [J]. 地理信息世界，1996，（2）：7–10.

[50] 崔伟宏 . 空间数据结构研究 [M]. 北京：中国科学技术出版社，1995.

[51] 杜清运 . 空间信息的结构、表达及其理解机制 [J]. 武汉测绘科技大学学报，1998，23（4）：388–292.

[52] 冯玉才 . 数据库系统基础 [M]. 武汉：华中工学院出版社，1984.

[53] 傅俏梅 . 北京市交通信息系统动态管理的应用研究 [C]. 中国 GIS 协会 1995 年

年会论文集：106-111.
[54] 龚健雅 . 整体 515 的数据组织与处理方法 [M]. 武汉：武汉测绘科技大学出版社，1993.
[55] 龚健雅 . 规范化空间对象模型与实现技术 [J]. 测绘学报，1996，25（4）：309-314.
[56] 龚健雅 . 地理信息系统基础 [M]. 北京：科学出版社，2001.
[57] 龚健雅 . 杜道生，李清泉，等 . 当代地理信息技术 [M]. 北京：科学出版社，2004.
[58] 龚健雅 . 当代地理信息系统进展综述 [J]. 测绘与空间地理信息，2004，27（1）：5-11.
[59] 郭林泉，赵鸿铎，姚祖康 . 运输地理信息系统中的线性参照系统 [J]. 测绘通报，2001，（7）：34-36.
[60] 郭仁忠 . 空间分析 [M]. 武汉：武汉测绘科技大学出版社，1998.
[61] 黄铎 . 二维城市模型的数据内容 [D]. 武汉：武汉大学，2004.
[62] 何晖光，田捷，张晓鹏，等 . 网格模型化简综述 [J]. 软件学报 .2002，13（12）：2215-2224.
[63] 何建邦，蒋景瞳 . 我国 GIS 事业的回顾和当前发展的若干问题 [J]. 地理学报，1995，50（增刊）：13-22.
[64] 蒋捷，韩刚，陈军 . 导航地理数据库 [M]. 北京：科学出版社，2003.
[65] 李德仁，笼健雅，边馥荃 . 地理信息系统导论 [M]. 北京：测绘出版社，1993.
[66] 唐泽圣 . 三维数据场可视化 [M]. 北京：清华大学出版社，1999.
[67] 秦涛，许振辉，费昀 . 基于设计数据的道路三维动态建模 [J]. 交通科技，2010,（07）：19-21.
[68] 童小华 .GIS-T 的理论及其应用研究 [D]. 上海：同济大学，1999.
[69] 王宏武，董士海 . 一个与视点相关的动态多分辨率地形模型 [J]. 计算机辅助设计与图形学学报，2000，12（8）：575-579.
[70] 王密 . 大型无缝影像数据库系统（GeoImagDeB）的研制与可量测虚拟显示（MVR）的可行性研究 [D]. 武汉：武汉大学，2001.
[71] 王永君 . 基于 DME 数据库建立大范围虚拟地形环境的若干关键技术研究 [D]. 武汉：武汉大学，2003.
[72] 王永明 . 地形可视化 [J]. 中国图形图象学报，2000，5（A）（6）：449-455.
[73] 毋河海 . 地图数据库系统 [M]. 北京：测绘出版社，1991.

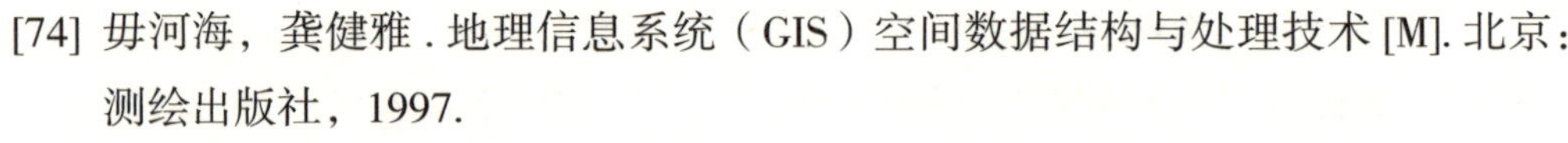

[74] 毋河海，龚健雅 . 地理信息系统（GIS）空间数据结构与处理技术 [M]. 北京：测绘出版社，1997.

[75] 吴立新，史文中，ChristopherG.M. 3D GIS 与 3D GMS 中的空间构模技术 [J]. 地理与地理信息科学，2003，19（1）：5–11.

[76] 吴立新 . 真 3 维地学构模的若干问题 [J]，地理信息世界，2004，02（3）：13–18.

[77] 武晓波，王世新，肖春生 .Delaunay 三角网的生成算法研究 [J]. 测绘学报，1999，28（1）：28–35.

[78] 许妙忠，李德仁 . 基于点删除的地形 TIN 连续 LOD 模型的建立和实时动态显示 [J]. 武汉大学学报（信息科学版），2003，28（3）：321–325.

[79] 阎正，蒋景瞳 . 城市地理信息系统标准化指南 [M]. 北京：科学出版社，1998.

[80] 杨必胜 . 李清泉，梅宝燕 . 3 维城市模型的可视化研究 [J]. 测绘学报，2000，29（2）：149–154.

[81] 杨必胜 . 数字城市的三维建模与可视化技术研究 [D]. 武汉：武汉大学，2002.

[82] 杨兆升，朱中 . 智能运输系统 GSI 设计研究 [J]. 中国公路学报，1998，11（1）：56–63.

[83] 于洪波，林晖 . 城市交通地理信息系统发展面临的若干问题，http：//~.jlgis.euhk.edu.hk/people/~yuhb/GISTproblem.htm.

[84] 钟正，朱庆 . 一种基于海量数据库的 D 阴动态可视化方法 [J]. 海洋测绘，2003，23（2）：9–12.

[85] 张生德，王磊 . 二维可视地理信息系统在城市规划中的应用研究 [J]. 中国图象图形学报，2001，6（9）：935–939.

[86] 左小清，李清泉，谢智颖 . 基于车道的道路数据模型 [J]. 长安大学学报（自然科学版），2004，24（2）：73–76.